RECUEIL GÉNÉRAL DES LOIS & DES ARRÊTS
ET JOURNAL DU PALAIS

RÉPERTOIRE GÉNÉRAL ALPHABÉTIQUE
DU
DROIT FRANÇAIS

contenant

SUR TOUTES LES MATIÈRES DE LA SCIENCE ET DE LA PRATIQUE JURIDIQUES

L'EXPOSÉ DE LA LÉGISLATION, L'ANALYSE CRITIQUE DE LA DOCTRINE ET LES SOLUTIONS DE LA JURISPRUDENCE

Publié par MM.

A. CARPENTIER
AGRÉGÉ DES FACULTÉS DE DROIT
AVOCAT A LA COUR DE PARIS

G. FRÉREJOUAN DU SAINT
DOCTEUR EN DROIT, ANCIEN MAGISTRAT
AVOCAT A LA COUR DE PARIS

SOUS LA DIRECTION

JUSQU'EN 1894, DE **ED. FUZIER-HERMAN**, ANCIEN MAGISTRAT

Et avec la Collaboration des

RÉDACTEURS DU RECUEIL GÉNÉRAL DES LOIS ET DES ARRÊTS ET DU JOURNAL DU PALAIS

ET NOTAMMENT DE MM.

Baudry-Lacantinerie, doyen de la Faculté de droit de Bordeaux;
De Boislisle, vice-président au Tribunal de première instance de la Seine;
Bufnoir, professeur à la Faculté de droit de Paris;
E. Chavegrin, professeur à la Faculté de droit de Paris;
A. Christophle, député, ancien ministre des Travaux publics, ancien avocat au Conseil d'État et à la Cour de cassation;
Em. Cohendy, professeur à la Faculté de droit de Lyon;
T. Crépon, conseiller à la Cour de cassation;
R. Dareste, conseiller à la Cour de cassation, membre de l'Institut;
G. Demante, professeur honoraire à la Faculté de droit de Paris;
Donarche, premier président de la Cour d'appel de Caen;
Dupont, Président de Chambre à la Cour d'appel de Paris;
A. Esmein, professeur à la Faculté de droit de Paris;
E. Garsonnet, professeur à la Faculté de droit de Paris;
Ch. Guyot, sous-directeur de l'École nationale forestière;
Hauriou, professeur à la Faculté de droit de Toulouse;
J. Lacointa, avocat à la Cour de Paris, ancien avocat général à la Cour de cassation;

Ch. Laurent, conseiller à la Cour de cassation de Belgique;
L. Limelette, conseiller à la Cour d'appel de Liège;
Ch. Lyon-Caen, professeur à la Faculté de droit de Paris et à l'École des Sciences politiques, membre de l'Institut;
E. Naquet, procureur général près la Cour d'appel d'Aix;
N. Panhard, avocat au Conseil d'État et à la Cour de cassation;
Eug. Pierre, secrétaire général de la Présidence de la Chambre des députés;
A. Pillet, professeur à la Faculté de droit de Grenoble;
L. Renault, professeur à la Faculté de droit de Paris;
Ruben de Couder, conseiller à la Cour de cassation;
A. Tissier, professeur à la Faculté de droit de Dijon;
Ch. Vibert, docteur en médecine, médecin légiste, chef du Laboratoire d'anatomie pathologique;
G. Vidal, professeur à la Faculté de droit de Toulouse;
Viollet, bibliothécaire de la Faculté de droit de Paris, professeur à l'École des Chartes, membre de l'Institut;
A. Wahl, professeur à la Faculté de droit de Lille;
Zeys, premier président de la Cour d'appel d'Alger;

POUR LE DROIT COMPARÉ CIVIL ET CRIMINEL ET LE DROIT PUBLIC INTERNATIONAL,

de M. Ernest Lehr,

Professeur honoraire de Législation comparée à l'Université de Lausanne, jurisconsulte de l'Ambassade de France en Suisse, secrétaire général de l'Institut de droit international.

DÉLIT FORESTIER
PAR M. Ch. GUYOT
SOUS-DIRECTEUR DE L'ÉCOLE NATIONALE FORESTIÈRE

PARIS

LIBRAIRIE DE LA SOCIÉTÉ DU RECUEIL GÉNÉRAL DES LOIS ET DES ARRÊTS
ET DU JOURNAL DU PALAIS

Ancienne Maison L. LAROSE & FORCEL
22, RUE SOUFFLOT, 22

L. LAROSE, Directeur de la Librairie
1897

DÉLIT FORESTIER

Législation.

Ord. des eaux et forêts d'août 1669 ; — Décr.-loi 28 sept.-6 oct. 1791 (*concernant les biens et usages ruraux et la police rurale* (C. rural) ; — Arr. du Directoire, 28 vend. an V (*sur la constatation et la poursuite des délits de chasse dans les bois soumis au régime forestier*) ; — Décr. 14 déc. 1850 (*pour la plantation des dunes*) ; — Décr 18 juin 1811 (*tarif des frais en matière criminelle*) ; — C. for. 21 mai 1827 (*promulgué le 31 juillet suivant*), art. 143 et s. ; — Ord. régl. C. for., 1ᵉʳ août 1827 ; — Ord. 22 déc. 1833 (*sur les peines en matière forestière*) ; — L. 3 mai 1844 (*sur la police de la chasse*) ; — Ord. 4 déc. 1844 (*déléguant aux conservateurs des forêts le pouvoir de décider certaines affaires*) ; — Décr. 14 mai 1850-19 août 1854 (*sur la compétence des juges de paix en Algérie*) ; — Décr. 15 janv. 1852 (*qui accorde amnistie pour les délits ou contraventions en matière de forêts et de pêche*) ; — L. 18 juin 1859 (*modificative du Code forestier*) ; — Décr. 21 déc. 1859 (*portant règlement d'administration publique pour les transactions et les prestations en nature*) ; — Décr. 7 avr. 1861 (*approuvant la convention conclue le 7 mars 1861 avec la Sardaigne, pour la délimitation des territoires, la poursuite des délits forestiers et l'introduction des bois en franchise*) ; — Décr. 18 févr. 1863 (*sur l'administration et la comptabilité de la gendarmerie*), art. 287 et 290 (primes et gratifications) ; — Décr. 10 déc. 1864 (*promulquant la convention du 30 juin 1864, avec la Suisse, pour l'introduction des bois et la répression des délits forestiers*) ; — Conv. 26 mai 1866 (*Traité de délimitation entre la France et l'Espagne*) ; — L. 27 juin 1866 (*concernant les crimes, les délits et les contraventions commis à l'étranger*) ; — L. 22 juill. 1867 (*relative à la contrainte par corps*) ; — Conv. 11 juill. 1868 (*Traité de délimitation entre la France et l'Espagne*) ; — Décr. 7 févr. 1871 (*fixant les délais de la prescription pour les délits forestiers, etc.*) ; — Conv. 10 mai 1871 (*Traité entre la France et l'Allemagne*) ; — L. 14 févr. 1872 (*sur le régime forestier de la Réunion*) ; — Décr. 25 févr. 1873 (*sur le régime forestier de la Martinique*) ; — L. fin. 29 déc. 1873 (*relative au recouvrement des amendes et réparations civiles en matière forestière*), art. 25 ; — L. 25 févr. 1874 (*modfiant le régime forestier de la Réunion*) ; — L. 17 juill. 1874 (*sur l'emploi du feu en Algérie*) ; — Décr. 2 avr. 1875 (*organisant les compagnies et sections de chasseurs forestiers*) ; — Décr. 2 nov. 1877 (*homologuant la convention conclue avec la Belgique pour la poursuite des délits forestiers*) ; — Décr. 2 mars 1878 (*promulguant la convention du 26 avr. 1877, passée avec l'Allemagne pour la délimitation des frontières*) ; — Décr. 22 déc. 1879 (*sur les transactions*) ; — L. 28 avr. 1880 (*concernant les peines et les poursuites forestières en Alsace-Lorraine*) ; — L. 4 avr. 1882 (*relative à la restauration et à la conservation des terrains en montagne*) ; — Décr. 13 mai 1882 (*promulguant la convention avec la Suisse*) ; — Décr. 23 févr. 1882 (*sur la répression des délits forestiers*) ; — L. 9 déc. 1885 (*relative à l'aménagement et au rachat des droits d'usages dans les forêts de l'Algérie, aux exploitations et aux abus de jouissance dans les bois des particuliers, à la police des forêts et au reboisement*) ; — Décr. 12 août 1886 (*sur le régime forestier dans l'île de Mayotte*) ; — Décr. 12 déc. 1889 (*modifiant le régime forestier de la Martinique*) ; — L. fin. 26 janv. 1892 (*relative à la taxe d'enregistrement sur les dommages-intérêts alloués à la partie civile*), art. 86 et 87 ; — L. 29 déc. 1892 (*sur les dommages causés à la propriété privée par l'exécution des travaux publics*) ; — L. fin. 28 avr. 1893 (*distribution du produit des amendes*), art. 45 ; — L. 19 août 1893 (*sur les incendies dans la région des Maures et de l'Estérel*) ; — Décr. 18 janv. 1894 (*sur le régime forestier à Diégo-Suárez*) ; — L. fin. 31 déc. 1895 (*sur la Caisse des dépôts et consignations*), art. 43.

Bibliographie.

Baudrillart, *Code forestier*, 1832, 2ᵉ édit., 3 vol. in-8°, passim.— Boni, *Contraventions forestières* (en Belgique), 1877. — Brousse, *Code forestier*, 1827, 2 édit., in-8°. — Bruand et de Gail, *Loi forestière du royaume de Hongrie*, 1881. — Chauveau, *Code forestier*, 1827, in-18. — Coin-Delisle et Frédérich, *Commentaire sur le Code forestier*, 1827, 2 vol. in-8°. — Curasson, *Le Code forestier*, 1853, 2ᵉ édit., 2 vol. in-8°, t. 2, p. 1 et s. — Dalloz et Vergé, *Code forestier annoté*, 1884. — Darbois, *Traité théorique et pratique de la contrainte par corps*, 1880. — Dupin, *Code forestier suivi de l'ordonnance d'exécution*, 1834, 2ᵉ édit., in-18. — Féraud-Giraud, *Police des bois. Défrichements et reboisements*, 1861, in-8°, n. 1 et s. — Gagneraux, *Code forestier*, 1827, 2 vol. in-8°. — Gast, *La législation étrangère sur la conservation des forêts*, 1876. — Géraud et Nessi, *Commentaire de l'instruction générale sur le service des amendes*, 1878. — Guyot (Ch.), *Des lois internationales pour la police des forêts de frontière*, 1878 ; — *La nouvelle législation forestière en Alsace-Lorraine*, 1884. — Guyot et Puton, *Contrainte par corps en matière criminelle et forestière*, 1880, in-8°. — Herbin de Halle et Chevallier, *Recueil des règlements sur les forêts, chasses et pêches*, 1815-1843, 7 vol. in-4°. — Jacquot, *Les Codes de la législation forestière*, 1866, 4ᵉ édit., in-8°,

— Martin, *Code nouveau de la pêche fluviale*, 1874. — Meaume, *Commentaire du Code forestier*, 3 vol. in-8°, 1844-46. — Puton, *Manuel de législation forestière*, 1876; — *Code de la législation forestière*, 1883, in-18, et suppl. de 1882 à 1894, par Guyot. — Thomas des Chesnes, *Le droit pénal forestier*, 1882, in-8°.

Bulletin administratif et judiciaire des annales forestières, 8 vol., 1842 à 1861. — *Répertoire de législation et de jurisprudence forestière de la Revue des eaux et forêts*, depuis 1862 (1). — *Revue des eaux et forêts* (pour la législation étrangère), 1876-77, 1881, 84, 88. — *Le fait d'avoir ramassé des glands, sans autorisation, dans un bois communal, est-il de la compétence du tribunal de police ou du tribunal de police correctionnelle?* Corresp. des just. de paix, année 1852, t. 2, p. 140. — *Est-ce l'art. 199, C. for., ou l'art. 479, C. pén., qu'il y a lieu d'appliquer pour le fait d'avoir introduit un troupeau dans un terrain forestier, récemment ensemencé, mais dont le semis n'a encore aucun signe apparent d'existence?* Corresp. des just. année 1857, 2e série, t. 4, p. 112. — *Le tribunal de police peut-il en connaître quand le montant de l'amende calculée sur le montant de bestiaux ne doit pas s'élever à plus de 15 fr.?* Corresp. des just. de paix, année 1857, 2e série, t. 4, p. 370. — *L'art. 199, C. for., prononce-t-il une amende unique variable seulement d'après le nombre d'animaux trouvés en délits, ou bien frappe-t-il chaque animal d'une amende distincte, en sorte que le tribunal de simple police soit compétent pour statuer sur la prévention, bien que le chiffre des amendes cumulées excède 15 fr., si chaque amende considérée isolément n'est pas supérieure à cette somme?* (Leroy): Corresp. des just. de paix, année 1858, 2e série, t. 5, p. 255. — *Bois particuliers. Défrichements. Bois soumis au régime forestier. Contravention* : Corresp. des just. de paix, année 1860, 2e série, t. 7, p. 4 et 85. — *Forêts. Bois des particuliers. Dépaissance des bestiaux. Amende unique. Pluralité d'amendes* (L. Leroy) : Corresp. des just. de paix, année 1860, 2e série, t. 7, p. 363. — *Forêts. Bois des particuliers. Dépaissance des bestiaux. Amende unique. Pluralité d'amendes* (Picon) : Corresp. des just. de paix, année 1861, 2e série, t. 8, p. 6. — *Quelle est la signification de ces mots : charge d'homme dont se servent les art. 144 et 191, C. for.? Cette expression indique-t-elle ce qu'un homme porte en réalité ou ce qu'il peut porter?* Corresp. des just. de paix, année 1875, 2e série, t. 22, p. 312. — *Forêts. Délits. Contraventions. 1° Forêts de l'Etat. 2° Liste civile. Couronne. 3° Bois communaux. 4° Bois des particuliers. Résumé de jurisprudence. Solutions nouvelles* : J. du dr. crim., année 1854, p. 297. — *De la force et de la valeur du procès-verbal de récolement forestier à l'égard des délits constatés postérieurement* : J. du dr. crim., année 1874, p. 257. — *En matière de délits forestiers y a-t-il lieu de cumuler non seulement les peines d'amendes mais aussi celles d'emprisonnement?* J. du dr. crim., année 1878, p. 65. — *Loi sur les incendies dans la région des Maures et de l'Esterel* : Rev. des eaux et forêts, année 1870, t. 9, p. 345.

INDEX ALPHABÉTIQUE.

Abandon de poursuites, 518.
Abroutement, 147.
Abroutissement, 128.
Acquiescement, 877, 879 et s.
Acte administratif, 127, 354.
Acte d'information, 490, 492.
Acte préparatoire, 16, 170, 698, 816 et 817.
Action civile, 440, 530 et s., 820, 843, 844, 857, 877, 888, 958.
Action civile après extinction de l'action publique, 538, 540 et 541.
Action communale, 667.
Action domaniale, 531.
Action en dommages-intérêts, 539.
Action publique, 439 et s.
Action en restitution, 548.
Action en revendication, 384, 542.

Adjoint au maire, 297, 344, 346, 348, 466.
Adjoint de saisie, 290.
Adjudicataire, 11, 26, 790, 793.
Adjudicataire de coupe, 67, 71, 142, 153, 165, 178, 182, 411, 428, 473, 494, 499, 500, 502, 512, 543, 523, 542, 739, 760, 776, 807, 780, 832, 838, 873, 896, 897, 932, 935.
Adjudicataire du droit de chasse, 545.
Adjudicataire de la glandée, 100.
Administration des contributions indirectes, 438.
Administration de l'Etat, 843
Administration forestière, 440, 458, 545 et s., 550, 551, 553, 843, 844, 851, 856, 859, 883 et s., 893, 908, 912, 918. — V. *Agents forestiers*.

Admission des moyens de faux, 431, 434.
Affirmation, 326 et s., 329, 331, 333, 341 et s., 358, 359, 571.
Affouage communal, 25, 27, 71.
Affouagistes, 505.
Age du bois, 143 et s., 167, 388, 774, 802, 803, 837.
Agents forestiers, 200, 201, 238, 239, 241, 287, 306 et s., 320, 325, 330, 333, 350, 407, 464, 847, 879, 882, 904, 905, 964, 967, 969.
Agent voyer, 724, 893.
Algérie, 145, 208 et s., 469.
Aliments (consignation d'), 957, 959.
Allemagne, 1004, 1011.
Alsace-Lorraine, 989 et s.
Amende, 20, 28 et s., 101, 103, 154, 401, 447, 755 et s., 771, 798, 800, 811, 813 et s., 823, 833, 835, 836, 838, 839, 936, 965.
Amende (consignation d'), 920.
Amende double, 167, 788, 798, 800, 801, 836.
Amende par défaut d'enregistrement, 353.
Amende quadruple, 798.
Amende sextuple, 799.
Amende simple, 145, 167.
Amende tiercée, 838.
Amende triple, 798, 800.
Amnistie, 507 et s., 544, 551, 552, 778, 840.
Anes, 132.
Animaux, 128 et s., 219, 273, 284, 383, 721, 730, 739, 740, 781, 803, 828, 831, 837, 935. — V. *Vente de bestiaux saisis*.
Appel, 455, 456, 846, 862 et s., 888 et s., 894, 895, 902, 911.
Appel (déclaration d'), 904.
Appel (instruction sur l'), 912 et 913.
Appel *a minima*, 890, 892.
Appel *ad mitiorem*, 892.
Appel incident, 903.
Appréciation souveraine. — V. *Pouvoir du juge*.
Arbres, 12, 22, 32, 35, 55.
Arbres dans les champs, 13.
Arbres feuillus, 796.
Arbre indivis, 23 et 24.
Arbres de lisière, 13, 74 et s.
Arbres résineux, 796.
Arbres sur pied, 795.
Armée, 308.
Arpenteurs, 238, 240, 330.
Arrachement d'arbres, 15, 52 et s., 59.
Arrêt, 917.
Arrêts (motifs des), 917.
Arrêtés préfectoraux, 195 et s.
Arrestation, 236, 301 et s.
Assignation, 370, 906.
Atelier, 764.
Attelages, 149, 156 et s., 382, 763.
Audience, 594 et s., 850.
Audition des témoins, 508.
Auteur du délit, 562, 753 et 754.
Autorisation, 104 et s., 104, 710.
Aveu, 312, 394, 784.
Bade (Grand-duché de), 991.
Bail, 107, 619.
Baliveau, 55.
Belgique, 992, 1003, 1011 et 1012.
Bestiaux. — V. *Animaux*.
Bêtes de somme, 132.
Bois de construction, 390.
Bois de délit, 12, 18 et s., 49, 398.
Bois façonné, 33.
Bois de fascinages, 228.
Bois de marine, 228, 450.
Bois mort, 37, 113, 712.
Bois non marqués, 714.

Bois de particuliers, 470, 549, 978.
Bois de tranchées, 733.
Bois vif, 37.
Bonne foi, 200, 705, 707, 708, 715, 735, 812.
Branches, 35, 51.
Branches non principales, 70, 73, 796.
Branches parasites, 389.
Branches principales, 69, 73, 389, 796.
Brigadier forestier, 241.
Brouettes, 157.
Bruyères, 85.
Bureau d'enregistrement, 355.
Caisse des dépôts et consignations, 283.
Carbonisation, 191.
Carrières, 110, 111, 117, 166.
Cartes à jouer, 235.
Casier judiciaire, 784.
Cassation, 846, 918 et s., 922.
Causes d'aggravation, 887.
Cautionnement, 494, 933, 956, 960.
Chablis, 12, 18 et s.
Chandelier, 19.
Chantier, 380, 506, 714, 764.
Charbonnières, 195.
Charge d'homme, 38.
Charretée, 50.
Charrettes, 157.
Chasse, 207, 306, 451, 466, 521, 545, 930.
Chemin de fer, 186, 206.
Chemin forestier, 129, 445, 718.
Chemins ordinaires, 152, 162, 383.
Chemins publics, 75, 141, 152, 162 et s., 634, 717 et 718.
Chemins de vidange, 152, 153, 162, 163, 165.
Chêne-liège, 64, 65, 110 et 111.
Cheptelier, 138 et s.
Chèvres, 721.
Chien, 132.
Chose jugée, 322, 497 et s.
Circonstance aggravante, 145, 769, 772, 773, 798, 801, 802, 836.
Circonstances atténuantes, 146, 200, 211, 218, 701, 704, 770, 812.
Circonstances du délit, 387.
Citation, 184, 453, 491, 493, 494, 558 et s., 565, 567, 579, 583, 586, 589 et s.
Citation directe, 906.
Citation introductive d'instance, 570.
Clairs-chênes, 13.
Classes d'arbres, 28.
Coauteurs, 467, 502, 728 et s., 782, 831.
Code civil, 76 et 77.
Code forestier, 215, 219.
Code pénal, 10, 21, 25, 27, 51, 56, 61, 78, 98, 130, 171, 175 et 176.
Code rural, 51, 61.
Cognée, 151.
Colon partiaire, 140.
Colonies, 214 et s.
Commissaire de police, 290.
Compagnies de chemin de fer, 186, 206.
Comparution du garde, 409.
Comparution du prévenu, 592, 596.
Comparution par mandataire, 596.
Compétence, 459, 664, 775, 1008.
Complice, 467, 502, 513, 728, 733 et s., 746.
Complicité, 732.
Concession de menus produits, 109 et s., 113.
Conclusions, 561, 563, 564, 820, 885.
Conclusions additionnelles, 786.
Conclusions d'appel, 894, 895, 911.
Conclusions du ministère public, 598.
Conclusions subsidiaires, 175, 922.

(1) Ces deux recueils d'arrêts, fréquemment cités dans ce qui va suivre, sont désignés par les abréviations : *Bull. for.* et *Rép. for.*

DIVISION.

CHAPITRE I.

NOTIONS GÉNÉRALES ET HISTORIQUES.

§ 1. *Notions historiques.*

1. — Avant la promulgation du Code du 21 mai 1827, la matière des délits forestiers était régie par l'ordonnance d'août 1669, qui a laissé des traces nombreuses dans la législation actuelle. Cette ordonnance célèbre s'appliquait, non seulement aux forêts du domaine royal, mais encore à celles des communautés ecclésiastiques ou laïques (forêts communales de notre organisation actuelle), et enfin aux forêts des particuliers.

2. — L'ordonnance de 1669 contenait, sur la constatation des délits des dispositions analogues à celles qui sont encore en vigueur. Elle disposait que les poursuites seraient exercées devant des tribunaux spéciaux, composés d'officiers forestiers, savoir les maîtrises ou grueries, en premier ressort, et au-dessus les tables de marbre du département. Cette partie a été profondément modifiée par la loi moderne, qui ne conserve dans aucun cas aux agents forestiers le caractère de juges, et les charge seulement de la poursuite des actions devant les tribunaux répressifs compétents.

3. — Enfin, l'ordonnance de 1669 renfermait une liste d'incriminations, auxquelles correspondent la plupart des infractions prévues par le Code de 1827. Son système pénal, fondé sur la matérialité des faits, abstraction faite de l'intention délictueuse, et sur la défense de modérer les condamnations, a été presque intégralement maintenu par le législateur moderne. Pareillement, la proportionnalité des amendes encourues avec le dommage présumé se rencontre encore aujourd'hui pour la plupart des délits forestiers. Notre législation pénale forestière conserve donc des points de ressemblance très-nombreux avec celle du XVIII° siècle.

4. — Toutefois, cette ressemblance a déjà été partiellement effacée par la loi du 18 juin 1859 qui, dans un grand nombre de cas, ajoute à l'amende, autrefois peine unique, un emprisonnement de durée variable, suivant l'appréciation du juge. La même loi a de plus introduit le système de la transaction avant jugement, qui, en permettant aux agents chargés de la poursuite d'effacer toute trace du délit moyennant le paiement d'une somme d'argent, arrive à des résultats analogues à ceux que produit, en droit commun, le système des circonstances atténuantes.

5. — Quoi qu'il en soit, et jusqu'à ce qu'une loi nouvelle vienne fusionner plus complètement la loi forestière avec le droit pénal ordinaire, on peut avoir besoin de se reporter encore à la législation de Louis XIV et de Colbert, qui est restée la base de notre droit spécial en cette matière. Un projet du Code forestier, constituant une refonte complète de la loi de 1827, a été déposé au Sénat le 16 juill. 1888.

§ 2. *Nature et caractères généraux des infractions.*

6. — Par délits forestiers nous entendons toutes les infractions à la loi forestière (Code de 1827, lois modificatives ou complémentaires), commises dans des bois ou forêts : qu'il s'agisse d'ailleurs de forêts soumises ou non au régime, et quelles que soient les peines que puissent prononcer les tribunaux.

7. — Cependant, il est intéressant à beaucoup d'égards de distinguer si la forêt est ou non soumise au régime : d'abord, certaines incriminations visent uniquement les faits commis dans des bois gérés par l'administration forestière; ensuite, même pour les dispositions du Code applicables à tous les bois en général, les règles de la constatation, de la preuve et surtout de la poursuite, diffèrent suivant la qualité du propriétaire. — V. *infrà*, n. 439 et s., 683 et s.

8. — C'est une question de fait, à décider souverainement par les juges du fond, que de savoir si tel terrain doit être considéré comme forêt et s'il est comme tel régi par les dispositions du Code forestier, ou si le Code pénal est applicable aux délits qui peuvent y être commis. Ainsi pour les terres contiguës à une forêt et non complantées en bois, le seul fait de cette contiguïté ne leur rend point le Code forestier nécessairement applicable : il faut qu'il soit en outre reconnu et constaté que ces terres sont une dépendance de la forêt avec laquelle elles font corps. — Cass., 7 août 1847, Queheillot, [S. 47.1.865, P. 47.2.732]; — 27 déc. 1891, Peyre, [S. et P. 92.1.167] — V. *infrà*, n. 131.

9. — Quant à la nature et à l'importance des condamnations qui peuvent être prononcées en vertu du Code forestier, la distinction ordinaire en délits et contraventions n'a pas d'intérêt, en ce sens que, quel que soit le montant de l'amende ou de l'emprisonnement, des règles identiques doivent être suivies pour l'application des peines. — Cass., 24 mai 1850, Jacquelin, [S. 50.1.760, P. 53.1.92, D. 50.5.244] — Lors même qu'il s'agit de condamnations supérieures à 15 fr. d'amende et à cinq jours d'emprisonnement, la seule existence du fait matériel suffit et la preuve de l'intention mauvaise n'est jamais exigée (V. *infrà*, n. 698 et s.). En cas d'infractions commises dans les bois soumis au régime forestier, les mêmes tribunaux sont compétents pour les contraventions aussi bien que pour les délits (V. *infrà*, n. 459 et s.). Aucun des faits prévus par le Code forestier ne donne lieu à des peines afflictives ou infamantes.

10. — Lorsque l'acte portant atteinte à la propriété forestière se trouve prévu et puni par le Code pénal ou toute autre loi que le Code forestier, il ne s'agit plus d'un *délit forestier* tel que nous l'entendons ici : la criminalité et l'application des peines sont régies par des principes tout différents. Il convient alors de faire abstraction de la nature de l'immeuble; les crimes, délits ou contraventions ainsi commis sont constatés, poursuivis et punis de la même manière et devant les mêmes juridictions que s'il s'agissait de terrains non boisés. Il en est de même enfin pour quelques dispositions répressives du Code forestier, qui n'ont pas pour but direct et immédiat la protection de la propriété forestière, mais constituent plutôt la sanction de règles de police spéciales au domaine de l'Etat : ainsi, en matière d'adjudication de coupes, les délits des art. 18 et s., C. for.

CHAPITRE II.

DES DIVERS DÉLITS FORESTIERS.

11. — Nous ne nous occupons ici que des délits qui constituent le droit commun forestier, applicable à toutes les forêts, soumises ou non au régime, et sans qu'ils soient motivés par l'exécution d'un contrat ou par une situation spéciale de l'immeuble (V. *infrà*, v° *Forêts*). Les délits des adjudicataires, conséquences du contrat de vente des coupes, dans les bois du régime forestier, les délits des usagers, constituant l'application des règles de police de certaines servitudes grevant la propriété boisée, forment un droit spécial et sont étudiés à part. — V. *infrà*, v^{is} *Forêts, Usages forestiers.*

SECTION I.

Délits ayant pour objet des produits ligneux.

§ 1. *Arbres ayant au moins deux décimètres de tour.*

12. — Les art. 192 et 193, C. for., prévoient et punissent le fait de *coupe* ou *enlèvement* d'arbres ayant deux décimètres de tour et au-dessus. L'art. 192 n'a été modifié par la loi du 18 juin 1859 que pour ajouter l'emprisonnement à l'amende, auparavant peine unique pour ce délit. Il convient d'y joindre l'art.

197, qui punit de la même manière l'enlèvement des chablis et bois de délit.

13. — I. *Caractères du délit.* — L'application de ces articles — de même que des autres dispositions répressives du Code forestier — suppose toujours que le délit a été commis dans une *forêt*, c'est-à-dire dans un terrain dont le bois est la production principale. Des arbres épars dans les champs ne peuvent donner lieu à un délit forestier. Pour certains terrains incomplètement boisés, *vacants, clairs-chênes*, etc., c'est une question de fait, à décider par le tribunal, que de savoir si on se trouve en présence d'une forêt véritable. Le délit d'abatage d'arbres dans les champs est réprimé par l'art. 445, C. pén. (V. *suprà*, v° *Arbres*, n. 274 et s.). — Cass., 11 nov. 1882, Bonnet, [S. 85.1.143, P. 85.1.304, D. 83.1.363] — Pour la coupe sans autorisation des arbres de lisière plantés en deçà de la distance légale, V. *infrà*, n. 77.

14. — On doit assimiler aux forêts proprement dites, pour la répression des délits, les *dunes* plantées en bois par l'État et occupées par lui dans ce but en vertu du décret du 14 déc. 1810 (V. *infrà*, v° *Dunes*). Quant aux *périmètres de restauration* créés en vertu de la loi du 4 avr. 1882, ils peuvent être boisés ou non, et les conditions ordinaires de la répression forestière leur sont applicables. — V. *infrà*, v° *Terrains en montagnes.*

15. — La *coupe*, qui caractérise le délit de l'art. 192, consiste dans la séparation de l'arbre et du sol. Si cette séparation a lieu par *arrachement*, c'est le délit de l'art. 195 (V. *infrà*, n. 60 et s.). Si la coupe n'a pas été complètement réalisée, il y a seulement *mutilation*, délit prévu par l'art. 196. — V. *infrà*, n. 60 et s.

16. — L'*enlèvement*, dans le sens des art. 192 et s., consiste dans tout déplacement de l'arbre en vue d'une appropriation de l'objet, lors même que cette appropriation n'aurait pu être réalisée, lorsque par exemple l'arbre n'a pu être transporté hors de la forêt. La loi forestière ne distinguant jamais entre l'acte consommé et la simple tentative, ou le simple acte préparatoire, il en résulte que le fait d'avoir amassé des bois en vue du transport ultérieur, doit être assimilé à l'enlèvement et puni de la même manière. — Nancy, 9 janv. 1835, Franche, [cité par Meaume, *Commentaire*, p. 907, note] — Il en serait de même du façonnage ou tronçonnage d'arbres déjà abattus, ces actes devant être réputés préparatoires à l'enlèvement. — V. Cass., 16 août 1855, Alata, [S. 56.1.480, P. 56.2.62, D. 56.1.30] — *Sic*, Meaume, t. 2, n. 1373.

17. — L'enlèvement punissable par les art. 192 et s. peut s'appliquer à la totalité de l'arbre abattu ou seulement à certaines parties du tronc. Ainsi jugé que l'enlèvement de la *queue* (partie supérieure) d'un sapin, doit être puni comme l'enlèvement de l'arbre entier ; car la loi ne distingue pas. — Grenoble, 5 juill. 1834, Rambaud, [cité par Meaume, *Commentaire*, t. 2, p. 809 et 900]

18. — L'emploi du disjonctif *ou* dans le texte de l'art. 192, démontre que l'enlèvement puni par cet article peut concerner des arbres abattus par d'autres personnes que celles qui les enlèvent, ou même par cas fortuit. —Cass., 7 mai 1829, Castellin, [P. chr.] ; — 24 sept. 1829, Valence, [P. chr.] ; — 6 juill. 1854, Ranc, [D. 54.5.394] — Dans la première hypothèse rentrent les *bois de délit*, c'est-à-dire ceux qui, coupés indûment, sont restés en forêt ; dans la seconde, les *chablis*, ou arbres arrachés par le vent.

19. — L'enlèvement des chablis et bois de délit est itérativement prévu et puni par l'art. 197, qui n'était nullement nécessaire et qui n'ajoute rien à l'art. 192 (Puton, *Lég. for.*, p. 168). Jugé que l'art. 197 s'applique aux *volis* (parties de l'arbre brisées par le vent et tombées à terre), aussi bien qu'aux *chablis* proprement dits, ou aux portions du tronc dites *quilles* ou *chandeliers*, abattues par la même cause, ou même tenant encore au sol. — Colmar, 14 janv. 1846, Bachmann, [P. 46.2.635] — Il faut toutefois que ces volis soient des portions de la tige de l'arbre, sans quoi le délit serait celui de l'art. 194 (V. *infrà*, n. 35 et s.). — V. enfin, pour les souches d'arbres, *infrà*, sur l'art. 195, n. 54.

20. — L'art. 197, en ce qui concerne la peine, ne mentionne que l'amende, tandis que l'art. 192 permet de plus de prononcer l'emprisonnement. Doit-on croire alors que ceux qui ont enlevé des chablis et bois de délit ne peuvent être condamnés à la prison ? Cette différence dans la pénalité serait inexplicable. Il est beaucoup plus plausible de faire abstraction de cet art. 197

et d'invoquer dans tous les cas l'art. 192, même lorsqu'il s'agit de l'enlèvement d'arbres déjà abattus. — V. Puton, *Lég. for.*, p. 168-169.

21. — Les circonstances qui ont accompagné la coupe ou l'enlèvement des arbres en forêt ne peuvent motiver l'application de textes autres que ceux du Code forestier. Ainsi, ces actes ne pourraient être qualifiés *dévastation* et être réprimés par les art. 444 et 445, C. pén. On ne pourrait non plus les considérer comme des faits de *maraudage* tombant sous le coup de l'art. 475-15°, C. pén., ou des art. 36-37 de la loi rurale des 28 sept-6 oct. 1791. Les art. 192 et s. du Code forestier embrassent tous les délits de cette nature lorsqu'ils sont commis en forêt, et le caractère de loi spéciale de ce Code s'oppose à ce que d'autres textes analogues lui soient substitués. — V. Cass., 1er mars 1872, Girard et Prost, [*Rép. for.*, 5.217] — *Contra*, pour la *dévastation*, Montpellier, 6 juin 1842, Maurère, [*Bull. for.*, 5.54]

22. — L'origine des arbres coupés ou enlevés doit être considérée, pour le choix de l'article de la loi forestière dont l'application doit être requise : si en général c'est dans l'art. 192 que la répression doit être cherchée, cependant, en cas d'arbres *semés* ou *plantés* en forêt depuis moins de cinq ans, on appliquera la peine de l'art. 194, § 3, quelle que soit la grosseur de ces arbres, et bien que cet article concerne d'ordinaire des bois ayant moins de deux décimètres de tour. — V. *infrà*, n. 35.

23. — Lorsqu'il s'agit d'un arbre indivis, la coupe ou l'enlèvement de cet arbre, par l'un des copropriétaires sans autorisation des autres, constitue-t-il un délit, et ce délit est-il punissable en vertu des art. 192 et s. du Code forestier ? Les arbres indivis dont il est ici question sont ceux situés sur la ligne séparative de deux héritages : pour nous, leur exploitation, faite par l'un des copropriétaires sans le consentement de l'autre, constitue évidemment une coupe ou enlèvement *non* autorisé et doit être réprimé par les art. 192 et s. — Colmar, 13 déc. 1838, Reck, [D. *Rép.*, v° *Forêts*, n. 823] ; — 12 nov. 1856, Hirtzlin, [S. 57.2.106, P. 57.1161] — *Sic*, Meaume, *Commentaire*, t. 2, n. 1351, 1361 ; t. 3, p. 434.

24. — Dans un autre système, la coupe d'un arbre indivis ne serait punissable qu'au cas où l'un des copropriétaires étant l'État ou une personne morale dont l'immeuble est soumis au régime forestier, l'exploitation serait le fait d'un particulier voisin ; alors l'art. 114, C. for., serait applicable. Mais le même fait d'un particulier à l'égard d'un copropriétaire aussi particulier, ne constituerait aucun délit et ne donnerait lieu qu'à une action en dommages-intérêts. — Bourges, 30 janv. 1846, Girard, [*Bull. for.*, 3.205] — Mais cette distinction n'a aucun fondement légal ; d'ailleurs l'art. 114, C. for., s'applique aux exploitations sous forme de *coupes* faites par l'un des copropriétaires, et non à l'abatage des arbres isolés. — V. note sous Bourges, 30 janv. 1846, précité.

25. — Le délit commis dans une *vente*, c'est-à-dire dans une coupe, ou portion de forêt en exploitation, est tantôt un délit forestier, tantôt un vol. C'est un vol, lorsque les objets enlevés sont des bois façonnés ou simplement abattus par le propriétaire ou l'acquéreur de la coupe. Dans ce cas, l'art. 388-2°, C. pén., est applicable, car aucun article de la loi forestière ne prévoit cette hypothèse. S'il s'agit, au contraire, de la coupe de bois sur pied ou de l'enlèvement de bois coupés par des tiers (bois de délit), les art. 192 et s. du Code forestier assurent la répression, sans qu'il y ait à distinguer si la coupe a été vendue, délivrée, ou si l'exploitation est faite directement par le propriétaire. — V. pour l'enlèvement de bois dans une coupe affouagère communale, Trib. Sancerre, 21 mars et 25 avr. 1877, Pellay, [*Rép. for.*, 7.366]

26. — En conséquence, dans une portion de forêt dont la superficie a été vendue par l'administration forestière, la coupe et enlèvement d'arbres sur pied appartenant à l'adjudicataire et devant être réalisés par lui, tombent sous l'application de l'art. 192, C. for. ; seulement, l'action ne pourra être intentée par l'administration forestière (Puton, Dissertation, *Rép. for.*, t. 7, p. 36). Quant à la coupe et enlèvement de *réserves* dans une vente, c'est le délit spécial des art. 33 et 34, C. for.

27. — Il a été cependant décidé, contrairement aux distinctions précédentes, que le délit de coupe d'arbres abandonnés dans une coupe affouagère partagée entre les ayants-droit, est passible de l'art. 388-2°, C. pén., bien que s'appliquant à des arbres sur pied, parce que, si ces arbres ne sont pas encore mobilisés, ils sont destinés à l'être : leur exploitation serait alors considérée comme une tentative de vol de productions utiles de la terre, non encore détachées du sol, au sens de l'art. 388, § 3. — Dijon, 2 mars 1881, Guénébaut, [S. 81.2.151, P. 81.1.813, D. 82.2.157] — Sic, Meaume, *Comment.*, n. 1313, p. 856, note 3, n. 1345, p. 900, note 1, et n. 1454.

28. — II. *Pénalités.* — L'amende, qui est la peine principale de l'art. 192, est proportionnelle au dommage que l'on présume être causé à la forêt, en conséquence du tarif contenu dans cet article. Les arbres forestiers sont divisés en deux catégories : la première (bois durs) est limitative; la seconde (bois tendres) comprend toutes les essences que ne renferme pas la précédente. Pour la première classe, l'amende est de 1 fr. si l'arbre a deux décimètres de tour; elle s'accroît en outre de 10 cent. par chacun des autres décimètres. Pour la seconde classe, l'amende est de 50 cent. si l'arbre a deux décimètres de tour, et s'accroît de 5 cent. par chacun des autres décimètres.

29. — Il résulte de ce texte que l'amende ne peut être prononcée qu'à raison d'un nombre entier de décimètres. Toute fraction de décimètre doit être négligée, parce que la loi n'a voulu faire entrer dans le calcul de l'amende que le décimètre, pris pour unité. — Cass., 10 juill. 1829, Aubert, [S. et P. chr.] — Nancy, 24 déc. 1843, Adam, [cité par Meaume, *Commentaire*, t. 2, n. 1347]

30. — Pour déterminer l'amende d'un délit, il faut donc fixer l'essence de l'arbre et sa grosseur. Celle-ci doit être mesurée à un mètre du sol. Ce sont des éléments de fait qui doivent se trouver dans le procès-verbal, ou être établis par la preuve testimoniale. Lorsque le prévenu a assisté au mesurage des arbres abattus par lui, sans élever de réclamation, il y a présomption que ces arbres ont été mesurés à la hauteur légale, bien que le procès-verbal ne fasse pas mention de cette hauteur. — Cass., 18 juin 1842, Promsy-Poisson, [P. 42.2.649]

31. — Jugé, au contraire, que si rien dans le procès-verbal n'établit que la circonférence a été mesurée à un mètre du sol, les juges ne peuvent appliquer l'art. 192 : vainement on dirait qu'il y a présomption que les gardes ont effectué le mesurage selon le mode indiqué par la loi. — Cass., 18 déc. 1829, Minel, [S. et P. chr.]

32. — L'art. 193 indique comment la grosseur doit être arbitrée lorsque l'arbre n'a pu être mesuré à la hauteur légale. D'abord, si la souche existe, le tour sera mesuré sur la souche. Dans ce cas, la loi étant impérative, on ne peut chercher un autre moyen de suppléer aux dimensions exactes : tout autre mode d'évaluation est illégal. — Cass., 14 janv. 1830, Bonnefoi, [S. et P. chr.]; — 5 avr. 1851, Amilhat, [*Bull. for.*, 5.333]

33. — Si la souche n'existe plus et qu'on retrouve l'arbre façonné, le tour sera calculé en faisant le total des quatre faces équarries et en ajoutant un cinquième en sus. Enfin lorsque l'arbre et sa souche auront disparu la grosseur sera arbitrée « d'après les documents du procès », c'est-à-dire que le tribunal a, dans ce cas, une liberté complète d'appréciation.

34. — Quant à la prison, elle est toujours facultative. Le tribunal peut prononcer de un à cinq jours, si l'amende n'excède pas 15 fr.; au-dessus de 15 fr. d'amende, il peut aller jusqu'à un emprisonnement de deux mois (art. 192, § dernier). Sans préjudice des effets de la récidive (V. *infrà*, ch. 6). Alors, l'emprisonnement reste facultatif, mais peut aller jusqu'au maximum de quatre mois. — Meaume, Dissert., *Rép. for.*, t. 8, p. 359.

§ 2. *Bois au-dessous de deux décimètres de tour.*

35. — I. *Caractères du délit.* — L'art. 194 prévoit la coupe ou l'enlèvement de *bois* ayant moins de deux décimètres de tour. Si l'on compare ces termes avec ceux de l'art. 192, qui parle exclusivement d'*arbres* coupés ou enlevés, on doit décider que l'art. 194 s'applique non seulement aux tiges, mais encore aux branches inférieures à deux décimètres.

36. — Tous les végétaux ligneux dont la coupe ou l'enlèvement ne peut être réprimé par l'art. 192 rentrent donc dans cet art. 194. Cependant, l'art. 144 mentionne également des végétaux ligneux d'essences très-secondaires : les bruyères et genêts (V. *infrà*, n. 85). De sorte qu'il peut y avoir doute, pour certaines espèces, quant au choix du texte de la loi répressive. Nous pensons que l'art. 194 doit être appliqué de préférence, du moment où il s'agit d'espèces ligneuses, et que l'exception résultant du texte de l'art. 144 ne doit pas être étendue. Ainsi

jugé que le houx doit être réputé bois, et que son enlèvement est punissable de la peine portée par l'art. 194. — Pau, 5 mars 1830, Lagoin, [S. et P. chr.]

37. — Pas plus que dans les textes précédents la loi ne distingue, dans l'art. 194, s'il s'agit de bois vif ou de bois mort. Jugé que le fait de ramasser du bois mort en forêt constitue le délit de l'art. 194, sans que le prévenu puisse être relaxé sous le prétexte qu'indigent il croyait user d'un droit appartenant aux pauvres, et qui n'avait jamais été contesté antérieurement. — Cass., 13 avr. 1888, Jolivet, [S. 88.1.440, P. 88.1075, D. 88.1.495] — V. aussi Cass., 7 mars 1845, Voyaume, [S. 45.1.545, P. 45.2.33, D. 45.1.197]

38. — L'art. 194 est applicable quelque minime que soit le nombre des brins ou des branches qui font l'objet du délit; un seul brin ou une seule branche suffit, lors même que la quantité de bois coupé ou enlevé ne serait pas suffisante pour former un fagot ou une charge d'homme. — Cass., 25 janv. 1862, Leroux, [S. 62.1.560, P. 62.1129, D. 64.5.193] — Trib. corr. (belge) de Tournay, 2 mai 1874, Billouet, [*Rép. for.*, 6.256] — V. Dissert. de M. Meaume, *Rép. for.*, t. 6, p. 147.

39. — Le fait de coupe, sans enlèvement, ou l'enlèvement seul, sont également punissables, avec les distinctions déjà faites sur le délit précédent (V. *suprà*, n. 19 et s.). — Nancy, 9 janv. 1835, [cité par Meaume, *Comment.*, t. 2, n. 1355] — Lorsqu'il s'agit de l'enlèvement de bois déjà coupé, l'art. 194 n'est applicable que si ce bois n'a pas encore été façonné. Ainsi, lorsque l'enlèvement a pour objet des fagots se trouvant dans une coupe d'éclaircie exploitée en régie par l'administration forestière, ce fait tombe sous le coup de l'art. 388, C. pén. — Dissert. de M. Puton, *Rép. for.*, t. 7, p. 49.

40. — II. *Pénalités.* — La peine de l'art. 194 consiste dans une amende, différente suivant le mode d'enlèvement, et dans un emprisonnement facultatif, de cinq jours au plus, ajouté par la loi du 18 juin 1859. L'amende est, par chaque charretée, de 10 fr. par bête attelée, de 5 fr. par chaque charge de bête de somme, et de 2 fr. par fagot, fouée ou charge d'homme.

41. — L'emploi de charrette ou voiture attelée donne seul lieu à l'amende de 10 fr. Jugé que l'enlèvement au moyen d'un traîneau sans roues par un homme, ne rentre pas dans la catégorie des enlèvements par charrette, mais dans celle des enlèvements par charge d'homme, et n'est passible que de l'amende de 2 fr. — Cass., 1er août 1844, Perret, [S. 45.1.121, P. 44.2.284] — V. Meaume, t. 2, n. 1359.

42. — En cas d'emploi d'une voiture ou d'un traîneau attelé, l'amende de 10 fr. par bête attelée ne peut être modérée pour ce motif que la quantité de bois enlevé était peu considérable : ainsi, lorsqu'il a été constaté que le traîneau était attelé de deux bœufs, l'amende sera nécessairement de 20 fr., lors même que la faible quantité de bois enlevé n'eût pu exiger que l'emploi d'un bœuf unique. — Cass., 16 août 1853, Gardon, [D. 59.5.195]

43. — La bête de somme est tout animal domestique servant au transport des fardeaux, susceptible de porter une charge, et l'amende est la même quels que soit la grosseur ou le poids de la charge, sans distinguer par conséquent quel animal a été employé. — V. Meaume, Dissert., *Rép. for.*, t. 6, p. 151.

44. — La charge d'homme est la quantité de bois qu'un homme peut emporter sur son dos, ou par tout autre moyen, sans se servir d'une voiture ou d'une bête de somme. L'art. 194 donne comme synonyme de la charge d'homme les mots fagot et fouée; il en résulte certaines difficultés pour l'appréciation de l'amende, lorsque le bois enlevé a été préalablement réuni en fagots par le délinquant. Ces difficultés peuvent être résolues au moyen de ce principe que l'amende doit être appliquée d'après le mode d'enlèvement, réel ou probable.

45. — Si donc il résulte de la constatation, par procès-verbal ou autrement, que l'enlèvement a été réellement effectué à l'aide d'une voiture, on doit appliquer l'amende de 10 fr., lors même que le bois enlevé aurait été façonné préalablement en fagots par le délinquant, et non autant d'amendes de 2 fr., qu'il y a eu de fagots transportés par la voiture. — V. Cass., 11 avr. 1845, Plique, [P. 45.2.145, D. 45.1.218]; — 16 août 1855, précité.

46. — De même, si le délinquant avait pu charger sur son dos plusieurs fagots, on ne devrait lui appliquer qu'une fois l'amende de 2 fr. et non pas autant de fois qu'il a emporté de fagots en un seul voyage. En d'autres termes, la circonstance que le bois a été ou non réuni au moyen de liens ou de harts est indifférente pour l'application de la peine, lorsque le mode réel d'enlèvement a pu être prouvé. Toutefois, la jurisprudence à cet égard est fort contradictoire. — Nancy, 1er févr. 1834, Pichenet, [P. chr.] — *Sic*, Meaume, *Comment.*, t. 2, n. 1358, note. — V. en sens contraire Cass., 20 mars 1828, et 29 janv. 1829, Guiraud, [S. et P. chr.]; — 15 mars 1832, Brigeot, [S. 32.1. 683, P. chr.]; — 18 juill. 1834, Pichenet, [S. 34.1.790, P. chr.]; — 17 févr. 1849, Magne, [S. 50.1.232]

47. — Le fait de la ligature n'est à considérer que si le bois coupé en délit est resté sur le parterre de la forêt. Si ce bois a été réuni en fagots, on doit présumer que le délinquant aurait procédé à l'enlèvement en prenant fagot par fagot, parce que tel est le mode le plus simple et le plus facile pour les sortir de la forêt. Alors l'amende doit être d'autant de fois 2 fr. qu'il y a de fagots. — Cass., 20 févr. 1829, Bouillot, [P. chr.] — Besançon, 13 mars 1832, Duhaux, [cité par Meaume, *Comment.*, t. 2, n. 1357] — Nancy, 13 janv. 1840, Rambon, [*Ibid.*]

48. — C'est donc seulement si le bois trouvé coupé en forêt n'a pas encore été façonné par le délinquant que les juges peuvent arbitrer, eu égard aux circonstances, quel mode de transport a pu être employé, pour appliquer l'amende en conséquence. — Meaume, *Comment.*, t. 2, n. 1357. — V. Cass., 4 avr. 1846, Champion, [S. 46.1.511, P. 46.2.67, D. 46.1.158]; — 23 janv. 1856, Ribé, [S. 56.1.702, P. 57.189, D. 56.1.141]

49. — Lorsque les bois de délit sont trouvés au domicile du délinquant, et que le mode d'enlèvement n'a pu être déterminé, par procès-verbal ou autrement, il appartient également aux tribunaux d'apprécier, d'après les circonstances, de quelle manière cet enlèvement a dû s'effectuer. La quantité de bois enlevé, la distance à parcourir, l'existence ou l'absence de chemin pour les voitures, les moyens de transport dont le délinquant pouvait disposer au moment du délit, sont les principaux éléments qui devront être mis en ligne de compte à cet égard.

50. — Ainsi, une quantité considérable de fagots, trouvés au domicile du délinquant, et la circonstance que ce domicile est éloigné de la forêt, sont des motifs suffisants pour que les juges estiment que l'enlèvement a eu lieu par charretée et non pas à dos d'homme. — Cass., 4 avr. 1846, précité. — *Contrà*, Cass., 20 mars 1828, et 29 janv. 1829, Guiraud (dans leurs motifs), [cités par Meaume, *Comment.*, t. 2, n. 1357]

51. — Le fait de couper des branches d'arbres et de se les approprier peut donner lieu, dans les propriétés rurales, à l'application de l'art. 36, tit. 3 du Code rural de 1791; le même fait, s'appliquant à des arbres situés dans l'intérieur d'une ville, doit être assimilé à un vol simple et puni de l'art. 401, C. pén. Mais ni l'un ni l'autre de ces textes ne peut être invoqué dans les bois, taillis ou futaies. — Cass., 1er mars 1872, Girard de Maisonforte et Prat, [S. 72.1.309, P. 72.744, D. 72.1.149]

§ 3. *Arrachement d'arbres.*

52. — Dans l'art. 195, qui prévoit le fait d'*arrachement*, la loi forestière change son système ordinaire de pénalité : au lieu d'une amende fixe, proportionnelle à la grosseur des arbres, telle que celle prévue en cas de *coupe* ou enlèvement, elle édicte une amende laissée à l'arbitrage du juge, pouvant osciller entre un maximum de 300 fr. et un minimum de 10 fr. La loi du 18 juin 1859 a de plus ajouté un emprisonnement facultatif de cinq jours au maximum.

53. — Il résulte de ce système que la constatation de la grosseur, utile sans doute comme élément d'appréciation pour l'importance de l'amende, n'est pas indispensable pour qu'une amende soit prononcée. L'absence dans le procès-verbal de toute indication relative à la grosseur ne ferait donc pas obstacle à une condamnation.

54. — L'arrachement est punissable quel que soit l'état de la tige : vive ou morte, brisée ou disparue en tout ou partie. L'art. 195 s'applique donc à l'arrachement des souches en forêt. Il n'y a pas à distinguer si cette souche est vive ou morte, pas plus que l'arbre dont elle faisait partie. — Montpellier, 17 juill. 1839, Teulon, et 24 août 1840, Mas, [cités par Meaume, *Comment.*, t. 2, n. 1366] — Contrairement à cette opinion, la Cour de cassation, par arrêt du 7 mars 1845, Voyaume, [S. 45.1.545, P. 45.2.33, D. 45.1.197], a fait rentrer l'arrachement des souches dans le délit de l'art. 192; mais c'est ainsi confondre deux dispositions bien distinctes, l'art. 192 s'appliquant exclusivement à la coupe, non à l'arrachement.

55. — Quoique le délit de l'art. 195 s'applique d'ordinaire à de jeunes brins de très-petite dimension, que le délinquant se propose de replanter ou de vendre dans ce but, la possibilité d'une utilisation par ce moyen n'est nullement nécessaire : le seul fait matériel suffit pour l'application de la peine en matière forestière. L'art. 195 est donc applicable, non seulement à des brins, mais encore à des arbres véritables, quelle qu'en soit la circonférence : ainsi à un baliveau de 25 centimères de tour. — Nancy, 28 janv. 1841, Jacquemin, [cité par Meaume, *Comment.*, t. 2, n. 1365]

56. — L'art. 195 remplace, en forêt, les dispositions du Code pénal concernant la dévastation (art. 444) qui ne sera jamais applicable en matière forestière. S'il n'y a pas eu arrachement, les art. 192-194 de la loi spéciale suffisent. — Puton, *Lég. for.*, p. 166. — V. cep. Dissert. insérée au *Bull. for.*, t. 5, p. 54, mentionnant Montpellier, 6 juin 1842, Maurère, [*Bull. for.*, 5.54] — V. *infrà*, v° *Destruction et dévastation de récoltes, arbres et plants.*

§ 4. *Semis et plantations.*

57. — La loi forestière contient une aggravation de peine pour les délits commis dans des semis ou plantations exécutés de main d'homme. C'est une question de fait de décider dans quels cas il s'agit de peuplements naturels ou artificiels. Jugé que l'aggravation de l'art. 195 s'applique au cas où les plants arrachés doivent, sinon leur ensemencement, du moins leur germination et leur croissance, au travail de l'homme : dans l'espèce, lorsque la régénération de la forêt a été facilitée par un labour. — Amiens, 31 mai 1877, Guérin, [S. 78.2.18, P. 78.106]

58. — La coupe ou enlèvement, dans ces circonstances, est prévue par l'art. 194, § 3. L'amende est de 3 fr. par tige, quelle que soit la grosseur, qu'elle soit supérieure ou inférieure à deux décimètres de tour. L'emprisonnement est de un mois au plus : cet emprisonnement est obligatoire pour le tribunal, contrairement à la règle habituelle des articles répressifs de la loi forestière; mais il suffit que le jugement contienne condamnation au minimum, un jour de prison, pour qu'il soit satisfait à cette obligation légale. Enfin, les dispositions aggravantes de l'art. 194, § 3, ne s'appliquent, dans les semis et plantations, qu'aux arbres semés ou plantés depuis moins de cinq ans, à compter de la date du délit.

59. — L'arrachement, dans les semis et plantations, est puni par l'art. 195, § 3. Cet article s'applique quelle que soit la grosseur de la tige, et quel que soit le temps depuis lequel elle a été semée ou plantée en forêt. L'amende, comme au cas d'arrachement d'arbres venus naturellement, est de 10 à 300 fr. (V. *supra*, n. 52). L'aggravation consiste uniquement dans l'emprisonnement, obligatoire, qui doit être prononcé dans les limites de quinze jours à un mois.

§ 5. *Mutilation d'arbres.*

60. — L'art. 196, C. for., en assimilant, pour la répression pénale, la simple mutilation à l'abatage, punit des peines du délit une simple tentative, qui sans cela pourrait ne pas être punissable (Meaume, *Comment.*, t. 2, n. 1367). La mutilation est punie, d'après ce texte, des mêmes peines que la coupe : donc aussi bien de l'emprisonnement que de l'amende, et dans les conditions ordinaires d'application de cette peine corporelle.

61. — La peine de l'art. 196 est encourue sans qu'il y ait à distinguer si l'arbre a péri ou non des suites de la mutilation. Cette distinction n'est utile à faire qu'en dehors des forêts : l'art. 14, tit. 2, Décr.-L. 28 sept.-6 oct. 1791, s'applique lorsque les arbres mutilés n'ont pas péri, et l'art. 446, C. pén., dans le cas contraire. — Besançon, 24 janv. 1857, G..., [S. 57.2.189, P. 57. 124, D. 57.2.119]

62. — L'art. 196 prévoit et punit l'éhoupement, l'écorcement, la mutilation ou la coupe des principales branches. Ces termes n'ont rien de sacramentel, en ce sens que le fait d'avoir éhoupé, écorcé, ou mutilé des arbres, peut résulter des circonstances relatées au procès-verbal, lors même que le rédacteur de ce procès-verbal n'aurait pas employé les mots dont se sert l'art. 196. — Besançon, 7 févr. 1848, Blanc, [*Bull. for.*, 4.372]

63. — L'éhoupement est le fait de couper ou de briser la cime de l'arbre, à quelque distance que ce puisse être du sommet (Puton, *Lég. for.*, p. 167). Donc la destruction du bourgeon terminal d'un résineux pourrait être considérée comme un éhoupement punissable.

64. — L'écorcement, ou enlèvement de l'écorce, même partiel, est susceptible de poursuite pourvu que le fait soit dommageable (Meaume, *Comment.*, t. 2, n. 1368). Et même, l'existence d'un dommage causé à l'arbre ne se trouvant point exigée par la loi, on a pu appliquer l'art. 196 à l'écorcement de chênes-lièges, fait avec les précautions d'usage, et ne devant entraîner aucune conséquence pour la vitalité de l'arbre. — Pau, 11 févr. 1858, Hourcade, [S. 58.2.356, P. 58.971, D. 59.2.26]

65. — A plus forte raison, lorsque l'écorçage des chênes-lièges a été affermé dans une forêt sous la condition de respecter l'écorce-mère des arbres à exploiter, l'infraction à cette disposition constitue une mutilation qui rend l'adjudicataire passible des peines de l'art. 196. — Aix, 23 mai 1867, Guillabert, [*Rép. for.*, 3.331]

66. — Le fait de *gemmer* sans autorisation des pins maritimes, c'est-à-dire de pratiquer dans leur tronc des entailles ou *quarres* pour recueillir la résine, est une mutilation qui tombe sous le coup de l'art. 196. Sont punissables en vertu de cet article les ouvriers employés au gemmage, lorsque la largeur et la profondeur des quarres excèdent les dimensions prescrites par le cahier des charges de l'exploitation ; et l'entrepreneur du gemmage est civilement responsable de ses ouvriers. — Trib. corr. Dax, 21 juill. 1881, Cabrio, [*Rép. for.*, 10.154]

67. — Pour que la mutilation soit punissable par l'art. 196, il faut toutefois qu'elle provienne directement du fait du délinquant : ainsi, la mutilation produite indirectement par l'abatage d'arbres voisins n'est point prévue par le texte de la loi. — Bourges, 30 janv. 1846, Girerd, [P. 46.2.598] — *Sic*, Puton, *Lég. for.*, p. 167. — V Cass., 5 juin 1841, Dercheux, [P. 41.2.647] — Sauf, pour les adjudicataires de bois soumis au régime forestier, les conséquences de l'inobservation des clauses de leur cahier des charges, conformément à l'art. 37, C. for.

68. — Jugé, dans le même sens que ci-dessus, pour le fait d'un entrepreneur qui, chargé de la construction d'une route stratégique, a causé des dégâts considérables à une forêt communale, par le glissement des blocs de rochers sur les pentes : ce fait ne peut donner lieu à l'application de l'art. 196, mais à une simple action en dommages-intérêts. — Aix, 23 mai 1888, Brossier, [*Rép. for.*, 88.93]

69. — Les branches dites *principales*, dont la coupe est assimilée, pour la peine, à l'abatage de l'arbre lui-même, sont celles qui sont nécessaires à l'existence et à la belle venue de l'arbre. — Meaume, *Comment.*, t. 2, n. 1370. — Le procès-verbal qui constate l'enlèvement des branches qualifiées de principales ne fait foi à cet égard que si le garde rédacteur a détaillé avec soin les motifs qui autorisent cette qualification. — Rouen, 18 avr. 1845, Messier, [D. *Rép.*, v° *Forêts*, n. 865] — C'est une des circonstances pour lesquelles des renseignements insuffisants contenus dans le procès-verbal peuvent être complétés avec avantage par la déposition à l'audience du garde rédacteur. — Meaume, *Comment.*, t. 2, n. 1370. — V. *infrà*, n. 312 et s.

70. — Lorsque le tribunal estime que les branches coupées ne sont point *principales*, il faut distinguer si elles sont inférieures ou supérieures à deux décimètres de tour. Dans le premier cas, c'est le délit prévu par l'art. 194. Mais si ces mêmes branches, non principales, avaient deux décimètres ou au-dessus, le fait n'étant prévu ni par l'art. 196, ni par l'art. 192 qui ne concerne pas les tiges, il s'ensuit qu'aucun texte de la loi forestière ne serait applicable. Cette lacune est sans importance pratique, parce qu'il y a toujours, dans les bois enlevés, des parties inférieures à deux décimètres. — Puton, *Lég. for.*, p. 168 ; Dissert., *Rép. for.*, t. 8, p. 46.

71. — Les mutilations punissables d'après l'art. 196 sont toutes celles qui s'appliquent, en forêt, à des arbres sur pied ; sauf les dispositions spéciales concernant les adjudicataires de coupes dans les bois soumis au régime forestier, celles de l'art. 36, C. for., par exemple, pour écorcement sans autorisation des bois qui leur ont été vendus. Jugé cependant que, dans une coupe de bois communal, mise en exploitation affouagère pour être distribuée en nature et sur pied aux habitants, le fait d'écorcer des arbres sur pied serait punissable, comme tentative de vol dans une *vente*, d'après l'art. 388-2°, C. pén. — Dijon, 2 mars 1881, Baillieux, [S. 81.2.151, P. 81.1.813, D. 82.2.157] — V. *suprà*, n. 27.

72. — L'art. 150-2°, C. for., déclare que tout élagage qui serait exécuté sans l'autorisation du propriétaire de la forêt donnera lieu à l'application des peines de l'art. 196. En d'autres termes, l'action en élagage, qui appartient aux riverains des forêts comme aux voisins de toute espèce de propriété, en vertu de l'art. 673, C. civ. (L. 20 août 1881) ne permet pas à ces riverains de couper eux-mêmes ; sinon ils sont punis de la même manière que des personnes sans droit (V. *suprà*, v° *Arbres*, n. 137 et s.). Et même, l'autorisation d'élaguer ne pouvant émaner que du propriétaire, d'après l'art. 150-2°, on doit déduire qu'en cas de refus, les tribunaux saisis de l'action ne pourraient ordonner l'exécution d'office, mais qu'ils devraient se borner à une condamnation à des dommages-intérêts. — Puton, *Lég. for.*, p. 203.

73. — De ces termes « *tout élagage* », employés par l'art. 150, on doit déduire que la pénalité de l'art. 196 est applicable dans ces circonstances, sans qu'il y ait à distinguer si les branches coupées par les riverains de la forêt sont ou non principales. Les difficultés prévues aux n. 69 et 70 ci-dessus ne se présenteront donc pas lorsque le délit de coupe de branches sera relevé à la charge de cette catégorie de personnes. — Puton, *Lég. for.*, p. 202-203.

74. — En principe, les forêts sont soumises aux règles du droit commun, en ce qui concerne les conditions d'exercice de l'action en élagage, quel que soit le propriétaire de ces forêts : Etat, commune ou particulier. Le Code forestier excepte seulement de l'application de l'art. 673, C. civ., les arbres de lisière ayant plus de trente ans. Cette exception a eu pour but d'éviter la mutilation des gros arbres existant sur les lisières au moment de la promulgation du Code forestier. Ce n'est donc qu'une disposition transitoire, applicable aux arbres qui avaient plus de trente ans en 1827, et dont ne pourraient bénéficier les remplaçants de ces arbres lorsqu'ils auront été abattus. — Puton, *Lég. for.*, p. 202. — V. *suprà*, v° *Arbres*, n. 141 et 142.

75. — Les dispositions des art. 673, C. civ. et 150, C. for., ne sont applicables que relativement au dommage qui peut résulter du défaut d'élagage pour les propriétés privées ; mais elles sont inapplicables au cas où des arbres formant la lisière des forêts, s'avanceraient sur des chemins publics : ces arbres sont soumis aux arrêtés que peut prendre l'autorité administrative dans l'intérêt des chemins. — Cass., 5 sept. 1845, de Castellane, [P. 45.2.750, D. 45.1.401]

76. — Les art. 671 et 672, C. civ. (modifiés par la loi du 20 août 1881), relativement à la distance à laquelle les arbres peuvent être plantés près de la limite des héritages auxquels ils appartiennent, s'appliquent aux forêts comme à tout autre immeuble (Puton, *Lég. for.*, p. 204-205). La loi forestière ne contient, au sujet des arbres plantés à moindre distance, aucune disposition spéciale (V. *suprà*, v° *Arbres*, n. 73). — Pour l'application de ces art. 671 et 672, V. *suprà*, v° *Arbres*, n. 69 et s.

77. — Le propriétaire riverain d'une forêt pourra donc exiger le recul à deux mètres de la lisière, à moins de règlements particuliers, ou d'usages constants et reconnus, et sauf les effets de la prescription trentenaire. Mais, de même que pour l'élagage, le riverain n'a qu'une action civile pour arriver à la suppression de ces arbres, et s'il les coupait sans le consentement du propriétaire, il s'exposerait aux peines des art. 192 et s., C. for. Enfin les art. 671-672, C. civ., ne s'appliquent qu'aux fonds privés ; ils ne peuvent être opposés aux arrêtés de l'autorité administrative compétente en ce qui concerne les terrains du domaine public.

Section II.

Délits commis au moyen de contrefaçon des marteaux ou des marques.

78. — La contrefaçon du marteau de l'Etat ou des autres marteaux employés par l'administration forestière est un crime punissable par l'art. 140, C. pén. La contrefaçon du marteau des particuliers constitue le délit de l'art. 200, C. for. L'emploi frauduleux des marteaux ainsi contrefaits est passible des mêmes peines. L'emploi frauduleux des vrais marteaux constitue le crime de l'art. 141, C. pén. La destruction des marques ou empreintes de marteaux apposées sur les arbres tombe sous le coup de l'art. 439, C. pén. — V. *suprà*, v° *Contrefaçon des sceaux de l'Etat*, n. 37 et s.

79. — Mais il arrive le plus souvent que les crimes ainsi caractérisés ne sont que des moyens employés pour arriver impunément à la coupe et à l'enlèvement d'arbres appartenant au propriétaire de la forêt. Dans ce cas, si, pour une raison quelconque, la répression n'a pu être obtenue par une poursuite criminelle, l'action fondée sur le délit de coupe et enlèvement de bois sur pied, en vertu des art. 192 et s., sera généralement recevable devant le tribunal correctionnel, sans que l'on puisse opposer à cette action l'exception de chose jugée, ni l'objection fondée sur le non cumul des peines. — V. *suprà*, v° *Chose jugée*, n. 910 et s., et *infrà*, n. 804 et s.

SECTION III.

Produits non ligneux.

80. — L'art. 144 a pour objet de réprimer l'extraction ou l'enlèvement non autorisé des produits autres que le bois. Par ces mots « extraction ou enlèvement », la loi forestière place sur la même ligne la tentative et le délit consommé. Il ne faudrait donc pas croire que le mot extraction se réfère exclusivement aux produits souterrains ou intérieurs et le mot enlèvement aux produits superficiels. Tel n'est pas le sens de ce texte qui doit être rapproché, pour son application des termes analogues des art. 192 et s. : coupe ou enlèvement. Ces articles (V. *suprà*, n. 16), visent aussi la tentative de même que le délit consommé.

81. — D'après une jurisprudence très-ancienne, la Cour de cassation interprétait en ce sens l'art. 12, tit. 27 et l'art. 12, tit. 32, de l'ordonnance de 1669, dispositions que le Code forestier a reproduites dans l'art. 144. Ainsi pour le fait d'avoir ramassé des feuilles mortes. — Cass., 28 juin 1811, Gourrin, [S. et P. chr.] — De même pour avoir préparé le chargement d'une certaine quantité de sable, bien que la voiture sur laquelle ce sable avait été chargé n'eût pas encore quitté la forêt. — Cass., 22 prair. an VII, Vidal, [S. et P. chr.] — De même pour le simple amassage de faînes et de glands, sans enlèvement. — Metz, 29 mars 1820, Finck.

82. — Avec le Code forestier actuel, cette jurisprudence n'a fait que se confirmer et s'étendre. Ainsi jugé que le fait d'avoir détaché du sol forestier des genêts, bruyères et herbages, sans les avoir enlevés, constitue le délit de l'art. 144. — Cass., 19 sept. 1832, Langa-Bourg, [S. 33.1.406, P. chr.] — Nancy, 15 mars 1833 (quatorze arrêts), [cités par Meaume, t. 2, p. 381] — De même pour le fait d'avoir ramassé des feuilles mortes, sans que l'enlèvement ait pu être effectué. — Cass., 9 juin 1848, Tillon, [S. 48.1.519]; — 8 déc. 1848, Gallet, [S. 49.1.296, P. 50. 1.135] — Metz, 14 janv. 1835, Allard, [D. *Rép.*, v° *Forêts*, n. 623]; — 8 avr. 1835, Demerlet, [D. *Rép.*, *Ibid.*] — *Contrà*, Dijon, 6 août 1834, Aubry, [D. *Rép.*, v° *Forêts*, n. 617] — Besançon, 12 févr. 1830, Lobjois, [*Ibid.*]

83. — Depuis 1872, la Cour de cassation a fait de ce système une application intéressante à la protection du sol forestier, notamment dans le cas d'entreprises sur les lisières de la forêt. Auparavant, on estimait que l'extraction, pour être punissable en vertu de l'art. 144, devait avoir été opérée en vue d'une appropriation ultérieure des matériaux extraits. En conséquence, le fait de creuser un fossé dans une forêt sans autorisation du propriétaire ne semblait pas susceptible d'être poursuivi correctionnellement; on n'accordait au propriétaire que la voie civile pour réclamer des dommages-intérêts. — Cass., 3 mars 1838, Mouris, [cité par Meaume, *Comment.*, t. 2, n. 967 et 968] — V. aussi Metz, 20 nov. 1843, Creutzer, [P. 47.1.697, D. 47.4.271]

84. — Mais actuellement on décide qu'une telle restriction apportée à l'application de l'art. 144 n'est justifiée ni par le texte, ni par l'esprit de la loi. Toute extraction, tout mouvement de terre est donc punissable, lors même que l'enlèvement ne pourrait être le but de la personne poursuivie. Ainsi, pour le creusement ou le curage d'un fossé sans autorisation. — Cass., 28 nov. 1872, Gras, [S. 73.1.144. P. 73.305, D. 72.1.429] — Paris, 26 nov. 1868, Garinet, [*Rép. for.*, 4.347] — *Contrà*, Chambéry, 20 juill. 1871, Gras, [*Rép. for.*, 5.160] — De même pour le fait, de la part d'un riverain, d'avoir labouré sans autorisation une partie du sol forestier. — Cass., 29 avr. 1882, Albertini, [S. 83.1.93, P. 83.1.188, D. 82.1.440]

85. — L'énumération faite par l'art. 144 des produits dont l'extraction ou l'enlèvement est interdit, n'est nullement limitative; elle embrasse, en définitive, tous les produits forestiers autres que le bois, et de plus certains arbustes de minime importance, à savoir les bruyères et les genêts. — V. Cass., 4 févr. 1841, Pourailly, [*Bull. for.*, 1.39] — Nîmes, 11 févr. 1875, Paradis, [*Rép. for.*, 7.101] — V. *suprà*, n. 36.

86. — On ne saurait faire, à cet égard, une distinction entre les produits du sol forestier estimés utiles, inutiles ou nuisibles, pour soutenir que les premiers seuls donnent lieu à l'application de l'art. 144. Cette distinction n'est pas dans la loi, et d'ailleurs elle serait bien difficile à faire, attendu que toute soustraction de la végétation ligneuse porte un préjudice certain à la forêt. — Dans ce sens, Cass., 24 nov. 1848, Rodet, [S. 49.1.295, P. 50.1.200, D. 48.5.216], annulant un arrêt de Besançon, 8 juin 1848, Mêmes parties, [S. et P. *Ibid.*]

87. — Les pierres, par lesquelles débute l'énumération de l'art. 144, peuvent être soit des pierres roulantes, superficielles, soit des produits de carrières, pierres à bâtir, marbres, pierres à chaux, auxquelles on doit joindre aussi les ardoises, schistes, etc. (V. *infrà*, pour l'autorisation requise en ce qui concerne l'exploitation des carrières). On a fait remarquer (Curasson, *C. for.*, t. 2, p. 392; Coin-Delisle et Frédérich, t. 2, p. 60) que ce serait exagérer la portée de l'art. 144 que de vouloir l'appliquer au simple enlèvement, fait dans un intérêt d'étude ou de curiosité, d'une ou deux pierres gisantes par exemple. Il y a, en effet, dans ce cas, comme pour toute infraction à la loi forestière, une règle de conduite qui s'impose aux agents chargés d'exercer la poursuite, et qui leur commande de n'user de l'action publique que pour des délits réellement dommageables ; mais au point de vue strictement juridique, on ne saurait dire, comme les auteurs ci-dessus, que de tels actes ne constituent aucun délit, l'intention du coupable étant indifférente en pareil cas. — V. *suprà*, n. 9.

88. — L'enlèvement de sable, au moyen de fouilles superficielles ou en carrière, rentre dans l'enlèvement de terre ci-après. Les minerais sont les matières renfermées dans le sol, qui sont utilisables par l'industrie et dont le caractère juridique est d'être susceptibles de concessions, conformément à la loi du 21 avr. 1810 (V. *infrà*, pour l'autorisation nécessaire à leur enlèvement). L'enlèvement de terre est punissable par l'art. 144, sans qu'il soit besoin d'établir une relation entre ce fait et une intention quelconque d'anticipation ou d'appropriation du sol. L'enlèvement du gazon donne lieu, dans l'ancienne Gascogne, au droit de *soutrage*, habituellement subordonné à certaines conditions dont l'inobservation entraînerait l'application de l'art. 144 (V. *infrà*, v° *Usages forestiers*). La tourbe donne lieu aux mêmes observations que la terre et les minerais. Elle est soumise à des conditions spéciales d'exploitation par la loi du 21 avr. 1810.

89. — Aux bruyères et genêts, mentionnés dans l'art. 144, on doit joindre les ronces, quelque minime qu'en soit la valeur. — Cass., 4 févr. 1841, précité. — Les herbages consistent dans l'ensemble de la végétation non ligneuse de la forêt. Ce sont ordinairement des produits naturels du sol; toutefois on doit aussi comprendre dans ce terme les produits artificiels, par exemple, des sainfoins qui auraient été semés pour compléter le gazonnement et prévenir les éboulements de terre sur une partie de la forêt. — Nîmes, 11 févr. 1875, précité.

90. — Les feuilles, vertes ou mortes, sont expressément indiquées par le texte de l'art. 144. Elles auraient pu, d'ailleurs, être comprises dans la dénomination générale d'engrais (V. *infrà*, n. 91). L'enlèvement des feuilles mortes peut être aussi l'objet d'un droit d'usage, et alors l'art. 144 n'est applicable que si l'usager ne s'est point conformé aux conditions d'exercice de ce droit. — Cass., 9 juin 1848, précité; — 8 déc. 1848, précité. — V. *infrà*, v° *Usages forestiers*.

91. — Les engrais, mentionnés à l'art. 144, peuvent être à la surface du sol ou à l'intérieur. Parmi les premiers, on doit comprendre principalement le fumier des animaux admis au parcours, par suite de droits d'usage ou autrement. En cas de droit d'usage, il peut y avoir intérêt à distinguer le fumier *errant* du fumier de stabulation, qui seul appartient à l'usager. — V. *infrà*, v° *Usages forestiers*.

92. — Dans une certaine opinion on range aussi quelquefois parmi les engrais superficiels les œufs de fourmis, qui ont une réelle importance dans les forêts où l'on élève des faisans; dans ce système on décide que l'enlèvement de ces œufs peut être réprimé par l'art. 144, sans qu'il y ait à examiner si le délinquant a enlevé en même temps de la terre ou des brindilles de bois.

93. — Dans un autre système on soutient que l'enlèvement des œufs de fourmis n'est pas en soi punissable, et qu'il faut prouver en même temps l'enlèvement de terre ou de bois. — Trib. Reims, 13 août 1890, Carré, [*Rép. for.*, 16.170] — V. à cet égard, *suprà*, v° *Chasse*; n. 73 et 74.

94. — La dénomination d'engrais s'étend aux marnes, qui sont extraites dans certains pays pour être répandues sur les terres cultivées; de même aux phosphates minéraux (ou coprolithes, coquins, etc.) qui donnent lieu dans plusieurs départements à des exploitations importantes. — V. Nancy, 11 juin 1885, Bertin, [*Rép. for.*, 11.372] — D'ailleurs ces produits du sol forestier peuvent être tout aussi bien désignés sous le nom générique de terres, comme ci-dessus.

95. — Les glands et faînes (fruits du chêne et du hêtre) sont les semences d'arbres forestiers les plus fréquemment utilisées. Elles peuvent faire l'objet, dans les bois du régime forestier, de contrats de concession dont les principales conditions, ainsi que leurs sanctions pénales, sont inscrites au Code, art. 53 à 57. Les adjudications de glandée, panage et paisson, qui ont lieu en vertu de ces articles, donnent à l'adjudicataire le droit de faire consommer sur place les glands et faînes, par l'introduction d'un certain nombre de porcs (V. *infrà*, sur l'art. 199). D'après l'art. 57, l'adjudicataire qui amasserait ou emporterait des glands ou faînes, serait passible d'une amende double de celle prononcée par l'art. 144, plus un emprisonnement facultatif de trois jours au plus.

96. — Enfin les derniers termes de l'énumération faite dans l'art. 144 : « autres fruits et semences des bois et forêts », complètent la mention des glands et faînes, et peuvent s'appliquer non seulement aux semences des arbres, mais encore à tous les fruits quelconques. On doit y comprendre par exemple les fraises, les framboises, les airelles, les champignons, le gui, les truffes, etc. A l'occasion des fraises, nous pouvons répéter l'observation générale faite ci-dessus, n. 87. Tout enlèvement de ces fruits constitue un délit, sans qu'il y ait à considérer si leur quantité est plus ou moins grande, si la cueillette a été faite par plus ou moins de personnes, etc. — *Contrà*, Besançon, 26 déc. 1843, Maugain, et 10 juin 1845, Faivre, [S. 46.2.390, P. 46.2.474, D. 46.2.162] — Meaume, *Comment.*, n. 965.

97. — Pour les truffes qui, dans certaines forêts, constituent un produit de grande valeur, l'enlèvement peut être réprimé, tantôt par le Code forestier, tantôt par le Code pénal. Lorsque les truffes ont cru spontanément en forêt, sans culture ni préparation spéciales, c'est l'art. 144, C. for., qui doit être appliqué. — Cass., 27 nov. 1869, Poupier, [S. 70.1.326, P. 70.812, D. 70.1.139]

98. — Mais s'il y a eu culture préalable, l'enlèvement des truffes constitue, non plus un délit forestier, mais un vol, passible de l'art. 388, C. pén. (vol de récoltes ou autres productions utiles de la terre) ou de l'art. 475-15° (lorsque les circonstances prévues en l'art. 388 ne se trouvent pas réunies). Ainsi jugé, notamment dans des cas où la récolte des truffes en forêt avait été affermée. — Cass., 3 août 1878, Béroulle, [S. 78.1.477, P. 78.1230, D. 79.1.389] — Trib. Carpentras, 4 avr. 1878, Béroulle, [*Rép. for.*, 8.57] — Nîmes, 9 mai 1878, Mêmes parties, [S. 78.2.180, P. 78.819]

99. — Jugé, pareillement, que le fait de cueillir, même avec un panier, des merises dans un bois, ne constitue pas le délit de vol de récoltes non détachées du sol (C. pén., art. 388), mais bien la contravention à l'art. 144, C. for. — Paris, 14 août 1893, Jacquemaire, [*Rép. for.*, 95.94]

100. — Les personnes punissables en vertu de l'art. 144 sont généralement des *tiers*, c'est-à-dire des personnes qui n'ont aucune relation de droit avec la forêt ou son propriétaire; mais ce peut être aussi des habitants de la commune pour extraction ou enlèvement dans le bois communal (V. *infrà*, v° *Forêts*), ou des adjudicataires de la glandée, au cas des art. 53 à 57, C. for. (V. *suprà*, n. 95), ou enfin des usagers, dans la forêt soumise à leur droit d'usage, lorsqu'ils n'ont pas observé les règles de police auxquelles est subordonné l'exercice de ce droit. — V. *infrà*, v° *Usages forestiers*.

101. — Le système de pénalité de l'art. 144 est basé, en ce qui concerne l'amende, sur le mode d'enlèvement, réel ou présumé, dont le délinquant fait usage. Ce mode d'enlèvement une fois déterminé, le tribunal peut varier entre un maximum et un minimum pour l'application de la peine. Le garde doit donc avoir soin, dans son procès-verbal, de préciser de quelle manière l'enlèvement a eu lieu : par charretée, par bête de somme ou à dos d'homme, en indiquant le nombre de ces unités qui servent de base à l'évaluation de l'amende. S'il n'y a pas eu enlèvement ou si le mode d'enlèvement n'a pu être constaté, les juges estimeront, d'après les circonstances, le mode d'enlèvement probable, et fixeront la peine en conséquence.

102. — L'emprisonnement de trois jours au plus, ajouté par la loi du 18 juin 1859, a dans tous les cas un caractère facultatif pour le tribunal. Quant aux réparations civiles, que ne rappelle point le texte de l'art. 144, elles sont accordées, suivant les circonstances, d'après les principes généraux des art. 198 et 202, C. for., concernant la restitution et les dommages-intérêts. — V. *infrà*, n. 818 et s.

103. — L'amende de l'art. 144 étant fondée uniquement sur le mode d'enlèvement, abstraction faite du nombre des délinquants, il en résulte que lorsque plusieurs personnes se sont réunies pour l'extraction ou l'enlèvement de produits autres que le bois, une seule amende doit être prononcée contre tous les co-auteurs. — Cass., 24 avr. 1828, Houdin, [S. et P. chr.] — *Sic*, Chauveau et Hélie, *Th. C. pén.*, t. 1, p. 262; Meaume, *Comment.*, t. 2, n. 985. — D'ailleurs, la solidarité est de droit, à l'égard de tous les condamnés, comme auteurs ou complices, conformément à l'art. 55, C. pén.

104. — Le délit de l'art. 144 consiste dans une extraction ou un enlèvement *non autorisé*. La preuve d'une autorisation valable, faite par le prévenu, a donc pour conséquence de faire évanouir le délit. Cette autorisation doit être obtenue du propriétaire de la forêt, qui seul a qualité pour transférer ainsi la jouissance de produits de son immeuble, et elle doit être préalable au délit : le tribunal excéderait ses pouvoirs en prononçant un sursis pour permettre au prévenu de se munir d'une autorisation après l'accomplissement des faits qui ont motivé la poursuite. — Cass., 19 nov. 1829, Debonnai, [P. chr.] — *Sic*, Meaume, *Comment.*, n. 970.

105. — Dans les forêts de l'Etat, les autorisations de l'espèce sont actuellement données par le conservateur (et non plus par le directeur général : Ord. 4 déc. 1844, modifiant l'art. 169 de l'Ord. régl. du 1er août 1827). Dans les bois des communes et des établissements publics, soumis au régime forestier, les maires ou administrateurs donnent l'autorisation, sauf l'approbation du conservateur des forêts, qui dans tous les cas règle les conditions et le mode d'extraction; enfin le préfet fixe le prix sur la proposition des maires et administrateurs (art. 169, Ord. régl. et Ord. 4 déc. 1844).

106. — Jugé, en conséquence, que l'art. 144 est applicable à ceux qui opèrent des extractions de terre dans un bois communal sans avoir obtenu l'autorisation exigée par l'art. 2, Ord. 4 déc. 1844, lors même que les prévenus se fonderaient sur un titre régulier leur donnant droit auxdites extractions. — Colmar, 10 févr. 1862, Hermann, [*Rép. for.*, 2.58]

107. — Jugé, cependant, que l'individu poursuivi pour coupe et enlèvement d'herbe sur un terrain dépendant d'une forêt communale soumise au régime forestier est à l'abri des peines portées par l'art. 144, du moment où il justifie que ce terrain lui a été affermé par acte d'adjudication publique passé en la forme administrative et revêtu de l'approbation du préfet. Peu importerait que le conservateur n'eût pas été appelé à concourir à la concession, conformément à l'art. 2, Ord. 4 janv. 1844. — Metz, 27 avr. 1864 Muller, [*Rép. for.*, 2.291]

108. — Une fois les autorisations dont s'agit données par les fonctionnaires compétents, les permissionnaires qui procéderaient à l'enlèvement des produits sans observer les modes et conditions qui leur ont été prescrits, seraient-ils passibles des peines de l'art. 144? En général on peut dire que l'inobservation des conditions imposées ne donne naissance qu'à une action civile en dommages-intérêts : le permissionnaire est devenu en effet propriétaire des objets enlevés, et on ne peut le poursuivre comme délinquant pour avoir enlevé sa propre chose. — V. Arnould, *Des concessions de menus produits*, [*Rép. for.*, 95.146]

109. — Les autorisations de cette nature constituent, dans la pratique de l'administration des forêts, les concessions de menus produits (domaniaux) ou de produits accessoires (communaux). Ces concessions sont accordées soit à prix d'argent, soit à charge de prestations ou travaux, soit enfin gratuitement. Les concessions à prix d'argent ou à charge de travaux donnent naissance à des contrats de droit civil, assimilables soit à la vente, soit au louage.

110. — Pour l'assimilation des concessions de menus produits à des ventes, on peut citer : Ecorçage de chênes-lièges. — Cass., 25 janv. 1886, Lecoq, [*Rép. for.*, 87.110] — Exploitation de carrières. — Arr. min., 27 juill. 1886 et 2 févr. 1887, [Circ. adm. for., n. 383] — Extraction de phosphates. — Nîmes, 6 févr. 1888, Commune de Saint-Maximin, [*Rép. for.*, 88.100]

111. — Dans le sens du louage : Pour des carrières. — Cass., 21 mai 1873, Commune de Campan, [D. 75.1.70] — Pour des chênes-lièges. — Cons. d'Ét., 12 mai 1853, Bérenguier, [S. 54. 2.65, D. 54.3.66] — Pour des truffières. — Nîmes, 26 févr. 1883, Malavard, [S. 83.2.225, P. 83.1.118, D. 83.2.214] — Enfin, pour des phosphates. — V. Nîmes, 5 janv. 1887, Commune de Saint-Maximin, [Rép. for., 88.67]

112. — Peu importe, d'ailleurs, que l'on opte pour la vente ou pour le louage. Dans les limites de temps fixées par la convention et eu égard à la nature des produits désignés, le concessionnaire devient propriétaire des objets concédés, soit immédiatement, dès que le contrat est formé, soit tout au moins lors de la prise de possession, suivant que ces objets sont ou non déterminés au moment du contrat. La solution donnée ci-dessus, quant à l'application de l'art. 144, s'applique donc dans un cas comme dans l'autre.

113. — Quant aux permissions gratuites qui peuvent être accordées, par exemple pour la récolte du bois mort dans les forêts domaniales, et d'une manière bien plus large pour toute espèce de menus produits communaux, si l'on ne peut dire qu'il y ait formation d'un contrat, du moins le permissionnaire est à l'abri de toute poursuite fondée sur l'art. 144, s'il se renferme dans les conditions de temps, de lieu, et de nature d'objets auxquelles est subordonnée l'autorisation qu'il a obtenue.

114. — L'autorisation du propriétaire, si elle est nécessaire pour empêcher l'application de l'art. 144, n'est pas toujours suffisante pour exonérer le permissionnaire de toute poursuite. C'est ainsi que les enlèvements de minerais peuvent être subordonnés à des permissions des ingénieurs des mines, au point de vue de l'application de la loi du 21 avr. 1810. Cette législation spéciale n'est nullement abrogée, en forêt, par l'art. 218, C. for.; elle doit recevoir son application, concurremment avec la loi forestière.

115. — Une double autorisation peut donc être nécessaire : de la part de l'administration des mines, en vertu de la loi de 1810, et de celle de l'administration des forêts ou plus généralement du propriétaire, par application de l'art. 144, C. for. Jugé, en conséquence, que les prévenus d'un délit consistant dans l'enlèvement de vingt voitures de minerai de houille ne peuvent être relaxés des poursuites exercées en vertu de l'art. 144, par le motif qu'ils auraient reçu d'un ingénieur des mines la permission de procéder à cette extraction. — Cass., 7 avr. 1848, Kuhn, Bounet et Gauthier, [D. 48.5.214]

116. — En cas de concession d'une mine au-dessous d'une forêt, les travaux exécutés par le concessionnaire sur le terrain superficiel, tels que puits d'extraction ou d'aérage, sont-ils punissables de l'art. 144, C. for., lorsque l'autorisation du propriétaire de la forêt n'a pas été préalablement obtenue? La question était discutée avant la loi du 27 juill. 1880, qui modifie celle du 21 avr. 1810 (V. Dissert. de M. Puton, Rép. for., t. 6, p. 177). Elle ne peut plus l'être depuis l'art. 43 de la loi nouvelle qui donne au préfet le droit de désigner, après que le propriétaire de la surface aura été mis à même de présenter ses observations, les terrains que le concessionnaire peut occuper pour les travaux nécessaires à l'exploitation de la mine. L'arrêté préfectoral ainsi pris, même contre le gré du propriétaire, exonère le concessionnaire de toutes poursuites.

117. — Quant aux exploitations telles que minières, tourbières et carrières, elles doivent être d'abord autorisées par le propriétaire de la forêt, pour mettre l'auteur des extractions ou enlèvements à l'abri des poursuites de l'art. 144; de plus, le permissionnaire doit se mettre en règle avec la législation spéciale à ces matières (LL. 21 avr. 1810, tit. 7 et 8; 27 juill. 1880, art. 81 et 82) qui lui prescrit tantôt de faire une déclaration préalable, tantôt d'obtenir une autorisation formelle; il est enfin soumis à l'observation des règlements qui peuvent avoir été pris sur cet objet par l'autorité administrative. — V. infrà, v° Mines.

118. — Enfin il est un cas beaucoup plus général dans lequel l'extraction de matériaux peut être faite en forêt, malgré le propriétaire, sans que l'art. 144 soit applicable : c'est lorsque ces matériaux sont nécessaires pour l'exécution des travaux publics. L'art. 145, C. for., rappelle formellement le droit conféré à l'administration des ponts et chaussées d'indiquer les lieux où doivent être faites les extractions pour travaux publics : les entrepreneurs sont seulement tenus de payer les indemnités de droit aux propriétaires et d'observer toutes les formes prescrites par les lois et règlements en cette matière.

119. — Il est certain que cet art. 145 doit être appliqué à tous travaux publics, qu'ils soient ou non entrepris par l'administration des ponts et chaussées, car la raison de décider est la même. La question est d'ailleurs ainsi réglée, d'une manière générale, par la loi du 29 déc. 1892, qui abroge la législation antérieure en tout ce qui n'est pas contraire à ses dispositions. — V. infrà, v° Occupation temporaire.

120. — Cette loi, dont nous allons apprécier les conséquences en matière forestière, rend sans intérêt la plupart des arrêts rendus précédemment sur la matière, en ce qu'elle précise les conditions de l'extraction et tranche les difficultés qui pouvaient autrefois se présenter à cet égard.

121. — Toutes les dispositions de la loi de 1892 sont applicables dans les forêts, soumises ou non au régime forestier. Dans les premières, les art. 170 à 173 de l'ordonnance réglementaire traçaient certaines règles que l'on doit considérer comme encore en vigueur, lorsqu'elles ne sont pas en contradiction avec la loi de 1892. Ainsi, l'art. 172-2° prescrit que l'agent forestier supérieur de l'arrondissement remplira les fonctions d'expert dans l'intérêt de l'État; que les experts dans l'intérêt des communes ou des établissements publics seront nommés par les maires ou administrateurs. L'État ou la commune continueront à être ainsi représentés dans les opérations amiables auxquelles donneront lieu les désignations de terrains; mais s'il s'agit d'une expertise judiciaire proprement dite, le conseil de préfecture est libre d'organiser cette expertise comme il l'entend, conformément à la loi du 22 juill. 1889.

122. — Quant au § 1 de ce même art. 172, qui renvoie pour l'évaluation de l'indemnité aux art. 55 et 56, L. 16 sept. 1807, il se trouve abrogé par l'art. 13 de la loi nouvelle, qui règle cette indemnité sur des bases plus équitables. Enfin, les art. 170 et 171, Ord. régl., prévoyant spécialement le cas de travaux publics exécutés par voie d'entreprise, sous la direction des ingénieurs des ponts et chaussées, prescrivent qu'avant toute désignation, ces ingénieurs procèdent, de concert avec les agents forestiers, à la reconnaissance des lieux, et qu'à la suite de cette reconnaissance, les agents forestiers rédigent les clauses et conditions qui devront être insérées au cahier des charges de l'entrepreneur, tant pour le mode d'extraction que pour le rétablissement des lieux en bon état.

123. — Les art. 170 et 171 doivent-ils être considérés comme faisant double emploi avec la reconnaissance préalable à l'occupation que prescrit l'art. 7 de la loi de 1892? Il semble que le but des deux opérations soit différent : la première, antérieure à l'arrêté préfectoral désignant le terrain, est une entente administrative ayant pour but la rédaction du cahier des charges de l'entreprise; la seconde, postérieure à l'arrêté et à l'adjudication des travaux, sert à réunir les éléments de l'indemnité future qui sera payable par l'entrepreneur. Les prescriptions de l'ordonnance doivent donc, maintenant encore, être suivies.

124. — Mais l'inobservation des art. 170 et 171 ne pourrait plus motiver aujourd'hui que des sanctions purement administratives, tandis qu'avant 1892, la désignation faite à l'entrepreneur au moyen de l'introduction dans son cahier des charges des clauses prescrites par l'ordonnance, constituant presque toujours l'unique autorisation préfectorale donnant aux ingénieurs le droit d'occuper le terrain, il en résultait que cette formalité était considérée comme essentielle, et qu'à son défaut, la sanction pénale de l'art. 144 pouvait être appliquée. — V. Cass., 10 sept. 1847, Mazière et Debeaupuits, [D. 47.4.273]; — 12 août 1848, Chaudet, [Bull. for., 5.69] — Caen, 2 déc. 1858, Aveline, [Bull. for., 8.112] — Meaume, Bull. for., t. 4, p. 211-212.

125. — Actuellement, lorsque l'extraction a eu lieu sans autorisation administrative préalable (arrêté préfectoral désignant le terrain, les travaux à raison desquels l'occupation est ordonnée, les surfaces sur lesquelles elle doit porter, la nature et la durée de l'occupation et les voies d'accès), l'occupant est passible d'amendes qui ne sont autres que celles de l'art. 144, C. for. (art. 16 de la loi de 1892). Il en est de même lorsque les matériaux dont l'extraction a été autorisée sont employés, sans le consentement écrit du propriétaire, à l'exécution de travaux autres que ceux en vue desquels l'autorisation a été accordée.

126. — Avant 1892, dans l'un et l'autre de ces cas, en matière forestière, la sanction était celle de l'art. 144, C. for. — Trib. Compiègne, 18 nov. 1873, Préclin, [Rép. for., 6.21] — Actuellement, on peut se demander en vertu de quel texte les poursuites seront intentées, lorsque le délit aura été commis en forêt. L'intérêt de la question consiste en ce que l'art. 144, C. for., permet d'infliger un emprisonnement, écarte l'admission des circonstances atténuantes, et, lorsqu'il s'agit de bois soumis au régime forestier, donne aux agents de l'administration le droit d'exercer l'action pénale. Nous estimons que, maintenant encore, c'est en vertu de l'art. 144, C. for., qu'il faut intenter les poursuites, lorsque le délit a été commis en forêt, en conséquence du principe *legi speciali per generalem non derogatur*, et du caractère éminemment spécial de la loi forestière.

127. — L'entrepreneur poursuivi en vertu de l'art. 144 pour extraction en dehors du terrain qui lui a été désigné, peut soutenir devant le tribunal qu'il s'est au contraire renfermé dans les limites qui lui ont été tracées. Ce moyen de défense, entraînant nécessairement une discussion sur l'interprétation d'un acte administratif, constitue une exception préjudicielle; le tribunal est obligé de surseoir à statuer sur le fond, en attendant que l'interprétation ait été donnée par l'autorité compétente, qui, en cas d'extraction pour travaux publics, est le conseil de préfecture. — Cass., 25 févr. 1847, Malval, [P. 47.2.288, D. 47. 4.405] — Nancy, 21 févr. 1844, Jouve, [P. 44.1.817] — Cons. d'Et., 28 mai 1840, Muller, [P. adm. chr.] — *Sic*, Meaume, *Bull. for.*, t. 4, p. 211-212. — Même solution depuis la loi du 29 déc. 1892.

SECTION IV.

Introduction d'animaux.

128. — Le délit qui fait l'objet de l'art. 199, C. for., est souvent, mais à tort, désigné sous le nom de délit de pâturage. Or il suffit de l'introduction en forêt des animaux énumérés dans l'art. 199 pour rendre possible l'application de la peine, lors même que, les animaux n'ayant fait aucun abroutissement, leur introduction n'aurait causé aucun préjudice. — Cass., 12 févr. 1847, Chabrol, [D. 47.4.274] — Nancy, 22 mai 1839, Bruant, [P. 39.2.616]; — 22 janv. 1845, Haché, [P. 45.1.699] — *Sic*, Meaume, *Comment.*, t. 2, n. 1385.

129. — L'introduction des animaux doit avoir été faite en forêt, c'est-à-dire sur un terrain boisé, ou tout au moins administré en vue de la production ligneuse. Peu importe d'ailleurs qu'il soit ou non soumis au régime forestier. A cet égard, les accessoires de la forêt doivent être considérés de la même manière que les parties réellement boisées; ainsi l'introduction d'animaux dans des vides, dans des laies, chemins ou tranchées de vidange. — Cass., 16 mars 1833, Berreure, [S. 33.1.637, P. chr.] — *Sic*, Meaume, t. 2, n. 1301. — De même dans des terrains enclavés dans la forêt qui ont été abandonnés au garde, momentanément soustraits à la culture forestière, et plantés en pommes de terre. — Cass., 31 janv. 1846, Pachez, [S. 46.1. 257, P. 46.2.48, D. 46.1.75]

130. — Le pacage sur un terrain semé en bois, dans un but de reboisement, est punissable des peines portées par l'art. 199, C. for., et non pas seulement de celles prononcées par l'art. 479-10°, C. pén. Ce dernier article, en le supposant applicable au cas de plantations d'essences forestières, ne le serait du moins qu'en tant que ces plantations seraient faites comme pépinières. — Cass., 31 janv. 1846, Bernos, [S. 46.1.430, P. 46.1. 739, D. 46.1.101]

131. — Suivant les circonstances, les *vacants* ou terrains vagues confinant à une forêt domaniale, régis par l'administration forestière, peuvent être ou non considérés comme des dépendances de la forêt à laquelle ils sont contigus. C'est une question de fait abandonnée à l'appréciation des juges (V. *suprà*, n. 8). — Pour l'application de l'art. 199 aux délits de dépaissance commis dans les vacants, V. Cass., 5 juill. 1872, Abat, [S. 73. 1.47, P. 73.76, D. 72.1.285]; — 12 mars 1874, Abat, [S. 74.1. 453, P. 74.1131, D. 75.1.480] — Pour la non-application de cet article, V. Agen, 15 nov. 1872, Abat, [S. 73.2.194, P. 73.847]

132. — L'énumération des animaux, qui se trouve dans le texte de l'art. 199, est limitative. Cependant il est admis que les mots « bêtes de somme » peuvent comprendre les mulets, ânes et poulains (Meaume, t. 2, n. 1385). Mais on ne saurait étendre l'application de cet article à d'autres animaux domestiques, tels que les volailles, les chiens, les lapins, etc. Pour ceux-ci, il faut avoir recours au droit commun ou à des lois spéciales (L. 6 avr. 1889, etc.).

133. — D'après le texte de l'art. 199, sont punissables pour le délit d'introduction d'animaux : *les propriétaires*, sans distinguer si ces propriétaires sont véritablement les auteurs du délit parce qu'ils ont conduit eux-mêmes les animaux en forêt, ou s'ils ont donné cette mission à un pâtre, gardien, domestique, etc. Dans ce second cas, la loi édicte contre les propriétaires une responsabilité pénale absolue, toute différente de la responsabilité civile de l'art. 206, C. for.

134. — Le propriétaire des animaux, en raison de cette seule qualité, peut donc être poursuivi et doit être condamné, non seulement aux réparations civiles, mais encore à l'amende, lors même que rien n'indiquerait qu'il a donné l'ordre à ses domestiques de commettre le délit (Meaume, *Commentaire*, t. 2, n. 1386). Il n'y a jamais lieu de distinguer si les animaux ont été trouvés sans gardien, s'ils étaient gardés par le propriétaire, ou s'ils étaient placés sous la surveillance d'un pâtre spécial ou du pâtre communal. — Cass., 3 nov. 1832, Peyron, [S. 33.1.502, P. chr.]; — 30 avr. 1836, Maconnet, [S. 36.1.425, P. 38.1.197]; — 13 juin 1840, Mérault, [S. 40.1.983, P. 41.1.92]; — 11 sept. 1840, Ligier et Savary, [S. 40.1.983, P. 41.1.92]; — 20 juin 1851, Hasard et Carlier, [D. 51.5.276] — *Contrà*, Nancy, 9 nov. 1833, [cité par Meaume, t. 2. p. 936]

135. — Les peines prononcées contre le propriétaire sont d'ailleurs indépendantes de celles encourues par le pâtre ou gardien, lequel est punissable comme auteur du délit, en vertu du droit commun, sans qu'il soit besoin que le texte de l'art. 199 en fasse mention. — Meaume, t. 2, n. 1386. — V. Cass., 28 avr. 1848, Courtade, [P. 49.2.521, D. 48.5.212]; — 20 juin 1851, Hasard et Carlier, [D. 51.5.276] — Nancy, 18 déc. 1845, Jean-Pierre, [P. 46.2.276, D. 46.2.93] — Toulouse, 8 févr. 1862, Rouzaud, [D. 62.2.97]

136. — Il suit de là que le propriétaire et le pâtre peuvent être poursuivis, non seulement l'un ou l'autre, mais aussi l'un et l'autre. Toutefois, dans ce dernier cas, une seule amende doit être prononcée, puisque l'art. 199 base cette peine sur l'espèce et le nombre des animaux introduits, abstraction faite des personnes punissables. Dans cette même hypothèse, le propriétaire et le pâtre doivent être condamnés solidairement, en vertu de l'art. 55, C. pén. — Nancy, 28 déc. 1825, Sorins, [cité par Meaume, t. 2, n. 1386] — Metz, 24 avr. 1834, Poinsignon, [*Ibid.*] — Dijon, 18 déc. 1833, [*Ibid.*] — Nancy, 18 déc. 1845, précité.

137. — Le propriétaire peut être condamné pénalement quoiqu'il n'ait été cité devant le tribunal répressif qu'en qualité de personne civilement responsable. — Nimes, 17 juin 1841, Fromental, [P. 42.1.220] — Jugé, en ce sens, que la poursuite est régulière soit qu'elle ait été dirigée directement contre le propriétaire, soit qu'elle l'ait été contre le pâtre au principal, et en même temps contre le propriétaire comme civilement responsable. — Cass., 7 oct. 1847, de Bellegarde, [S. 49.1.296, *ad notam*, D. 47.4.154]

138. — Toutefois, cette responsabilité pénale du propriétaire n'est encourue que s'il a conservé la possession et la disposition de ses animaux. Ainsi, lorsque les animaux ont été l'objet du contrat appelé cheptel, c'est le preneur ou cheptelier, et non le propriétaire bailleur qui doit être considéré comme pénalement responsable par application de l'art. 199. — Cass., 14 févr. 1862, Batlle, [S. 62.1.999, P. 62.908] — Grenoble, 20 juin 1833, Poysson. — Montpellier, 6 déc. 1841, Blattes. — Orléans, 22 avr. 1850, Mariau-Debaix, [*Bull. for.*, 5.143] — *Sic*, Meaume, t. 2, n. 1387. — V. Nimes, 29 août 1867, Valmalle, [*Rép. for.*, 5.113] — V. *suprà*, v° *Cheptel*, n. 78, 81 et 82.

139. — Le juge correctionnel, saisi d'une poursuite dirigée contre le propriétaire d'animaux trouvés en délit, est compétent pour statuer sur l'exception tirée de ce qu'il les aurait donnés à titre de cheptel à un fermier qui en a la possession exclusive. — Cass., 14 févr. 1862, précité; — 11 mars 1865, Vecchioni, [*Rép. for.*, 3.77] — Sauf la question de preuve, sur la nature du droit conféré au preneur, au cas où un bail régulier ne serait pas présenté, V. Nimes, 2 mars 1837, Broche.

140. — On doit décider de même, par identité de motifs, dans le cas de bestiaux donnés à cheptel à un métayer ou colon partiaire : la surveillance que le maître exerce dans l'exploitation n'en laisse pas moins une liberté d'action suffisante au colon pour qu'on ne puisse le considérer comme le préposé du propriétaire. — Trib. Saint-Amand, 17 janv. 1865, Pelletier, [*Rép. for.*, 3.334] — *Contrà*, Pau, 25 janv. et 15 juin 1856, Lacoste et de Caussade, [S. 57.2.593, P. 58.174]

141. — Les pénalités de l'art. 199 ne sont applicables que si l'introduction des animaux a eu lieu « en délit ». Par ces mots de l'art. 199 on doit entendre l'introduction faite sans autorisation expresse ou tacite du propriétaire de la forêt (V. *infrà*, n. 142, en ce qui concerne les adjudicataires, usagers, habitants des communes propriétaires). Il faut également, bien que le texte n'en parle pas, que les bestiaux aient été introduits dans la partie boisée de la forêt ou dans ses accessoires, mais non dans les chemins publics qui les traversent (V. pour ces chemins des questions analogues qui se posent dans le commentaire des art. 146 et 147, *infrà*, n. 152 et 162).

142. — L'art. 199 est applicable à des adjudicataires de coupes, qui ont introduit en forêt des animaux servant à la vidange sans observer les conditions de leur cahier des charges, qui prescrit de les museler. Il en est de même, en principe, des usagers au pâturage, qui voudraient se servir de leur droit sans se soumettre aux règles de police édictées par le Code. Toutefois, l'introduction de bestiaux par les usagers peut constituer des délits spéciaux autres que celui de l'art. 199 (V. *infrà*, v° *Forêts, Usages forestiers*, le commentaire des art. 67 à 78, C. for.). Aux usagers sont enfin assimilables, à ce point de vue, les habitants des communes, pour l'introduction de leur bétail dans les bois de la commune propriétaire. — V. art. 112, C. for., et *infrà*, v° *Forêts*.

143. — La peine unique de l'art. 199 est une amende par tête d'animaux, ce qui implique la nécessité par le garde d'indiquer le nombre des animaux de chaque espèce qui ont été introduits ; cette indication doit se trouver dans le procès-verbal, ou bien la preuve de ce nombre doit être faite à l'audience. Il en est de même en ce qui concerne l'âge du bois : l'amende est double si le bois est âgé de moins de dix ans ; cet âge peut être admis par le tribunal d'après les faits apportés à l'audience, bien que le procès-verbal ne contienne à cet égard aucune indication. — Cass., 6 févr. 1843, Domenge, [P. 45.2.26]

144. — Si l'introduction du bétail a eu lieu dans une coupe exploitée, ou s'il n'existe encore aucun rejet et à une époque où la sève n'agit pas encore, l'amende est-elle double ou simple ? On a prétendu que dans ce cas, le sous-bois n'existant pas, on ne peut considérer que l'âge de l'étage supérieur, et que, par suite, il n'y a de possible que l'amende simple. — V. Nancy, 20 janv. 1840, Chemin, [P. 43.1.554] — *Sic*, Meaume, t. 2, n. 1388. — Il nous semble cependant plus logique d'appliquer alors l'amende double, ce que l'on serait bien obligé de faire en cas de taillis simple, par exemple, lorsqu'on ne peut se reporter à l'âge d'un étage supérieur. — V. Cass., 31 janv. 1846, Bernos, [S. 46.1.430, P. 46.1.739, D. 46.1.101]

145. — L'amende doublée en vertu de l'art. 199, 2° part., n'en est pas moins considérée comme une amende simple au point de vue de l'aggravation de peine résultant du cas de circonstances aggravantes, telles que le nul ou la récidive (V. *infrà*, n. 772 et s.). Un second cas d'amende doublée se présente pour l'introduction, par un usager, de moutons ou de chèvres dans la forêt grevée de son droit (V. *infrà*, pour le commentaire de l'art. 78, C. for., v° *Usages forestiers*). Enfin, en Algérie, le doublement s'applique seulement si le bois a moins de six ans (L. 9 déc. 1885, art. 9).

146. — Le délit de l'art. 199, pas plus d'ailleurs que les autres délits forestiers, n'est pas susceptible d'excuse ni de circonstances atténuantes, mais il peut se justifier par la force majeure et doit suivre un des délais dans lesquels cette justification se rencontre le plus fréquemment. — Grenoble, 7 mars 1833 et 2 juill. 1835, [cités par Meaume, t. 2, n. 1393, note] — *Sic*, Meaume, *loc. cit.* — Toutefois cet auteur trouve que la cour de Dijon a été trop loin en admettant la force majeure dans le cas de propriétaires, qui, les puits du village étant à sec, ont introduit leurs animaux dans une forêt pour y chercher un abreuvoir. — Dijon, 19 août 1840, Mathurion, [cité par Meaume, *loc. cit.*] — Sur le fait justificatif en matière forestière, V. *infrà*.

147. — L'art. 199, *in fine*, fait mention des dommages-intérêts, « s'il y a lieu ». C'est-à-dire que les tribunaux sont entièrement libres d'arbitrer, suivant les circonstances de l'affaire, s'il y a eu ou non un dommage causé. — Nancy, 29 janv. 1840 (2 esp.), Henri et Robert, [P. 43.1.553] — Sans doute, il est bien évident que si le procès-verbal relate expressément qu'il y a eu abroutissement, le préjudice étant certain, il doit forcément y avoir réparation. Mais hors ce cas certain, les tribunaux, malgré ce que les termes de l'art. 199 peuvent avoir de général, sont absolument maîtres d'accorder ou refuser les dommages-intérêts (Meaume, t. 2, n. 1389). Et même encore qu'il

fut prouvé qu'il n'y a eu aucun abroutissement, il pourrait y avoir dommage, par suite du piétinement, par exemple, et des dommages-intérêts pourraient être alloués. — Sur le quantum des dommages-intérêts, V. *infrà*, n. 818 et s.

148. — Enfin, quoique l'art. 199 ne mentionne pas la restitution, cette condamnation civile sera prononcée s'il résulte du procès-verbal ou des faits de la cause que l'introduction des animaux a été effectivement suivie de pâturage. C'est le seul cas dans lequel il y ait intérêt à distinguer le délit de pâturage proprement dit de la simple introduction d'animaux en forêt.

SECTION V.
Dispositions préventives.

149. — On peut ranger sous cette rubrique les trois articles du Code qui concernent : l'introduction d'instruments, de voitures et attelages, enfin du feu en forêt ou à proximité des forêts. Leur caractère commun est de constituer des mesures de précaution dans le but d'éviter soit les délits subséquents, soit des accidents dommageables.

§ 1. *Instruments propres à couper le bois.*

150. — L'introduction en forêt, hors des routes et chemins ordinaires, d'instruments propres à couper le bois, est punissable en vertu de l'art. 146 bien qu'aucun dommage n'ait été causé à la forêt, et sans qu'il soit nécessaire de rechercher si la personne poursuivie avait l'intention de se servir desdits instruments pour couper des arbres en délit. C'est essentiellement une mesure préventive, qui ne peut cesser d'avoir son effet par des motifs puisés dans les intentions du prévenu. — Cass., 25 févr. 1847, Pautard, [P. 47.2.371] ; — 11 sept. 1847, Durand, [P. 48.2.35, D. 47.4.267]

151. — La sévérité de cette disposition commande d'interpréter étroitement le texte de l'art. 146 : les « instruments de même nature » que ce texte mentionne après les serpes, cognées, haches et scies, ne peuvent être que des instruments propres à couper le bois, et non d'autres, quelle qu'en puisse être la nocuité pour les peuplements forestiers. Ainsi l'on peut admettre qu'une serpette, un couteau, rentrent dans cette catégorie ; mais on ne saurait l'étendre aux faux et faucilles. — Cass., 2 janv. 1830, Fouquiau, [S. et P. chr.] — Orléans, 21 févr. 1829, Fouquiau, [S. et P. chr.] — *Sic*, Meaume, *Comment.*, n. 1005 et 1006 ; Puton, *Lég. for.*, p. 161.

152. — La défense portée dans l'art. 146 s'applique en tout temps, de jour comme de nuit, et dans toutes forêts, quel qu'en soit le propriétaire. Mais elle n'existe que si le porteur de ces instruments est rencontré en forêt « hors des routes et chemins *ordinaires* ». Ces mots, que l'on retrouve dans l'art. 199, sont la traduction des termes employés par l'ordonnance de 1669, art. 34, tit. 27 : « routes et grands chemins », c'est-à-dire les chemins publics, ceux qui peuvent être parcourus par tout le monde, à l'exclusion des chemins de vidange qui appartiennent au propriétaire de la forêt et que celui-ci entretient uniquement pour l'exploitation de ses produits. — Cass., 29 avr. 1830, Houppier, [S. et P. chr.] — Colmar, 30 déc. 1862, Souquet, [*Rép. for.*, 2.12 et 3.73] — *Sic*, Puton, *Lég. for.*, p. 160.

153. — Il faut faire nécessairement exception pour deux catégories de chemins qui, bien que n'étant pas des chemins publics, ne peuvent cependant donner lieu à l'application de l'art. 146 : ce sont d'abord les chemins qui seraient ouverts, aux travers de la forêt, en vertu d'une servitude légale ou conventionnelle ; ensuite ceux qui sont désignés à l'adjudicataire ou à ses ouvriers pour l'exploitation d'une coupe. On doit admettre, dans ces deux cas, une autorisation tacite du propriétaire de la forêt, qui fait obstacle à toute poursuite : l'art. 146, en effet, ne peut s'appliquer qu'aux tiers, et non aux ayants cause du propriétaire. — Puton, *Lég. for.*, p. 161.

154. — La pénalité de l'art. 146 consiste dans une amende fixe de 10 fr., et dans la confiscation des instruments. L'une et l'autre de ces peines sont obligatoires. Le chiffre de l'amende, peine principale, détermine la nature de l'infraction : c'est toujours une contravention ; mais la conséquence à en tirer pour la compétence du tribunal n'a d'intérêt que dans les bois non soumis au régime forestier.

155. — Si le porteur de l'instrument introduit en forêt s'en sert pour commettre le délit de coupe de bois, la contravention de l'art. 146 s'évanouit, et il ne reste à appliquer que les art. 192 et s. (Meaume, t. 2, n. 1003). On a beau dire que l'homme surpris avec une serpe aura avantage à s'en servir pour couper un fagot, attendu que par ce moyen l'amende encourue sera de 2 fr. seulement, et taxer ainsi la loi d'inconséquence : l'art. 146 sert effectivement à empêcher des délits qui peuvent avoir une gravité bien plus considérable ; c'est de plus un moyen donné aux agents de répression pour venir à bout de délinquants habiles, qu'il est difficile de prendre sur le fait. — V. Cass., 24 sept. 1829, Claude-Pierre, [S. et P. chr.]; — Même date, Valence, [P. chr.]; — 7 mars 1845, Voyaume, [S. 45.1.545, P. 45.2.33, D. 45.1.197]

§ 2. *Voitures et attelages.*

156. — L'art. 147 prévoit l'introduction : 1° de voitures, attelées ou non ; 2° d'animaux non attelés. C'est seulement pour les voitures que le texte de l'art. 147 est nécessaire ; pour les animaux non attelés, il se borne, en effet, à renvoyer aux dispositions de l'art. 199. On doit admettre en conséquence que par les mots : « bestiaux, animaux de charge ou de monture » de l'art. 147, on doit comprendre les différentes catégories d'animaux énumérées à l'art. 199 ; que cette énumération a le même caractère restrictif, et que les pénalités doivent être identiques. — V. *suprà*, n. 132 et s.

157. — On doit comprendre sous le nom de « voitures » tous les moyens de transport en général qui permettent un enlèvement plus facile que ceux à dos d'homme. Ainsi les charrettes à deux roues, les *schlittes* ou traîneaux et même les simples brouettes rentrent dans cette définition, et leur introduction en forêt est punissable par l'art. 147. — Cass., 19 déc. 1828, Truche, [S. et P. chr.] — Caen, 22 févr. 1888, Joubin, [S. 89.2.75, P. 89.1.451] — Liège, 2 nov. 1860, Defoin, [D. 63.5.207]

158. — D'après le texte de l'art. 147, doivent être poursuivis comme délinquants : « ceux dont les voitures, etc... » ont été introduites. Ces mots sont les équivalents de ceux employés par l'art. 199 : « les propriétaires d'animaux... », car la situation est identique. On doit donc croire que l'art. 147 organise une responsabilité pénale applicable lors même que les propriétaires n'auraient donné aucun ordre, ignoreraient même l'introduction des voitures qui leur appartiennent. — Orléans, 12 janv. 1846, Lemaître, [D. 46.2.59] — La poursuite peut donc être exercée dans les mêmes conditions que pour l'art. 199, c'est-à-dire que l'on peut poursuivre soit le propriétaire, soit le conducteur, soit à la fois l'un et l'autre. — Nancy, 4 févr. 1846, Kelmel, [D. 46.2.93] — *Sic*, Puton, *Lég. for.*, p. 161. — V. *suprà*, n. 134 et s.

159. — De même encore que pour l'art. 199, l'art. 147 prévoit exclusivement le fait des tiers, c'est-à-dire des personnes autres que le propriétaire ou ses représentants, et qui n'ont pas obtenu de ce propriétaire une autorisation expresse ou tacite. Ainsi les adjudicataires de coupes, les usagers, peuvent, en vertu de leur contrat, obtenir le passage en forêt, et ne sont point punissables s'ils se conforment aux conditions de l'autorisation donnée. Au cas contraire, il peut se faire que la sanction soit autre que celle de l'art. 199. Ainsi, pour l'adjudicataire, dans les bois soumis au régime, cette sanction peut être celle de l'art. 39 ; pour les usagers, il peut en être de même, en vertu de l'art. 82. — V. *infrà*, v° *Usages forestiers*. — V. *suprà*, n. 141 et 142.

160. — L'autorisation peut être tacite et résulter de la loi, en cas de servitude légale de passage pour cause d'enclave, lors même que l'assiette du passage n'aurait pas été déterminée par une entente amiable entre l'enclavant et l'enclavé ou par une décision du tribunal. Alors le passage, en supposant qu'il ait causé quelque dommage, ne peut donner ouverture qu'à une action civile. — Orléans, 17 janv. 1859, Douanneau, [*Bull. for.*, 8.79] — V. aussi Cass., 27 déc. 1884, Champounois, [*Rép. for.*, 14.158] — Note sous Cass., 7 mai 1879, Baillon, [S. 80.1.73, P. 80. 153] — Pour les cas dans lesquels la servitude de passage peut être réclamée, V. Paris, 7 nov. 1893, Quillet, [*Rép. for.*, 96. 24]

161. — On pourrait faire remarquer, cependant, que l'argument tiré, en droit commun, du texte de l'art. 475-9°, C. pén. (ceux qui, n'étant ni propriétaires, ni usufruitiers, ni jouissant d'un terrain ou d'un droit de passage...) et qui s'oppose à l'application de cet article, ne peut servir pour faire obstacle à l'art. 147, C. for., qui ne contient aucune restriction de ce genre.

Quoi qu'il en soit, lorsqu'au cours d'une action correctionnelle fondée sur l'art. 147, le prévenu prétend qu'il a acquis droit de passage sur un chemin de la forêt, par le fait de l'enclave et par trente ans d'usage continu, cette prétention constitue une exception préjudicielle et donne lieu au sursis de l'art. 182, C. for. — Cass., 11 nov. 1836, Fournier et Parisot, [P. 37.1.235] — V. *infrà*, n. 607 et s.

162. — La peine de l'art. 147 ne s'applique que si les voitures, etc. sont trouvées en forêt « hors des routes et chemins ordinaires ». On a vu déjà, *suprà*, n. 152 et 153, ce qu'il faut entendre par ces mots, qui désignent d'une manière générale tous les chemins publics, autres que les voies de vidange appartenant au propriétaire. — Cass., 23 juill. 1838, Oudin, [S. 59.1.633, P. 59.396, D. 59.1.380] — Amiens, 17 déc. 1857, Massard, [*Bull. for.*, 7.353] — Colmar, 27 déc. 1862, Fouquet, [*Rép. for.*, 3.73]; — 30 déc. 1862, Souquet, [*Rép. for.*, 2.12]

163. — Sera donc punissable, en vertu de l'art. 147, celui qui est trouvé sur une route établie pour le service de la forêt, lors même que cette route (dans une forêt domaniale) serait entretenue aux frais de l'État; lors même qu'elle aurait une largeur fixe, serait en bon état d'empierrement, reliée et en tout semblable à d'autres routes abandonnées à l'usage du public. — Cass., 29 avr. 1830, Houppier, [S. et P. chr.] — Colmar, 30 déc. 1862, précité. — Paris, 13 août 1868, Lorin, [*Rép. for.*, 4.342]

164. — Lorsqu'une forêt est traversée par un chemin public, l'impraticabilité du chemin donne aux voyageurs le droit de passer sur la propriété riveraine : il y a dans cette circonstance, prévue par l'art. 41, tit. 2, L. 28 sept.-6 oct. 1791, un fait justificatif, qui peut être invoqué pour empêcher l'application de l'art. 147, C. for. — Cass., 21 nov. 1835, Canot, [S. chr.] — Paris, 19 janv. 1839, Gayno et Bernot, [P. 39.1.190] — La loi de 1791 étant ainsi pleinement applicable en matière forestière, s'il y a eu des dommages causés, le propriétaire de la forêt en demandera réparation à la commune sur le territoire de laquelle le chemin public est situé. — V. *suprà*, v° *Chemin* (en général), n. 135 et 136.

165. — C'est au prévenu à faire la preuve de l'impraticabilité du chemin ; encore, le tribunal ne devra-t-il point admettre cette preuve, si la praticabilité résulte d'une mention précise contenue dans le procès-verbal, lorsque ce procès-verbal fait foi jusqu'à inscription de faux (Meaume, t. 2, n. 1020). Mais la loi de 1791 ne s'appliquant qu'aux chemins publics, un adjudicataire de coupes ne serait pas recevable à faire preuve de l'impraticabilité du chemin de vidange qui lui a été délivré, pour s'exonérer des peines de l'art. 39, C. for.

166. — De même, un entrepreneur de travaux publics, auquel un chemin a été désigné par son devis pour extraire les matériaux d'une carrière en forêt, et qui s'est frayé une sortie différente, ne saurait opposer l'impraticabilité pour échapper à l'art. 147, C. for. La force majeure n'existe pas dans cette hypothèse, l'entrepreneur ayant toujours la faculté de demander un nouveau chemin à l'administration. — Cass., 23 mai 1833, Koty, [S. 33.1.813, P. chr.]

167. — La peine de l'art. 147 est une amende : de 10 fr. par chaque voiture, pour les bois de dix ans et au-dessus, de 20 fr. pour les bois au-dessous de cet âge. Cette amende est ainsi tarifée uniquement sur le nombre de voitures et l'âge des bois, quel que soit le nombre des personnes punissables. Le doublement de l'amende, par suite de l'âge du bois, s'applique suivant les principes déjà énoncés au sujet de l'art. 199 : ainsi, lorsque l'introduction d'une voiture a eu lieu dans une coupe de réensemencement, l'âge du bois doit s'estimer d'après celui du semis, et non d'après les arbres qui le surmontent. — Cass., 30 sept. 1842, Gémonel, [S. 43.1.169, P. 43.1.169] — V. *suprà*, n. 144.

168. — Lorsque la voiture introduite en forêt sert à enlever des bois coupés en délit, peut-on appliquer cumulativement au délinquant la peine de l'art. 147 et celle de l'art. 192? — Pour ces questions de cumul qui se rencontrent également dans l'application de l'art. 146, V. *infrà*, n. 804 et s.

169. — Les réparations civiles sont aussi prévues par l'art. 147 : « Le tout, sans préjudice des dommages-intérêts ». De même que pour l'art. 199, la preuve du dommage doit être faite par la partie poursuivante; et les énonciations du procès-verbal, lorsqu'elles sont formelles à cet égard, lient le juge et l'obligent à prononcer des dommages-intérêts suivant le taux fixé par l'art. 202. — V. *infrà*, n. 365 et s.

§ 3. *Introduction du feu.*

170. — L'art. 148 défend de porter ou allumer du feu dans l'intérieur et à la distance de 200 mètres des forêts. C'est une disposition préventive, qui reproduit pour les forêts celle de la loi rurale des 28 sept.-6 oct. 1791 (tit. 2, art. 10), concernant les récoltes agricoles. Son but est de protéger la forêt contre les agissements de personnes autres que le propriétaire : la place qu'occupe cet article dans le Code, son analogie avec les art. 146 et 147 qui le précèdent, démontrent qu'il ne s'occupe que du fait d'autrui. — Trib. Limoges, 31 déc. 1852, Lecomte, [*Bull. for.*, 6.308] — V. aussi Grenoble, 20 févr. 1840, Sapey, [D. *Rép.*, v° *Forêts*, n. 766]

171. — L'art. 148, après avoir déterminé la peine applicable pour le feu porté ou allumé en forêt ou dans la zone de 200 mètres, ajoute : « sans préjudice, en cas d'incendie, des peines portées par le Code pénal ». Le texte ainsi visé, en cas d'incendie, est celui de l'art. 458, C. pén., qui définit l'incendie involontaire. C'est celui qui a été causé par des feux allumés dans les champs à moins de 100 mètres des forêts, bruyères, bois, vergers, ou par des feux ou lumières portés ou laissés sans précaution suffisante, quelle que soit la distance. S'il y a eu incendie volontaire, c'est un crime, auquel s'applique l'art. 434, C. pén. — V. *infrà*, v° *Incendie*.

172. — Lorsque le feu, allumé en forêt ou dans la zone de 200 mètres, a occasionné un incendie involontaire, doit-on appliquer cumulativement la peine de l'art. 148, C. for. (20 à 200 fr. d'amende), et celle de l'art. 458, C. pén. (50 à 500 fr.)? Un premier système qui compte d'importantes autorités admet que le cumul résulte des termes « sans préjudice » employés par l'art. 148. — Cass., 17 juill. 1858, Audibert, [P. 59.642] — Paris, 7 juill. 1888, Dosne, [*Bull. for.*, 14.125] — Trib. Saint-Girons, 21 juin 1878, Galin, [*Rép. for.*, 8.173] — V. aussi Trib. Saint-Mihiel, 13 déc. 1849, Marchand, [*Bull. for.*, 5.95] — Meaume, *Comment.*, t. 2, p. 459.

173. — Mais nous ne pensons pas que cette opinion puisse être adoptée. L'art. 148 constitue simplement un renvoi au droit commun, lorsque l'incendie se produit. Le même fait ne peut donner lieu à deux peines : de même que celui qui coupe du bois en forêt n'est pas puni à la fois des art. 146 et 192 ou 147 et 192, de même celui qui allume un incendie involontaire ne peut être passible à la fois de l'art. 148, C. for., et de l'art. 458, C. pén. La théorie du cumul ou non cumul en matière forestière ne s'applique même pas ici.

174. — On fait remarquer, enfin, qu'on aurait peine à comprendre, en cas d'incendie, l'addition d'une amende de 20 à 100 fr., lorsque le juge, en vertu de l'art. 458, C. pén., peut faire varier la peine de 50 à 500 fr. — Coin-Delisle et Frédérich, t. 2, p. 58; Puton, *Lég. for.*, p. 208.

175. — Lorsqu'il s'agit d'un feu allumé dans une forêt soumise au régime, il est important, pour la poursuite, de savoir quel est le texte dont l'application sera requise. L'agent forestier ne peut poursuivre que le délit de l'art. 148, C. for., et, s'il y a eu incendie, son rôle se borne à se porter partie civile, afin d'obtenir des dommages-intérêts. Toutefois, même dans ce cas, et quoiqu'il ne puisse réclamer l'application du Code pénal, il peut avoir à demander subsidiairement la peine de l'art. 148, C. for., s'il était reconnu que les conditions de l'art. 458, C. pén. (distance, imprudence), ne sont pas prouvées. — Puton, *Lég. for.*, p. 208. — V. aussi *Incendies dans les forêts, Droit de poursuite des agents forestiers : Revue des eaux et forêts*, 1877, p. 137-146.

176. — La peine de l'art. 458, C. pén., ne peut, en effet, être appliquée, si l'incendie provient de feux allumés au delà de 100 mètres, lorsque l'imprudence n'est pas démontrée. Lorsque l'incendie provient de feux allumés dans la zone de 200 mètres, et que l'art. 458, C. pén., est inapplicable, il ne reste plus que le délit de l'art. 148, C. for., dont l'agent forestier doit demander l'application, dans les bois soumis au régime. On ne saurait invoquer, dans ce cas, les art. 192 ou 194, C. for., sous le prétexte que l'incendie aurait détruit ou mutilé des bois de la forêt. — Cass., 25 mars 1830, Renucci, [S. et P. chr.]

177. — Si le seul fait d'allumer du feu, sans qu'il y ait eu incendie subséquent, ne semble pas pouvoir donner lieu à des réparations civiles, puisqu'il n'y a pas eu préjudice causé, en cas d'incendie, au contraire, des dommages-intérêts seront requis par le propriétaire lésé. Il en est fait mention dans le texte de l'art. 148 : « Sans préjudice, en cas d'incendie, des peines portées par le Code pénal, et de tous dommages-intérêts, s'il y a lieu ». On s'est alors demandé si ces dommages-intérêts devaient être prononcés suivant les principes de la loi forestière (art. 202 : au moins égaux à l'amende simple), ou conformément au droit commun, en représentation exacte du dommage causé.

178. — L'assimilation des dommages-intérêts prévus en cas d'incendie par l'art. 148, avec ceux qui résultent d'un délit forestier, a été affirmée notamment au sujet des art. 45 et 46, C. for., en vertu desquels l'adjudicataire de coupe dans le bois soumis au régime est déclaré responsable des délits d'incendie involontaire commis dans la coupe ou dans l'ouïe de la cognée. — Cass., 10 janv. 1852, Finck, [S. 52.1.219, P. 52.1.454, D. 52.1.60]; — 8 juill. 1853, Muller, [S. 54.1.73, P. 54.1.521, D. 53.1.320] — On en a tiré cette conséquence que la responsabilité des adjudicataires, ne pouvant s'appliquer qu'à des infractions forestières, on devait reconnaître ce caractère aux condamnations prononcées en vertu de l'art. 148, et notamment aux dommages-intérêts qui s'y trouvent rappelés.

179. — Nous ne croyons pas cependant que tel soit le sens qu'il faut attribuer à la mention des dommages-intérêts dans l'art. 148, C. for. L'art. 202 ne régit les dommages-intérêts que comme accessoires d'un délit forestier; or, en cas d'incendie, le délit forestier n'existant pas, il nous semble préférable de voir dans la mention de l'art. 148 un simple renvoi au droit commun en ce qui concerne les réparations civiles. Il n'y aura donc aucune relation nécessaire entre le chiffre de ces dommages-intérêts et le taux de l'amende; les agents forestiers ne pourront les requérir que comme accessoires d'un délit de droit commun, à l'occasion duquel ils se portent partie civile.

180. — On a vu que l'art. 148 ne prévoit pas l'apport du feu par le propriétaire dans son propre bois. Ce propriétaire peut donc porter ou allumer du feu dans son immeuble ou dans la zone de 200 mètres, à la condition de se trouver éloigné d'au moins 200 mètres des forêts qui ne lui appartiennent pas. Il ne pourrait être passible que de la contravention à des règlements de police, s'il en existait sur la matière, c'est-à-dire s'il en avait été pris par le préfet ou le maire, en vertu des lois des 24 août 1790 et 5 avr. 1884.

181. — Le propriétaire auquel l'art. 148 défend de porter du feu dans la zone de 200 mètres autour de la forêt d'autrui, ne peut valablement transférer ce droit à un tiers, quel que soit le but de la convention qui intervienne entre eux. Jugé, en ce sens qu'est illicite, comme ayant pour résultat la consommation d'un fait qualifié délit, la convention par laquelle le propriétaire d'un bois situé à moins de 200 mètres d'un massif forestier, charge un entrepreneur de l'écobuage de ce bois, moyennant un prix déterminé à forfait. — Aix, 9 mars 1865, Isnard, [*Rép. for.*, 4.58]

182. — En principe, l'administration forestière, pour les bois soumis au régime, se trouve dans la situation de tout propriétaire; elle ne pourrait donc allumer ou faire allumer du feu, pour quelque motif que ce soit, dans une zone de 200 mètres en lisière des bois soumis au régime situés en bordure d'autres bois appartenant à des particuliers. On a cependant soutenu, mais à tort, selon nous, que les agents forestiers ayant la faculté, d'après les art. 38 et 42, C. for., de désigner aux adjudicataires l'emplacement de fosses pour charbon, loges ou ateliers, sans limitation ni distance, il résulte de ces textes une mainlevée partielle de l'art. 148, en ce sens que les propriétaires voisins ne peuvent s'opposer à l'apport du feu dans la zone de 200 mètres comprenant la forêt domaniale ou communale.

183. — Cette distinction est peu importante dans la pratique, à raison des tolérances réciproques qui sont d'usage en cette matière entre propriétaires forestiers voisins. En fait, l'administration forestière ne fait jamais obstacle à ce que les propriétaires de bois non soumis au régime allument ou fassent allumer par leurs ouvriers des feux dans leurs coupes situées à moins de 200 mètres de la lisière, pour faire du charbon, par exemple, ou pour les autres nécessités de l'exploitation. Ce sont autant de mainlevées, expresses ou tacites, dont l'effet est de tempérer la rigueur de l'art. 148. — V. Lettre du directeur général des forêts, 19 sept. 1829, [D. *Rép.*, v° *Forêts*, p. 281-282]

184. — L'autorisation de construire à distance prohibée des forêts soumises au régime est nécessairement considérée comme emportant permission d'allumer du feu dans les bâtiments construits dans leurs dépendances immédiates, fussent-ils même à moins de 200 m. de la forêt. Mais on ne pourrait accorder ce caractère à des dépendances extérieures de la maison : par exemple à un pré dépendant de la ferme et se trouvant à 135 m.

de la forêt. — Cass., 25 juin 1835, Brosy, [S. 45.1.548, *ad notam*, P. chr.]; — 11 avr. 1845, Baumgarten, [S. 45.1.548, P. 45.2.83, D. 45.1.220]

185. — A défaut d'autorisation, expresse ou tacite, la personne poursuivie pour avoir allumé du feu dans le voisinage d'une forêt pourrait obtenir d'être renvoyée des poursuites en prouvant que le terrain où le feu a été allumé, ainsi que tous les terrains avoisinants dans une zone de 200 mètres, sont sa propriété. Ce moyen de défense ne constituerait une exception préjudicielle que si tous les terrains ainsi circonscrits étaient la propriété de l'excipant; il n'en serait plus de même si, dans le rayon de 200 mètres, se trouvait une forêt appartenant à autrui. — Grenoble, 20 févr. 1840, Soppey, [cité par Meaume, n. 1028]

186. — Les compagnies de chemin de fer dont les lignes traversent des forêts doivent être considérées comme ayant obtenu, par le fait de leur concession, l'autorisation tacite de porter ou allumer du feu en forêt; l'art. 148, C. for., ne peut donc leur être opposé. En cas d'incendie allumé dans une forêt par des étincelles ou des charbons incandescents échappés d'une locomotive, la compagnie n'est soumise qu'au droit commun de l'art. 458, C. pén.; si donc aucune imprudence ne peut être relevée à sa charge, elle doit seulement réparer le dommage causé, comme le veut l'art. 1382, C. civ. — Trib. Seine, 30 nov. 1859, Chemin de fer du Midi, [*Bull. for.*, 8.276] — Si de plus il y a eu négligence ou imprudence, par exemple par suite d'un vice de construction ou d'un chauffage exagéré de la locomotive, l'art. 458, C. pén., est applicable au préposé qui s'en est rendu coupable. — Cass., 13 juin 1895, Colomb et consorts, [S. et P. 96.1.26]

187. — Les prohibitions de l'art. 148 s'appliquant quelles que soient les causes de l'apport du feu, peuvent être opposées en cas de sartage (culture temporaire du sol de la forêt après combustion des rémanents d'exploitation), de même qu'en cas d'écobuage (mode de culture analogue s'appliquant à des terrains agricoles). — Cass., 30 juin 1827, Monnier, [S. et P. chr.] — Dans certaines régions, l'écobuage a une grande importance et s'applique à des terrains qui se trouvent souvent en bordure des forêts. Dans le but de respecter autant que possible les habitudes des populations agricoles, un arrêté ministériel du 14 juill. 1841, toujours en vigueur, confère au préfet le droit de permettre l'écobuage à proximité des forêts soumises au régime, sur la proposition du conservateur, et aux conditions qui auront été arrêtées entre eux.

188. — L'écobuage ainsi autorisé ne peut donc donner lieu à poursuite de la part des agents forestiers que dans deux cas : si l'autorisation n'a pas été accordée conformément à l'arrêté de 1841, ou si les conditions imposées n'ont pas été observées. Dans l'un et l'autre cas, l'art. 148, C. for., et l'art. 458, C. pén., sont applicables. On ne saurait prétendre qu'il y a seulement infraction à un arrêté préfectoral (art. 471-15°, C. pén.), la mainlevée de l'art. 148, C. for., étant alors réputée non acquise.

189. — Lorsque le terrain écobué a été loué à un tiers, qui a opéré sans observer les conditions légales, contre quelle personne doivent être dirigées les poursuites; le propriétaire qui a demandé et obtenu l'autorisation, ou le fermier qui en a profité? La Cour de cassation a décidé que le propriétaire ne cessait pas d'être responsable, lors même que le fermier aurait écobué dans son seul intérêt. — Cass., 15 juill. 1858, Audibert, [P. 59. 642]

190. — Cette solution peut se justifier dans l'espèce, alors que l'autorisation administrative donnée au propriétaire mentionnait expressément la responsabilité de celui-ci; elle ne visait d'ailleurs que la responsabilité civile. Mais nous croyons préférable d'admettre avec d'autres arrêts que du moment où le terrain écobué était loué à un tiers, et du moment où c'est ce tiers qui a procédé à l'opération, lui seul est passible des peines et des réparations civiles. — Cass., 19 oct. 1842, Aumeran, [D. *Rép.*, v° *Forêts*, n. 771] — Dijon, 15 mai 1847, Vieillard, [D. *Rép.*, v° *Forêts*, n. 772] — Jugé, dans le même sens, que si le propriétaire avait traité du nettoyage de ses terres avec un entrepreneur, en spécifiant que ce nettoyage aurait lieu par le fer, si cet entrepreneur écobue, il est seul passible des peines et des réparations civiles. — Cass., 10 nov. 1859, Martin, [*Bull. for.*, 8.149] — Jugé, dans un autre sens, que le propriétaire et l'entrepreneur sont solidairement responsables des conséquences du fait délictueux. — Aix, 9 mars 1865, Isnard, [*Rép. for.*, 4.58]

191. — A l'inverse, le maître de forges qui a acquis d'un propriétaire de forêt une certaine quantité d'arbres à transfor-

mer en charbon sur le parterre de la coupe, ne peut se décharger sur l'intermédiaire qu'il a choisi pour opérer la carbonisation des risques d'incendie qu'une telle opération entraîne, alors qu'il résulte des faits que cet intermédiaire n'est qu'un ouvrier qui recevait un salaire proportionné à son travail et ne pouvait être considéré comme un entrepreneur. — Bordeaux, 11 juill. 1859, Viguié, [*Bull. for.*, 8.154]

192. — L'art. 149, C. for., contient une disposition spéciale aux usagers qui refusent de porter secours en cas d'incendie dans les bois soumis à leur droit d'usage : voir, pour le commentaire de cet article, *infrà*, v° *Usages forestiers*.

SECTION IV.

Lois spéciales.

1° Loi des Maures et de l'Esterel.

193. — La loi actuellement en vigueur, du 19 août 1893, remplace celle du 6 juill. 1870, qui ne devait avoir qu'une durée de vingt ans, et avait été ensuite prorogée (L. 8 août 1890). La loi nouvelle ne reproduit point entièrement le texte ancien, mais y apporte des changements et des adjonctions notables. C'est une loi locale : elle détermine (art. 1) le périmètre dans lequel doit avoir lieu son application; c'est la région provençale dite des Maures et de l'Esterel, contenant environ 111,000 hectares de forêts; elle est comprise pour la plus grande partie dans le département du Var, et pour le surplus dans les Alpes-Maritimes.

194. — Le caractère essentiel de cette loi consiste en ce qu'elle a pour but d'empêcher certains actes du propriétaire lui-même, tandis que l'art. 148, C. for., ne prévoit que le fait d'autrui (V. *suprà*, n. 170). Les incendies qui désolent fréquemment la région des Maures et de l'Esterel ont presque toujours pour origine la pratique forestière dite du *petit feu*, qui consiste à brûler sur pied la végétation arbustive ou buissonnante de la forêt, afin d'arriver ensuite plus facilement à la culture et à l'exploitation des arbres.

195. — L'art. 2 de la loi interdit en principe aux propriétaires et aux tiers tout emploi du feu, à l'intérieur ou à moins de 200 mètres des forêts ou landes peuplées de morts-bois, pendant les mois de juin, juillet, août et septembre. Cependant, il peut être dérogé à cette règle en vertu d'arrêtés préfectoraux, rendus sur l'avis du conservateur des forêts. Ces arrêtés ne sont pas susceptibles sans doute de lever entièrement, même pour un temps déterminé, la prohibition légale : ils doivent exclusivement concerner les charbonnières, fours à charbon et feux d'atelier (art. 2-2°). Ils ne sauraient donc autoriser le *petit feu*. Les arrêtés pris en vertu de l'art. 2 peuvent être soit généraux, soit spéciaux à tel ou tel particulier.

196. — Les arrêtés ci-dessus doivent être (art. 3) publiés et affichés dans les communes intéressées, au moins quinze jours avant l'interdiction des feux. Ce mode spécial de publication, emprunté à la loi de 1870, qui contenait un système différent, se comprend moins bien avec le texte nouveau.

197. — On peut se demander ce qui arriverait si, le préfet autorisant un atelier pendant un court délai, dix jours par exemple, l'arrêté n'était publié que la veille de la date fixée pour le commencement de la mise à feu de cet atelier. On ne pourrait certainement pas faire grief au propriétaire d'une irrégularité qu'il n'aurait pas commise; l'arrêté recevrait donc quand même son exécution. On ne doit voir par conséquent, dans cet art. 3, qu'une mesure d'ordre dénuée de sanction.

198. — Le préfet, en donnant des autorisations pendant la période d'interdiction, peut subordonner ces autorisations à l'emploi de toutes mesures de précaution qui lui sembleront nécessaires : telles que l'essartement du terrain dans un certain rayon, la désignation précise du lieu où seront installés les fours et ateliers, etc. Le propriétaire qui userait de l'autorisation sans se soumettre à la condition imposée, serait en contravention, comme si aucune autorisation n'avait été accordée (art. 5).

199. — Pendant les périodes d'interdiction, tout emploi du feu dans la zone prohibée, soit par le propriétaire, soit par un tiers, constitue le délit prévu et puni par l'art. 5 de la loi : la sanction est un emprisonnement de un à cinq jours et une amende de 20 à 500 fr., ou l'une ou l'autre de ces peines seulement. Il en est de même pour ceux qui, autorisés à allumer du feu en vertu d'un arrêté préfectoral, n'observent pas les conditions posées par cet arrêté.

200. — Les agents forestiers exercent la poursuite pour les infractions à la loi de 1893 constatées dans des bois soumis au régime forestier. Celles qui ont été constatées dans les bois des particuliers sont poursuivies par le procureur de la République, auquel les agents transmettent les procès-verbaux (art. 7). Cette intervention des agents forestiers doit faire admettre que les peines de l'art. 5 sont appliquées comme s'il s'agissait d'un délit forestier : donc la question de bonne foi ne pourra être posée, les circonstances atténuantes ne seront pas admissibles, les dommages-intérêts se régleront d'après l'art. 202, C. for. L'art. 5 fournit d'ailleurs un argument favorable à ce système en renvoyant, pour la responsabilité civile, à l'art. 206, C. for.

201. — Les délits de la loi de 1893 sont recherchés et constatés par tous les officiers de police judiciaire dans la limite de leurs attributions respectives (art. 6). Les agents forestiers et les préposés forestiers domaniaux ou communaux ont exceptionnellement compétence pour constater les délits de l'espèce commis dans toutes les forêts, sans distinguer si elles sont ou non soumises au régime forestier. Même compétence exceptionnelle pour les gardes particuliers agréés par le préfet, sur l'avis du conservateur des forêts, et dûment assermentés : ils peuvent donc constater le délit, non seulement dans les bois particuliers n'appartenant pas à leurs commettants, mais aussi dans les bois domaniaux et communaux. — V. *infrà*, n. 221 et s.

202. — Les conditions de validité des procès-verbaux ainsi dressés sont celles du Code forestier (V. *infrà*, n. 324 et s.), conformément au § 3, art. 6 de la loi. Quelle que soit l'importance du délit ou le nombre des rédacteurs, les procès-verbaux ne font foi que jusqu'à preuve contraire (art. 6, § dernier).

203. — Le délai de prescription de l'action est toujours de trois mois, à dater du jour de la constatation. L'art. 8 déroge ainsi à l'art. 185, C. for., qui fait varier le délai suivant que le nom du délinquant se trouve ou non inscrit dans le procès-verbal. Ce délai de trois mois ne semble même pas susceptible d'extension par suite d'une interruption quelconque (Arg. des mots, *toute action*, art. 8).

204. — La loi de 1893 reproduit, dans ses art. 4, 9 et 10, une autre série de dispositions que contenait la loi de 1870, relativement aux *tranchées de protection*, qui peuvent être établies sur la limite de chaque propriété boisée ou des landes peuplées de morts-bois. Ces tranchées sont des bandes de terrain, débarrassées de toutes les essences résineuses et entièrement débroussaillées à la main. Tout propriétaire peut obliger son voisin à l'établissement de pareilles tranchées, par moitié sur chacun des fonds limitrophes et à frais communs. Le juge de paix est compétent et statue dans les mêmes formes qu'en matière de bornage. La largeur des tranchées est fixée, dans les limites de 20 à 50 mètres à l'amiable, sinon par le préfet, le conservateur des forêts entendu.

205. — Le propriétaire dont l'immeuble est muni de tranchées de protection peut, en dehors des périodes d'interdiction, allumer du feu dans sa forêt à quelque distance que ce soit de la forêt voisine : il y a dans ce cas mainlevée en sa faveur de l'art. 148, C. for. L'art. 4 réserve d'ailleurs, en cas d'incendie, l'application de l'art. 458, C. pén., et tous dommages-intérêts, s'il y a lieu.

206. — La loi de 1893 contient de plus (art. 11) une application des dispositions qui précèdent aux terrains boisés limitrophes de lignes de chemin de fer. Des tranchées de protection doivent être établies de chaque côté de la ligne sur une longueur de 20 mètres. Les frais d'établissement et d'entretien sont à la charge des compagnies, les produits ligneux abattus restant aux propriétaires du sol, à condition de les enlever dans le mois. En cas de négligence des compagnies, le préfet peut autoriser l'administration forestière à faire les travaux à leurs frais. Le préfet peut aussi, après avis conforme d'une commission spéciale, dispenser partiellement ou totalement une compagnie de l'établissement des tranchées, si les travaux sont estimés inutiles eu égard à la situation de la forêt. Cette commission est formée du conseiller général du canton, d'un agent forestier désigné par le conservateur et d'un ingénieur nommé par le directeur du contrôle du chemin de fer.

207. — Enfin, la loi de 1893 a introduit les dispositions ci-après, qui ne se trouvaient pas dans la législation antérieure : d'après l'art. 12, en cas d'incendie, la direction du secours appartient au maire ou à l'adjoint, et, à leur défaut, à l'agent ou préposé forestier. Ces fonctionnaires peuvent prendre toutes les mesures nécessaires, et même ordonner le contrefeu, sans que cette opération puisse donner lieu à un recours en indemnité des propriétaires qui se prétendraient lésés. D'après l'art. 13, le préfet peut fixer des dates spéciales d'ouverture de la chasse pour tout ou partie des bois de la région. Quant aux art. 14 et 15, ils reproduisent le texte des art. 10 et 11 de la loi de 1870, relativement aux subventions de l'État, pour un réseau spécial de routes à établir ; il est de plus spécifié que la subvention ne pourra dépasser 3,000 fr. par kilomètre.

2o Législation algérienne sur l'emploi du feu en forêt.

208. — Nous avons vu *suprà*, vo *Algérie*, n. 979, que le Code forestier de 1827 est devenu de plein droit applicable en Algérie par le fait de la conquête, et sans qu'il y ait eu besoin d'une promulgation spéciale. — Il en est de même de la loi du 18 juin 1859, modificative d'un grand nombre d'articles du Code de 1827. Cette situation durera tant que les Chambres n'auront pas visé une loi forestière spéciale, actuellement à l'étude, pour l'Algérie.

209. — En outre de cette législation générale, l'Algérie possède certaines lois forestières spéciales, qui s'ajoutent au Code de 1827, et qui doivent être combinées avec lui. Ainsi la loi du 17 juill. 1874, spéciale aux incendies. Ainsi surtout la loi du 9 déc. 1885, qui outre les incendies a pour objet les droits d'usage, la police des exploitations en vue du défrichement.

210. — La loi du 17 juill. 1874 contient pour l'Algérie une série de dispositions analogues à celles de la loi de 1870 pour les Maures et l'Esterel, et à la loi du 19 avr. 1893, actuellement en vigueur. — V. *suprà*, vo *Algérie*, n. 3597 et s.

211. — Les procès-verbaux dressés par les gardes forestiers sont dispensés de l'affirmation et enregistrés en débet.

212. — Ils sont dressés conformément au Code forestier et peuvent faire foi jusqu'à inscription de faux (art. 10).

213. — Mais les agents forestiers n'ayant aucune part à l'action qui est exercée par le procureur de la République (V. *suprà*, vo *Algérie*, n. 3614), on doit croire que la poursuite s'exerce suivant le droit commun et non suivant le Code forestier.

214. — On doit joindre aux dispositions de la loi de 1874, l'art. 14, L. 9 déc. 1885, qui complète les art. 1 et 2 de la loi de 1874, pour la réglementation de l'emploi du feu en Algérie. Même en dehors de la période normale d'interdiction et au delà de la zone de 4 kilomètres la mise à feu de végétaux sur pied ne peut avoir lieu sans permission expresse de l'autorité locale.

215. — Les sanctions sont les mêmes que celles de la loi de 1874 (art. 10).

216. — Les art. 3 et 4 de la loi de 1885 traitent des tranchées de protection, dans des termes identiques à ceux de la loi du 19 août 1893 (V. *suprà*, n. 204 et s.). Mais, outre qu'il n'y est point question des chemins de fer, les limites dans lesquelles la largeur des tranchées doit être fixée ne s'y trouvent point spécifiées ; le préfet peut donc ordonner que cette largeur sera supérieure à 50 mètres ou inférieure à 20.

3o Lois coloniales.

217. — Les colonies sont en général régies par décrets, sauf la Martinique, la Guadeloupe et la Réunion, où certaines matières ne peuvent être réglées que par la loi ; ainsi en est-il de la législation criminelle (L. 24 avr. 1833 et sénatus-consulte du 7 avr. 1854). — V. *suprà*, vo *Colonie*, n. 90.

218. — En ce qui concerne spécialement la Réunion, une loi du 14 févr. 1872 a ordonné qu'un règlement, délibéré par le conseil général de la colonie, déterminera le régime des eaux et forêts dans l'île. Ce règlement devait acquérir force de loi si, dans le délai de trois ans, il n'avait pas été modifié ou annulé. Le règlement ainsi prévu a été pris le 25 févr. 1874. Une loi du 26 juill. 1894 en a modifié l'art. 47, en introduisant pour les infractions qu'il prévoit le système des circonstances atténuantes.

219. — A la Martinique, un décret du 25 févr. 1873 a rendu applicable la loi du 14 févr. 1872, sur le régime forestier à la Réunion. Il faut y joindre le décret du 12 déc. 1889, qui a introduit dans la législation forestière de la colonie les art. 199 et 185 du Code forestier de la métropole (délit d'introduction d'animaux et prescription de l'action).

220. — Un certain nombre de petites colonies possèdent des règlements forestiers spéciaux. Ainsi à Mayotte, un décret du 2 août 1886 constitue une sorte de Code complet pour l'organisation du service, les poursuites et les peines, le régime des bois domaniaux et particuliers, le défrichement, etc. Il en est de même de Diégo-Suarez, qui se trouve régi par décret du 18 janv. 1894, dont les art. 19 à 23 concernent les délits forestiers et l'application des peines.

CHAPITRE III.

RECHERCHE ET CONSTATATION.

Section I.

Fonctionnaires compétents.

221. — La compétence pour la recherche et la constatation des délits forestiers diffère suivant qu'il s'agit de bois soumis au régime forestier ou de bois non soumis à ce régime. Les terrains boisés qui ne sont pas gérés par l'administration forestière sont régis, à cet égard, par le droit commun; les autres profitent, de plus, des dispositions exceptionnelles de la loi spéciale.

§ 1. *Bois non soumis au régime forestier.*

222. — Le droit commun pour la désignation des fonctionnaires chargés de la constatation des délits forestiers, réside dans les art. 9, 16 et s., C. instr. crim. Tous les officiers de police judiciaire énumérés dans ces articles ont qualité pour constater les infractions à la loi forestière dans les bois non soumis au régime, de la même manière que celles prévues et punies par la loi générale. Mais conformément aux principes généraux, la compétence de ces fonctionnaires est exclusivement territoriale. Ainsi, le garde champêtre et le maire ne peuvent valablement instrumenter, qu'il s'agisse de délits forestiers ou autres, que dans le territoire de leur commune, etc.

223. — Les bois des particuliers, notamment, jouissent de la même protection, en ce qui concerne la recherche et la constatation des délits, que les autres propriétés rurales. — V. *infrà*, v° *Forêts*.

224. — L'art. 188, C. for., complété par la loi du 18 juin 1859, ne change en rien cette compétence générale fondée sur le Code d'instruction criminelle. Il mentionne seulement en plus les gardes des bois et forêts des particuliers. — V. pour l'institution de ces gardes, leur prestation de serment, etc., *infrà*, v° *Gardes forestiers.*

225. — Les gardes des particuliers, lorsqu'ils sont régulièrement institués et qu'ils ont prêté serment, sont investis de toutes les attributions des officiers de police judiciaire, pour la recherche et la constatation des délits, dans les forêts confiées à leur surveillance.

226. — Lorsqu'il se trouve sur les lieux des préposés de l'administration des forêts, ces préposés ont-ils qualité pour constater les infractions commises dans les bois des particuliers? En principe, les préposés de l'administration sont institués exclusivement pour la surveillance des forêts soumises au régime : ils ne doivent donc pas instrumenter en dehors de ces forêts, dans l'arrondissement pour lequel ils ont été assermentés (Arg. art. 5, C. for.). — Toutefois, ce principe souffre des exceptions.

227. — D'abord la loi forestière ou d'autres lois spéciales donnent qualité, expressément ou tacitement, aux préposés de l'administration dans les bois des particuliers. Ainsi, d'après l'art. 159, C. for., l'administration forestière étant chargée de la poursuite en réparation des délits de défrichement des bois des particuliers, on en déduit que ses préposés sont compétents pour rechercher et constater ces délits là où ils se commettent. — V. *suprà*, v° *Défrichement*, n. 143.

228. — Le même art. 159 était de plus applicable à deux autres catégories de délits, qui actuellement ne représentent plus d'intérêt : ceux concernant les bois de marine (art. 134, C. for.), et ceux relatifs aux bois de fascinages du Rhin (C. for., art. 143).

229. — Pareillement, les art. 151 à 158, C. for., érigeant à l'état de délit forestier le fait de construire sans autorisation

dans des zones de 501 à 2,000 mètres autour des forêts soumises au régime, il faut bien reconnaître aux préposés de l'administration le droit de constater les délits dont il s'agit dans les zones environnant ces forêts, lors même qu'elles comprendraient des bois appartenant à des particuliers. — V. *infrà*, v° *Servitudes*.

230. — De même aussi, la constatation du délit de l'art. 148, C. for. (apport du feu dans une zone de 200 mètres autour des forêts), nécessite l'intervention des préposés de l'administration dans cette zone, peuplée ou non de bois particuliers. — V. *suprà*, n. 170 et s.

231. — La loi spéciale du 6 juill. 1870 relative aux incendies dans la région des Maures et de l'Esterel) déclare expressément (art. 6) que le délit qu'elle prévoit (introduction du feu par les propriétaires et les tiers pendant la période d'interdiction) sera constaté par les gardes forestiers domaniaux et communaux, dans tous les bois des particuliers. La même règle est applicable depuis la loi de 1893. — V. *suprà*, n. 193 et s.

232. — Une question plus discutable consiste à savoir si, par application de l'art. 120, C. for., le délit d'introduction des moutons et des chèvres dans les bois des particuliers peut être recherché et constaté par les préposés de l'administration. — V. *infrà*, v^{is} *Forêts, Usages forestiers*.

233. — Le décret du 14 déc. 1810, relatif au boisement et à la conservation des dunes, donne expressément à l'administration le droit d'instituer un personnel de surveillance (art. 7) pour la constatation des délits, quel que soit le propriétaire de la dune. — V. *infrà*, v° *Dunes*.

234. — La loi sur la restauration des montagnes, du 4 avr. 1882, dans son art. 22, déclare que les gardes domaniaux seront chargés de la constatation des infractions aux mises en défens et aux règlements sur les pâturages, infractions qui se commettent dans des terrains appartenant soit à des communes, soit à des particuliers, et dans tous les cas en dehors des bois soumis au régime forestier. — V. *infrà*, v° *Terrains en montagne*.

235. — Enfin, la loi du 28 avr. 1816 charge les préposés forestiers, concurremment avec les autres officiers de police judiciaire, de constater les fraudes pour la vente et le colportage des tabacs et des cartes à jouer, en quelque endroit que les fraudeurs puissent être surpris. — V. *suprà*, v° *Cartes à jouer*, n. 124.

236. — Mais que doit-on décider pour les autres infractions à la loi pénale, au sujet desquelles aucun texte n'attribue expressément ou tacitement compétence aux préposés de l'administration dans les bois des particuliers? Le rapporteur de la loi du 18 juin 1859, à l'occasion de l'art. 188, a émis devant le Corps législatif cette opinion que tout droit et tout devoir de protection sur les bois des particuliers ne sont pas supprimés pour les préposés de l'État : ceux-ci puiseraient dans l'art. 16, C. instr. crim., la faculté de faire, notamment, des arrestations en cas de flagrant délit, lorsque l'infraction emporte la peine d'emprisonnement, et par conséquent, celle de constater les délits de l'espèce, devenus très-fréquents depuis la loi de 1859.

237. — Quoi qu'il en soit de cette opinion, qui n'a pas été contredite lors de la discussion de la loi de 1859, il est certain qu'une pareille intervention doit être restreinte à des constatations accidentelles, et que l'instruction du 7 mars 1844, dans laquelle l'administration forestière interdit à ses préposés de se mêler de la recherche des délits dans les bois des particuliers, ne doit pas être considérée comme abrogée depuis 1859.

§ 2. *Bois soumis au régime forestier.*

238. — L'art. 160, C. for., attribue la surveillance des délits et contraventions commis dans les forêts aux agents, arpenteurs et gardes de l'administration.

239. — Les agents s'occupent surtout de la gestion : la surveillance et la constatation ne constituent donc pour eux qu'une occupation accessoire; aussi la loi ne leur donne point, en ce qui concerne les moyens de recherche des infractions, des pouvoirs aussi étendus que ceux des simples préposés. De même, la circonscription dans laquelle ils peuvent valablement constater n'est autre que leur circonscription administrative, savoir le cantonnement pour le garde général et l'inspecteur-adjoint, l'inspection pour l'inspecteur, etc., et cette circonscription peut être beaucoup moins étendue que l'arrondissement du tribunal près duquel ils ont prêté serment.

240. — Les arpenteurs, mentionnés à la suite des agents

par l'art. 160, C. for., n'existent plus à l'état de corps distinct, et leurs fonctions sont actuellement confiées au personnel des agents forestiers. — V. *infrà*, v° *Forêts*.

241. — Quant aux gardes qui se distinguent administrativement en brigadiers et simples gardes, ils constituent dans leur ensemble le personnel des préposés. Pour la recherche et la constatation ils sont compétents, non seulement dans l'étendue de leur circonscription administrative (brigade, triage), mais encore dans tout l'arrondissement du tribunal près duquel ils sont assermentés (art. 160, C. for.). Ils peuvent même étendre cette compétence aux arrondissements voisins, en faisant enregistrer au greffe de chaque tribunal l'acte de prestation de leur serment. — V. *infrà*, v° *Forêts*.

242. — Il est certain que l'art. 160, C. for., en organisant pour les forêts soumises au régime un personnel spécial de surveillance, n'a pas entendu priver ces forêts du bénéfice de la protection générale accordée à tous les immeubles par le droit commun. Les officiers de police judiciaire, autres que les préposés forestiers, devront donc s'occuper de la recherche et de la constatation des délits dans ces forêts, concurremment avec les gardes de l'administration.

243. — Cette concurrence d'attributions n'a été contestée qu'en ce qui concerne les gardes champêtres, et spécialement pour les infractions commises dans les bois de l'Etat. On a invoqué notamment la loi du 29 sept. 1791, comme chargeant exclusivement les agents de l'administration de la constatation dans les bois de l'Etat, et s'opposant par conséquent à l'intervention des gardes champêtres qui ne devraient s'occuper que des propriétés rurales non forestières. — Cass., 13 janv. 1840, Philippe, [*Bull. for.*, 4.437]

244. — On s'est de même fondé sur l'art. 16, C. instr. crim., pour écarter les gardes champêtres de la surveillance des forêts communales soumises au régime. — Dijon, 8 nov. 1853, Sauvage, [P. 53.2.506]

245. — Mais on peut répondre, selon nous avec avantage, que les textes précités ne sont nullement exclusifs, et qu'il n'y a aucune raison pour empêcher les gardes champêtres, institués pour surveiller toutes les *propriétés ouvertes* de la commune, de constater les délits soit dans les bois de l'Etat, soit dans les bois communaux soumis au régime forestier. — Cass. (sol. impl.), 24 juin 1842, Bourge, [S. 42.1.858, P. 48.2.461] — Toulouse, 19 avr. 1860, Ané, [S. 60.2.273, P. 61.473] — Dissertations sur ce sujet : Meaume, *Annales forestières*, 1843, p. 536; Loiseau, *eod. loc.*, 1845, p. 306.

Section II.
Moyens auxiliaires pour la recherche et la constatation des délits forestiers.

246. — La loi investit les fonctionnaires chargés de la constatation des délits de certains pouvoirs, dans le but de la faciliter ou de la rendre plus efficace (Puton, *Manuel de législation forestière*, p. 134). Ces moyens, limitativement indiqués par la loi, sont : la saisie et le séquestre, la visite domiciliaire, l'arrestation, la réquisition de la force publique.

§ 1. *Saisie et séquestre.*

1° *Saisie.*

247. — La saisie est une mainmise faite au nom de la justice, par un fonctionnaire compétent, et qui a pour effet de frapper d'indisponibilité l'objet saisi, jusqu'à la décision ultérieure du tribunal. On distingue, en droit civil, entre la saisie conservatoire, qui a pour but d'assurer la conservation d'un objet litigieux ou de prendre certaines garanties, et la saisie-exécution, pratiquée en vertu d'un jugement ou d'un acte authentique, pour arriver à la vente des objets saisis au profit du demandeur. La saisie criminelle a spécialement pour but, en maintenant l'objet saisi à la disposition de la justice, de rendre plus facile la confiscation qui en sera prononcée par le tribunal répressif. — Puton, *Lég. for.*, p. 135. — V. *infrà*, v° *Saisie*.

248. — La saisie forestière participe, quant à son but, de la saisie criminelle et de la saisie civile : comme la première, elle peut être considérée comme un préliminaire de la confiscation, mais à d'autres égards elle sert à empêcher la continuation du délit et le dommage causé à la forêt; elle sert aussi à conserver les éléments de la preuve à fournir devant le tribunal. La saisie forestière a ses règles propres qui se distinguent à la fois de celles du droit civil et de celles du droit criminel.

249. — Les dispositions légales concernant la saisie sont applicables dans les bois non soumis au régime forestier (art. 189, C. for., visant les art. 161 et 162). Les gardes des particuliers peuvent donc procéder aux saisies dans les mêmes formes que les gardes de l'administration. — V. *infrà*, v° *Forêts*.

250. — D'après l'art. 161, C. for., les gardes seuls ont qualité pour procéder aux saisies forestières. L'art. 173, § 1, dispose qu'ils ne peuvent se charger des saisies-exécutions; mais celles dont il est question dans ce chapitre n'ont jamais pour but l'exécution des jugements. — V. pour l'exécution des jugements en matière forestière, *infrà*, n. 923 et s.

251. — Les agents forestiers, qui n'ont qu'exceptionnellement pour mission de constater les délits, sont donc exceptés en principe par l'art. 161 et ne peuvent participer aux saisies forestières. Toutefois, l'art. 164 leur permet d'intervenir pour la saisie des bois coupés en délit, vendus ou achetés en fraude, lorsque, par conséquent, il y a des bois coupés par les délinquants ou enlevés de la forêt. — Puton, *Lég. for.*, p. 140.

252. — Les objets susceptibles de saisie en matière forestière sont d'abord ceux dont la confiscation pourra être ultérieurement prononcée par le tribunal (V. *infrà*, n. 762 et s.) : ainsi les instruments propres à couper le bois énumérés à l'art. 198, C. for.; les bois de chauffage délivrés par coupes aux usagers, et qui auraient été exploités individuellement, c'est-à-dire sans l'intervention d'un entrepreneur spécial (C. for., art. 81); les bois trouvés dans les chantiers, magasins ou ateliers établis sans autorisation dans les maisons situées dans la zone de 500 mètres de forêts soumises au régime forestier (C. for., art. 154).

253. — Mais il n'est pas nécessaire que la confiscation puisse être prononcée pour que l'objet soit saisissable. Ainsi en est-il dans les cas suivants, où il n'y a jamais lieu à confiscation : Bois vendus et délivrés à un adjudicataire en faillite, dans le cas où la revendication peut être opérée, dans le but d'arriver au paiement du prix de vente; bois de construction délivrés à un usager, qui n'en a pas fait emploi dans les délais légaux (C. for., art. 81). La saisie est également, dans ce cas, un préliminaire de la revendication. — V. *infrà*, v° *Usages forestiers*.

254. — Les bois écorcés dans les coupes vendues, sans autorisation expresse, appartiennent aux adjudicataires : ils peuvent cependant être saisis (C. for., art. 36), à titre de garantie pour le paiement des dommages-intérêts qui pourront être alloués par le tribunal. Il en est de même des bois qui n'auront pas été exploités ou vidés dans les délais réglementaires (C. for., art. 40) en l'absence de prorogations spéciales.

255. — Les voitures, attelages, bestiaux, indûment introduits en forêts, sont saisissables et non confiscables (C. for., art. 161); il s'agit d'une mesure de police dans le but d'empêcher la continuation des dégâts causés à la forêt, notamment lorsque le propriétaire est inconnu. Enfin les bois de délit (art. 161), c'est-à-dire les produits de la forêt indûment exploités par les délinquants, mais non encore enlevés, ou même ceux qui auraient été déjà transportés au dehors, sont saisissables, dans le but de conserver des objets appartenant au propriétaire, et de nature d'ailleurs à être nécessaires pour la preuve du délit.

256. — Dans les différents cas qui précèdent, la saisie est-elle obligatoire ou facultative pour les gardes et autres officiers de police judiciaire? Suivant un premier système, il y aurait lieu de distinguer : les instruments propres à couper le bois devraient seuls être nécessairement saisis; pour les autres objets, la saisie serait facultative (Meaume, *Commentaire*, t. 2, n. 1137). Mais on fait remarquer, dans un second système, que l'art. 161, C. for., place absolument sur la même ligne, en ce qui concerne la saisie, les instruments, bestiaux, voitures et attelages : les gardes *sont autorisés à saisir* tous ces objets, et ces termes de la loi n'impliquent en aucun cas une obligation de leur part. D'ailleurs, les instruments, même non saisis, pourront être confisqués par le tribunal.

257. — La saisie peut être réelle ou intellectuelle. Elle est réelle lorsqu'il y a eu appréhension de l'objet par le garde, et que la possession de cet objet a été enlevée au délinquant. Elle est intellectuelle, lorsque le garde s'est borné à déclarer au délinquant l'objet saisi entre ses mains.

258. — La saisie intellectuelle a les mêmes effets que la saisie réelle, en ce qui concerne notamment les conséquences du détournement de l'objet saisi : ce détournement est passible dans l'un et l'autre cas des art. 406 et 408, C. pén. — Puton, *Lég. for.*, p. 140.

259. — La saisie forestière n'est soumise à aucune forme spéciale. L'art. 167, C. for., dispose seulement que « dans le cas où le procès-verbal portera saisie, il en sera fait, aussitôt après l'affirmation, une expédition qui sera déposée dans les vingt-quatre heures au greffe de la justice de paix, pour qu'il en puisse être donné connaissance à ceux qui réclameraient des objets saisis ». Ce dépôt remplace, en matière forestière, la notification au saisi ordonnée par l'art. 602, C. proc. civ.

260. — Son but étant d'avertir le propriétaire des objets de la situation légale faite à ces objets, il en résulte que lorsque ce propriétaire a déjà connaissance de la saisie réalisée, le dépôt du procès-verbal est inutile. Le dépôt ne sera donc nécessaire, de même que la signification de l'art. 602, C. proc. civ., que si la saisie est faite hors du domicile et en l'absence du saisi.

261. — Le procès-verbal dont parle l'art. 167, C. for., peut être soit le procès-verbal servant à la constatation du délit, soit un acte postérieur (Puton, *Lég. for.*, p. 137). Le procès-verbal de saisie, lorsqu'il est inscrit dans un acte séparé, n'est point soumis aux règles spéciales et aux nullités des procès-verbaux ordinaires (V. *infrà*, n. 324 et s.), il doit seulement contenir les circonstances de la saisie, la nature, l'espèce et la qualité des objets saisis: Il doit enfin être signé par le garde saisissant. Lorsqu'il y a lieu à séquestre, un même procès-verbal contient à la fois les mentions relatives à la saisie et celles relatives au séquestre. — V. *infrà*, n. 264 et s.

262. — Le procès-verbal de saisie, même rédigé séparément, est un acte authentique, faisant foi jusqu'à inscription de faux, de même que les actes des huissiers. — Puton, *op. cit.*, p. 137.

263. — L'omission du dépôt dans les vingt-quatre heures, prescrit par l'art. 167, n'entraîne pas la nullité du procès-verbal, non plus que celle de la saisie. Le garde peut seulement encourir pour ce motif une action en dommages-intérêts, s'il est résulté de sa négligence un préjudice pour le saisi.

2° *Séquestre.*

264. — Le séquestre est le dépôt de l'objet saisi entre les mains d'une tierce personne, qui s'engage à le représenter à toute réquisition. A la suite d'une saisie forestière, il intervient ainsi une convention entre le garde, représentant son administration, et le gardien de l'objet, qui se nomme aussi le séquestre. Les engagements réciproques résultant de cette convention sont ceux des art. 1927 et s., 1947 et s., C. civ. Le séquestre forestier n'est cependant pas conventionnel, en ce sens que le propriétaire de l'objet n'est point appelé à le former ; il n'est pas non plus judiciaire, puisqu'il n'est pas le résultat d'un jugement (C. civ., art. 1956, 1961); on peut l'appeler séquestre *légal*, parce que la loi l'autorise comme suite de la saisie. — Puton, *Lég. for.*, p. 140-141.

265. — C'est le garde qui a constaté le délit, qui a aussi qualité pour mettre en séquestre l'objet saisi. Dans aucun cas les agents forestiers ne sont investis de ce droit. Le séquestre, comme la saisie, est entièrement facultatif. Il ne peut en être question qu'en cas de saisie réelle.

266. — L'art. 161, C. for., donne l'énumération complète des objets qui peuvent être mis sous séquestre : bestiaux, instruments, voitures et attelages. Il n'y aurait donc pas lieu d'étendre le séquestre à d'autres objets également saisissables.

267. — Le garde est entièrement maître de choisir comme il l'entend le gardien du séquestre ; d'un autre côté, l'acceptation de cette mission n'est nullement obligatoire. Le garde peut conserver, sous sa responsabilité, les objets qu'il a effectivement saisis, ce que l'on exprime en disant qu'il peut se constituer lui-même séquestre de ces objets. — Meaume, *Commentaire*, t. 2, n. 1140.

268. — La loi n'indique aucune forme spéciale pour la formation du contrat de séquestre. Comme il est une conséquence de la saisie, on doit croire qu'il doit être rédigé par écrit, comme l'acte qui constate la saisie elle-même. Il sera généralement inséré dans le procès-verbal qui contient la preuve du délit, mais il peut aussi se trouver dans un acte postérieur.

269. — Que le contrat de séquestre soit contenu dans le procès-verbal de saisie, ou qu'il soit dressé par acte séparé, il faut admettre que l'art. 167, C. for., lui est dans tous les cas applicable. Le dépôt d'une expédition, dans les vingt-quatre heures, au greffe de la justice de paix, sera donc toujours obligatoire pour le garde, à peine de dommages-intérêts (Arg. C. for., art. 168-169).

270. — Le contrat de séquestre décrit les objets séquestrés, rappelle les obligations du séquestre et fixe les frais de garde, sous réserve de la taxe du juge (Puton, *Lég. for.*, p. 142). La formalité du double (C. civ., art. 1325) et même la signature du séquestre sont-elles indispensables pour la validité de cet acte? Bien que l'administration forestière recommande à ses gardes de dresser ces actes en double et de les faire signer des deux parties contractantes, on peut soutenir qu'il s'agit d'un acte administratif assimilé aux actes authentiques par la loi du 25 vent. an XI, et pour lequel un simple original avec la signature du garde rédacteur est suffisant. Contenu ou non dans le procès-verbal constatant le délit, le contrat de séquestre rédigé par le garde fait foi comme ce procès-verbal des faits qui y sont relatés.

271. — A tout moment, à partir de la saisie, le propriétaire des objets saisis peut en réclamer mainlevée provisoire (C. for., art. 168). Le juge de paix a un pouvoir discrétionnaire pour refuser ou accorder cette mainlevée. S'il l'accorde, elle est subordonnée au paiement des frais de séquestre et à l'acceptation d'une bonne et valable caution. Cette caution sert de garantie pour la restitution de l'objet, elle remplace la sûreté qui était fournie par le séquestre. Les contestations sur la solvabilité de la caution sont tranchées par le juge de paix.

272. — La mainlevée provisoire de la saisie entraîne forcément la cessation du séquestre : le juge de paix a naturellement qualité pour taxer les frais ; il opérera cette taxe conformément à l'art. 1947, C. civ. Si la mainlevée n'est pas demandée ou si elle n'est pas obtenue, la taxe du séquestre est faite par le tribunal correctionnel, en même temps que la liquidation des dépens. — Puton, *Lég. for.*, p. 143.

3° *Saisie et séquestre des bestiaux.*

273. — L'art. 169, C. for., contient des règles spéciales concernant la saisie et le séquestre des bestiaux. Le propriétaire de ces bestiaux n'a qu'un délai de cinq jours, à dater du dépôt au greffe du procès-verbal relatant la saisie, pour les réclamer au juge de paix. Cette réclamation doit s'entendre d'une demande en mainlevée provisoire , conformément à l'art. 168.

274. — Si cette demande n'est pas formulée dans les délais, ou s'il n'est pas accordé de mainlevée, le juge de paix ordonnera la vente des bestiaux, avant même que la saisie soit légitimée par le tribunal (Puton, *Lég. for.*, p. 143). Les termes de l'art. 169 : « s'il n'est pas fourni bonne et valable caution », ne doivent pas être interprétés comme restreignant le pouvoir donné au juge de paix par l'art. 168 : ce magistrat conserve, même dans ce cas, un pouvoir discrétionnaire pour accorder ou refuser, pour quelque motif que ce soit.

275. — La vente aux enchères, ordonnée par le juge de paix au marché le plus voisin, est effectuée par les soins du receveur des domaines, qui la fait publier vingt-quatre heures d'avance. La loi de finances du 29 déc. 1873, art. 25, qui substitue les percepteurs des contributions directes aux receveurs des domaines pour le recouvrement des amendes et condamnations pécuniaires (V. *suprà*, v° *Amende*, n. 353), n'a pas supprimé la compétence de ces derniers, pour l'application de l'art. 168. — Circ. de l'adm. for., n. 242, du 28 févr. 1879 (*Rép. for.*, t. 8, p. 253 et 254). — V. *infrà*, n. 964 et s.

276. — L'adjudication sera prononcée au profit du plus offrant; on ne devrait pas écarter des enchères le propriétaire des bestiaux, qui peut avoir intérêt à se porter adjudicataire, quelle que soit la suite ultérieurement donnée au procès-verbal. — *Rép. for.*, t. 7, p. 281.

277. — Le juge de paix taxe les frais de séquestre et de vente qui sont prélevés sur le produit de l'adjudication (art. 169, § 2). Cette taxe des frais de vente est faite conformément au décret du 18 juin 1811, art. 40, dont le Code forestier ne fait que reproduire le texte.

278. — Le surplus reste déposé entre les mains du receveur des domaines, jusqu'à ce qu'il ait été statué en dernier ressort sur le procès-verbal (art. 169, § 2). Ce texte suppose donc que la poursuite aura été possible et que le tribunal répressif aura été saisi ; ce résultat ne peut se produire que si le délinquant a été découvert, car le Code forestier ne permet pas, comme la loi sur la chasse, de prononcer une condamnation contre un inconnu.

279. — Si le délinquant, propriétaire des bestiaux vendus, est condamné, le produit net de la vente s'impute sur les condamnations pécuniaires résultant du délit (Puton, *Lég. for.*, p. 143). Si ce produit net est supérieur au montant des condamnations, le tribunal aura dû prévoir la restitution de l'excédent au condamné, qui en réclame le versement à l'administration des forêts. Le conservateur des forêts ne délivre mandat, dans ces circonstances, qu'après s'être assuré auprès du percepteur et du receveur des domaines, que toutes les créances du Trésor, provenant de ce jugement ou d'autres condamnations, ont été payées par le débiteur. — *Rép. for.*, 1887, p. 135.

280. — C'est à tort, suivant nous, que la circulaire n° 242 de l'administration forestière, en indiquant d'ailleurs la procédure ci-dessus, parle de la *confiscation* des bestiaux qui serait prononcée par le tribunal répressif. Les bestiaux ne rentrent pas dans la classe des objets confiscables en matière forestière. Le tribunal doit se borner à valider la saisie et à déclarer l'attribution au propriétaire du reliquat du prix de vente après paiement des condamnations pécuniaires (art. 169, *in fine*).

281. — Lorsque, sur la poursuite de l'administration forestière, le propriétaire des bestiaux est acquitté, il ne peut que réclamer le produit net de l'adjudication, déduction faite des frais de séquestre et de vente. Mais l'adjudication n'est nullement rescindée par le fait de cet acquittement ; le tribunal peut seulement condamner de ce chef l'administration à des dommages-intérêts. — Puton, *Lég. for.*, p. 143.

282. — Lorsqu'enfin le délinquant, propriétaire des bestiaux vendus, ne s'est pas fait connaître ou n'a pas été découvert, et d'une manière générale, toutes les fois que, pour une raison quelconque, le tribunal répressif n'a pu statuer sur le délit, le produit net de la vente reste dans les caisses de l'Etat. Le propriétaire ne peut le réclamer valablement tant que les délais de prescription de l'action ne sont pas révolus, délais qui sont susceptibles d'être allongés par des actes interruptifs accomplis par l'administration forestière. — Puton, *Lég. for.*, p. 143.

283. — Les art. 167-169 sont applicables dans les bois des particuliers, comme dans les bois soumis au régime. Toutefois (art. 189), lorsqu'il y a lieu d'effectuer la vente des bestiaux saisis, le produit net de cette vente est versé à la Caisse des dépôts et consignations, au lieu de rester entre les mains du receveur des domaines (V. *infrà*, vᵢˢ *Forêts, Gardes forestiers*). Depuis la loi du 31 déc. 1895, art. 43, la Caisse des dépôts et consignations ne conserve les sommes ainsi versées que pendant un délai maximum de trente ans, à moins d'interruption légale ; passé ce délai, l'Etat en devient propriétaire, après une mise en demeure faite six mois d'avance par les soins des préposés de la Caisse.

284. — Tout ce qui précède ne peut s'appliquer qu'aux bestiaux, limitativement désignés par l'art. 169. La vente, conformément à cet article, avec ses conséquences, ne pourrait donc comprendre une voiture, qui aurait été trouvée attelée en forêt (*Rép. for.*, 1891, p. 21). Pareillement, la saisie et la vente sont les seules mesures qui puissent être prises à l'occasion de bestiaux trouvés en délit : il est évident que les gardes ne pourraient, sans s'exposer à des dommages-intérêts, tuer les animaux saisis, alors même que le propriétaire serait inconnu.

§ 2. *Visite domiciliaire.*

285. — Le droit de perquisition ou visite domiciliaire est donné aux gardes forestiers par l'art. 16, C. instr. crim., et l'art. 161, C. for., dans des conditions tout à fait exceptionnelles ; car, de droit commun, les officiers de police judiciaire ne peuvent user de ce moyen de recherche, réservé au seul juge d'instruction ou à son délégué, hormis le cas de flagrant délit. — V. *infrà*, v° *Instruction criminelle*, n. 226 et s.

286. — La visite domiciliaire dont il est ici question est celle qui permet de pénétrer dans les maisons habitées, dans le domicile des citoyens ; il ne faut pas la confondre avec les perquisitions qui peuvent être faites par les gardes dans certaines constructions à distance prohibée des forêts, qui n'ont pas le caractère de domiciles. Celles-ci peuvent être pratiquées beaucoup plus facilement, suivant l'art. 157, C. for. — V. *infrà*, v° *Forêts.*

287. — Le droit de visite domiciliaire est donné aux gardes, c'est-à-dire aux préposés forestiers spécialement chargés de la surveillance et de la constatation des délits. Il semble donc que ce droit doit être refusé aux agents forestiers, qui ne constatent qu'accidentellement les délits et sont investis de fonctions d'un autre ordre, purement administratives. Les gardes particuliers ont, d'ailleurs, le même pouvoir à cet égard que ceux de l'administration forestière (C. for., art. 189).

288. — D'après le texte de l'art. 161, C. for., le garde ne peut effectuer une visite domiciliaire que lorsqu'il est à la recherche de bois enlevés à la forêt, lorsque, par conséquent, cet enlèvement a été préalablement constaté par lui. C'est ce qu'on exprime en disant que le garde doit être *en état de suite*. Il ne pourrait donc, sans un délit préalablement constaté, se livrer à une visite domiciliaire, même en observant les formes légales ; cette visite ne pourrait fournir de preuves valables pour des poursuites ultérieures. — Puton, *Lég. for.*, p. 149. — V. Cass. 17 juill. 1858, Straka, [S. 59.1.634. P. 59.61, D. 58.1.383] ; — 29 juin 1872, Clément, [S. 73.1.191, P. 73.431] — Th. des Chesnes, *Droit pénal forestier*, p. 51.

289. — Conformément aux principes généraux, la visite domiciliaire, même à l'occasion d'un délit forestier, ne peut être pratiquée que de jour. — Puton, *Lég. for.*, p. 147. — V. *infrà*, v° *Instruction criminelle*, n. 233 et 234.

290. — La garantie supplémentaire introduite par l'art. 161, C. for., en faveur des propriétaires, consiste dans l'obligation imposée aux gardes de se faire accompagner par l'un des officiers publics énumérés dans cet article : le juge de paix ou son suppléant, le maire du lieu ou son adjoint, le commissaire de police.

291. — Les gardes sont libres, d'ailleurs, de choisir parmi ces officiers publics celui qu'ils jugent à propos de requérir. Par exemple, ils peuvent s'adresser au suppléant de la justice de paix sans avoir à faire preuve de l'absence ou de l'empêchement du titulaire ; de même pour l'adjoint à la place du maire. Ils ne peuvent cependant réclamer l'assistance de conseillers municipaux, considérés comme remplaçant le maire, qu'en prouvant l'absence ou l'empêchement de celui-ci et de son adjoint, et à condition de suivre, pour cette réquisition, l'ordre du tableau, suivant lequel s'opère la délégation des fonctions municipales. — V. Puton, *Lég. for.*, p. 149. — V. *suprà*, v° *Commune*, n. 357.

292. — En cas de délégation des fonctions municipales faite par le maire à l'un des conseillers municipaux, il y a présomption légale que les conseillers qui précèdent le délégué dans l'ordre du tableau, celui-ci fût-il même le douzième inscrit, sont absents ou empêchés, en sorte que, dans l'exercice des fonctions déléguées, il est légalement revêtu du caractère du magistrat délégant. Par suite, la résistance opposée à l'un des actes de ses fonctions, par exemple celle qu'opposerait un habitant à la perquisition de bois de délit par un garde forestier qu'il assiste, constitue le délit de rébellion. — Cass., 8 nov. 1845, Dublocq, [P. 46.1.351, D. 46.1.118]

293. — Les fonctionnaires dénommés en l'art. 161 ne peuvent se refuser à accompagner sur-le-champ les gardes qui les auront requis et à signer le procès-verbal de la perquisition (C. for., art. 162). Toutefois, ces deux obligations légales ont des sanctions différentes : le refus de signer le procès-verbal n'entraîne point la nullité de celui-ci ; le garde se borne à mentionner le fait, et le procès-verbal fait foi de la présence du fonctionnaire comme des autres obligations qu'il contient.

294. — Le refus d'accompagner le garde a des conséquences bien plus graves. Celui-ci ne peut se livrer seul à une perquisition qui, dans ces conditions, serait illégale ; à moins cependant que le propriétaire de la maison ne soit point opposé à la perquisition faite par le garde seul : l'adjonction du fonctionnaire public constitue, en effet, une garantie accordée par la loi au propriétaire, mais dont celui-ci est maître de ne point se prévaloir.

295. — Le garde qui persisterait à pénétrer seul dans un domicile malgré le refus ou la résistance du propriétaire s'exposerait à des poursuites criminelles, fondées sur l'art. 184, C. pén. La résistance du propriétaire et les voies de fait qui en seraient la conséquence ne mettraient point celui-ci en état de rébellion (C. pén., art. 209); bien plus, il pourrait actionner le garde en dommages-intérêts : les formes de la prise à partie seraient alors applicables (C. proc. civ., art. 505 et s.). — Cass., 25 mars 1852, Bougain, [*Bull. for.*, 6.44]

296. — Enfin le procès-verbal de constatation du délit, dressé à la suite d'une visite domiciliaire irrégulière, ne pourrait faire preuve devant un tribunal, attendu que la présence du garde dans le domicile constitue elle-même un délit. Ainsi jugé dans un cas où le garde, à défaut des fonctionnaires désignés dans la loi, s'était fait accompagner par des gendarmes étrangers. — Cass., 29 juin 1872, précité. — V. Meaume, *Rép. for.*, t. 8, p. 239. — *Contrà*, Nancy, 1er août 1871, C..., [S. 71.1.236, P. 71. 796]

297. — L'officier public qui se refuserait à accompagner le garde manquerait à ses devoirs : il pourrait donc être l'objet de mesures disciplinaires administratives (Puton, *Lég. for.*, p. 149). Ainsi, la suspension ou même la révocation pourrait être prononcée dans ce cas contre le maire ou adjoint (Arg. art. 85-86, L. 5 avr. 1884).

298. — D'après l'art. 182, Ord. régl. 1er août 1827, le garde forestier doit rédiger procès-verbal du refus et adresser ce procès-verbal à l'agent forestier qui en rendra compte au procureur près le tribunal de première instance. Le procureur de la République ou le procureur général, investis d'un pouvoir disciplinaire sur les officiers de police judiciaire du ressort (C. instr. crim., art. 17), peut adresser au fonctionnaire une réprimande dans les formes des art. 279 et s., C. instr. crim.

299. — L'administration forestière pourrait aussi faire poursuivre ce fonctionnaire devant les tribunaux civils, en réparation du dommage causé par sa faute au propriétaire de la forêt, si la constatation du délit avait été rendue impossible. — Dans ce sens, Cons. d'Et., 10 avr. 1850, Foin, [*Bull. for.*, 5.152] — *Contrà*, Bourges, 7 févr. 1881, Enault, [S. 82.2.19, P. 82.1. 109]

300. — Quant au procès-verbal de constatation dressé à la suite d'une visite domiciliaire, à sa force probante, à la présomption de fraude qui peut être invoquée contre le propriétaire chez lequel on trouve des bois de délit, V. *infrà*, n. 365 et s.

§ 3. *Arrestation.*

301. — L'art. 163, C. for., donne aux gardes le droit d'arrestation en cas de flagrant délit, c'est-à-dire à l'occasion de toute infraction à la loi forestière qui se commet ou qui vient de se commettre. Le Code forestier ne distingue pas entre le délit proprement dit et la contravention ; il ne distingue pas non plus suivant que la condamnation à intervenir comporte ou non la peine d'emprisonnement. — Puton, *Lég. for.*, p. 145-146.

302. — Mais pour qu'il y ait lieu à cette arrestation, en dehors des conditions du droit commun, il faut qu'il s'agisse d'un inconnu. Le but de l'arrestation, en matière forestière, est uniquement d'arriver à la constatation de l'identité du délinquant. C'est pourquoi le garde doit conduire immédiatement l'individu arrêté devant le juge de paix ou le maire, suivant que l'un ou l'autre est plus rapproché du lieu de l'arrestation, sans pouvoir choisir un autre fonctionnaire (Meaume, *Commentaire*, t. 2, n. 1159). Il appartiendra au juge de paix ou au maire de s'assurer de l'identité du délinquant, et de prendre au besoin contre lui toutes les mesures que la loi autorise. — Puton, *Lég. for.*, p. 146.

303. — La constatation de l'identité du délinquant a pour but de permettre d'exercer les poursuites en réparation du délit : la loi forestière, différente en cela de la loi sur la chasse, par exemple, ne permet pas de saisir les tribunaux à l'occasion d'une infraction commise par un inconnu. On comprend donc que, du moment où la poursuite est possible par suite d'autres circonstances, il ait été jugé inutile de procéder à une arrestation. Ainsi, dans le cas où un garde a trouvé en forêt une voiture dont il sait le propriétaire, mais dont le conducteur lui-même est inconnu : il n'a pas besoin d'arrêter celui-ci, puisque la poursuite peut être intentée contre le propriétaire. — Orléans, 12 janv. 1846, Lemaître, [P. 48.2.383, D. 46.2.59] — V. *suprà*, n. 158.

304. — L'arrestation effectuée par un fonctionnaire incompétent, ou en dehors des conditions légales, rend le fonctionnaire passible de l'art. 341, C. pén., et d'une action en dommages-intérêts (C. civ., art. 1383). Enfin la résistance qui serait faite à ses ordres ne donnerait pas lieu contre son auteur à l'application

des peines de la rébellion (C. pén., art. 209). — Puton, *Lég. for.*, p. 146.

305. — Lorsque le garde connaît le délinquant, s'il estime l'arrestation nécessaire, il ne peut y procéder que conformément au droit commun, c'est-à-dire qu'autant qu'il s'agit d'un délit proprement dit, emportant la peine d'emprisonnement, outre la condition ordinaire du délit *flagrant* (qui se commet ou qui vient de se commettre) (C. instr. crim., art. 16).

306. — Du caractère spécial de la loi forestière on doit déduire que les gardes seuls ont le droit d'arrestation. Les agents forestiers, non désignés dans le texte de l'art. 163, C. for., ne peuvent participer à ce droit (V. Th. des Chesnes, *Droit pénal forestier*, p. 64). Mais les gardes des particuliers ont le même droit que les gardes de l'administration, parce qu'il leur est conféré par l'art. 189, C. for. D'autres lois spéciales ont encore conféré aux gardes forestiers le droit d'arrestation : ainsi en matière de chasse, de pêche, de colportage de tabac. Les conditions d'exercice de cette faculté varient suivant les textes afférents à chaque matière. — V. *suprà*, vo *Chasse*, n. 1378 et s., et *infrà*, vis *Pêche, Tabac.*

§ 4. *Réquisition à la force publique.*

307. — Le droit de réquisition appartient (C. for., art. 164) aux agents et aux gardes de l'administration des forêts, qui peuvent l'exercer *directement*, c'est-à-dire sans passer par l'intermédiaire des maires, comme il leur était prescrit par l'art. 16, § 5, C. instr. crim. Les gardes des particuliers, auxquels l'art. 164, C. for., n'est pas applicable, sont soumis au droit commun des officiers de police judiciaire et la disposition précitée du Code d'instruction criminelle leur est strictement applicable.

308. — La force publique est aujourd'hui constituée par la gendarmerie et l'armée nationale (Puton, *Lég. for*, p. 152). On doit comprendre dans l'armée les douaniers (Décr. 22 sept. 1882), les agents et les gardes forestiers (Décr. 2 avr. 1875), qui font actuellement partie des forces militaires du pays.

309. — La réquisition se fait par écrit; elle est adressée au commandant de la force publique; elle est datée et signée (Meaume, *Commentaire*, t. 2, n. 1166). Les termes à employer sont ceux indiqués par l'art. 58, Ord. 29 oct. 1820, sur le service de la gendarmerie. Le commandant de la force publique qui refuse son concours après avoir été légalement requis, encourt les peines de l'art. 234, C. pén.

310. — Le texte de l'art. 164 indique, d'une manière très-large, les cas dans lesquels des réquisitions pourront être faites en matière forestière. Il est inspiré de l'art. 133, L. 28 germ. an VI, sur la gendarmerie, pour la répression des délits, qui prescrit aux gendarmes d'obtempérer aux réquisitions qui leur sont adressées lorsque les gardes forestiers ne sont pas en force suffisante pour arrêter les délinquants.

311. — On ne doit point cependant restreindre le droit de réquisition aux cas où l'arrestation est possible en matière forestière. L'art. 164 est, à cet égard, plus large que la loi de l'an VI. Il s'appliquerait donc, par exemple, pour faire cesser des délits commis même par des délinquants connus. L'art. 164 prévoit ensuite la recherche et la saisie des bois de délit, par conséquent les visites domiciliaires qui peuvent être nécessaires pour arriver à cette saisie.

CHAPITRE IV.

PREUVES DES INFRACTIONS EN MATIÈRE FORESTIÈRE.

SECTION I.

Généralités sur les preuves en matière forestière.

312. — L'art. 175, C. for., indique les deux modes de preuves dont il peut être fait usage dans la poursuite des délits et des contraventions forestières : preuve par procès-verbaux et preuve par témoins. Bien que ce texte semble limitatif, on ne doit point cependant exclure la preuve résultant de l'aveu du prévenu, qui rentre dans les preuves testimoniales. — Cass., 14 mai 1853, Vignec, [*Bull. for.*, 6.118] — V. *suprà*, vo *Aveu*, n. 413 et s. — Toutefois, si l'aveu du prévenu suffit à faire preuve de sa culpabilité, il faut tout au moins que la réalité du fait répréhensible ait été préalablement démontrée par un autre moyen, et notamment par ceux qui indique l'art. 175. — V. *infrà*, n. 373 et 374.

313. — La preuve par témoins doit être administrée en justice, au moyen de dépositions faites à l'audience du tribunal répressif; de même, la preuve écrite ne peut résulter que d'actes écrits ayant un caractère authentique. Ainsi, le juge ne pourrait établir la preuve au moyen de renseignements pris en dehors de l'audience, puisés dans des lettres missives, par exemple, lors même qu'elles émaneraient de l'officier public qui a rédigé le procès-verbal. — Cass., 28 mai 1880, Sorel, [*Rép. for.*, 10.30]

Section II.

Preuve par témoins.

314. — La preuve testimoniale peut être employée pour toutes les infractions forestières, délits et contraventions, quelle que soit l'importance de la condamnation encourue. Elle produit toujours les mêmes effets, en ce sens qu'elle suffit pour faire preuve complète, quel que soit le nombre des témoignages, mais elle ne lie jamais la conscience du juge, comme peuvent le faire les procès-verbaux (V. *infrà*, n. 365). Tout ce qui concerne cette preuve est également applicable, qu'il s'agisse ou non des délits commis dans les bois soumis au régime forestier. — V. *infrà*, v° *Forêts*.

315. — Quoique l'art. 175 semble n'autoriser la preuve par témoins qu'exceptionnellement, à défaut ou en cas d'insuffisance de procès-verbaux, il est certain que la preuve par témoins est la preuve de droit commun, pour les infractions forestières comme pour les autres, en ce sens qu'elle est toujours admissible, sans que l'agent forestier qui exerce les poursuites soit obligé de démontrer au préalable l'impossibilité dans laquelle il s'est trouvé de faire constater au moyen d'un procès-verbal. — V. Cass., 21 juin 1821, Maleux, [S. et P. chr.] — Metz, 2 juill. 1821, Sartrover, [P. chr.]

316. — La loi forestière ne contient aucune disposition pour l'admission et l'emploi de la preuve testimoniale; il faut donc se reporter à ce sujet au Code d'instruction criminelle. Notamment, en ce qui concerne les récusations et les reproches, il n'y a rien à ajouter aux règles des art. 79, 156, 322, C. instr. crim., 28 et 378, C. pén. Les gardes forestiers peuvent, dans tous les cas, être entendus comme peuvent l'être les autres témoins et dans les mêmes conditions, lors même qu'ils auraient précédemment rédigé, à l'occasion des mêmes faits, des procès-verbaux nuls ou insuffisants. — Cass., 28 nov. 1806, Commune de Saint-Thomas, [S. et P. chr.]; — 22 janv. 1887, Perfetti, [S. 88.1.343, P. 88.1.812, D. 87.1.365] — V. *infrà*, n. 367, 412.

317. — Pour que la preuve testimoniale produise cet effet, il faut qu'elle soit administrée dans les formes légales, à l'audience et après que le témoin, régulièrement appelé, a prêté serment (C. instr. crim., art. 75, 155). L'agent forestier n'a pas qualité pour appeler des témoins à comparaître devant lui pour une enquête préalable à l'audience; cette forme de procéder n'appartient qu'au juge d'instruction. — V. Puton, *Législation forestière*, p. 119.

318. — L'obligation du serment incombe à tous les témoins cités, quels qu'ils soient, l'art. 155, C. instr. crim., ne faisant point d'exception : cette disposition est donc applicable même au garde rédacteur du procès-verbal qui donne lieu aux poursuites, lorsqu'on veut lui demander à l'audience des explications orales. — Cass., 20 juill. 1865, Desse, [*Rép. for.*, 3.21]

319. — La preuve testimoniale peut être offerte, soit par l'agent forestier ou le ministère public exerçant la poursuite, soit par le prévenu, en l'absence d'un procès-verbal faisant foi jusqu'à inscription de faux (V. *infrà*, n. 404 et s.). Quant aux tribunaux, ils ne sont jamais obligés d'ordonner d'office la preuve testimoniale, c'est-à-dire en l'absence d'une réquisition du ministère public ou d'une demande du prévenu; et même, dans ces conditions, lorsqu'il y a un procès-verbal constatant des faits délictueux, le tribunal ne pourrait ordonner la comparution à l'audience des gardes rédacteurs pour leur demander des explications : ces explications ne sauraient valoir, qu'elles tendent soit à confirmer, soit à affaiblir les constatations des procès-verbaux, par cela seul qu'elles pourraient altérer la foi due à ces actes. — Cass., 25 juill. 1846, Jourdain, [P. 46.2.259, D. 46.4.312]

320. — L'agent forestier qui exerce des poursuites devant le tribunal correctionnel peut citer, dès le début du procès, des témoins qui seront entendus à l'audience le jour même où la cause sera appelée. Il peut aussi offrir la preuve testimoniale dans le cours des débats, et alors le tribunal doit accorder un sursis pour que les témoins puissent être cités et déposer à une audience ultérieure.

321. — Jugé, en conséquence, que lorsque le prévenu excipe de la nullité du procès-verbal, le tribunal ne peut le renvoyer immédiatement des fins de la plainte, lorsque le ministère public offre de produire des témoins à l'audience suivante. — Cass., 13 mai 1851, Caillot, [D. 51.5.447] — De même, le tribunal ne peut, sans excès de pouvoirs, refuser au ministère public une remise pour lui permettre de faire entendre un témoin à l'appui de son procès-verbal, sous le prétexte que cette audition n'ajouterait rien de plus à la manifestation de la vérité. — Cass., 7 févr. 1878, Bourquin, [S. 78.1.334, P. 78.813]

322. — Mais la demande tendant à l'audition de témoins doit être produite immédiatement, soit avant le jugement, soit tout au moins avant que les délais de recours contre ce jugement soient écoulés : lorsqu'un jugement relaxe un prévenu en déclarant nul le procès-verbal, base de la poursuite, si l'administration forestière laisse acquérir à ce jugement l'autorité de la chose jugée, elle ne peut plus ensuite exercer de nouvelles poursuites en demandant à prouver le délit par la preuve testimoniale, encore bien que le jugement renfermât une réserve ainsi conçue : sauf à l'administration à se pourvoir autrement, si elle s'y croit fondée. — Cass., 5 juill. 1847, Mangin, [*Bull. for.*, 4.186]

Section III.

Preuves par procès-verbaux.

323. — La preuve par procès-verbaux est une preuve écrite, la plus usuelle pour la constatation des infractions forestières, et à laquelle la loi attache une force probante toute spéciale. Malgré son nom de *procès-verbal* et de *rapport*, ce dernier terme employé même par le Code forestier (art. 45), c'est un acte de constatation entièrement écrit, accompagné des formalités voulues par la loi pour le rendre plus recommandable aux yeux du juge, et contenant l'indication de tous les faits qui établissent et constatent le délit. — Puton, *Lég. for.*, p. 121.

§ 1. *Formalités des procès-verbaux.*

324. — Les procès-verbaux ne sont valables et ne produisent auprès du juge la force probante qui leur est attachée, qu'à la condition d'être accompagnés d'un certain nombre de formalités qui sont autant de garanties assurées par la loi à l'emploi de ce mode de preuve exceptionnel. Ces formalités sont imposées, soit par le Code d'instruction criminelle (art. 16 et 18); soit par le Code forestier (art. 165, 166, 170). Elles sont applicables, sauf certaines exceptions de détail, aux procès-verbaux dressés par les gardes des particuliers, comme à ceux des gardes de l'administration forestière.

1° *Ecriture.*

325. — D'après l'art. 165, C. for., le procès-verbal doit être écrit en entier de la main du garde, à peine de nullité. Cette obligation incombe à tous les gardes, c'est-à-dire à tous les préposés de l'administration forestière; les gardes des particuliers sont soumis à d'autres règles : ils peuvent ne pas écrire leurs procès-verbaux, et se borner à faire rédiger leurs déclarations par les fonctionnaires désignés dans la loi (LL. 27 déc. 1790-5 janv. 1791, et 28 sept.-6 oct. 1791, tit. 1, sect. 7, art. 6), en employant ainsi la forme du rapport. — Meaume, *Rép. for.*, t. 10, p. 145. — Enfin, l'art. 165, C. for., et la nullité qui lui sert de sanction sont inapplicables aux procès-verbaux dressés par les agents forestiers, les nullités sont de droit étroit et ne peuvent être étendues par voie d'analogie. — Puton, *Lég. for.*, p. 126; Meaume, *Comment.*, t. 2, n. 1181.

326. — Si le garde n'a pu écrire lui-même son procès-verbal, l'acte sera néanmoins valable, si l'officier public qui reçoit l'affirmation donne lecture au garde du procès-verbal, et fait mention de cette lecture dans l'acte d'affirmation (C. for., art. 165). Il n'est pas nécessaire que le procès-verbal mentionne la cause qui empêche le garde de l'écrire lui-même. — Cass., 1er août 1828, Guilleminot, [S. et P. chr.]; — 8 juin 1829 (2 arrêts), Lessaud et Baillat. — Mais la mention, par le fonctionnaire qui reçoit l'affirmation, que la lecture en a été donnée au garde, est indispensable. — Nancy, 28 mai 1833, Martin, [P. chr.] — La lecture ne peut être faite au garde par une autre personne que celle qui reçoit l'affirmation, à peine de nullité. — Cass., 17 juin 1830, Martin, [P. chr.] — Et cette lecture doit évidemment précéder l'affirmation.

327. — Toutefois, la lecture du procès-verbal au garde par l'officier public qui reçoit l'affirmation n'est exigée à peine de nullité que lorsque la partie du procès-verbal constatant les faits n'a pas été écrite par le garde : la circonstance que le garde se serait servi d'une feuille sur laquelle le protocole est imprimé, mais dont il aurait rempli tous les blancs, ainsi que le corps de l'acte, ne peut rendre la lecture obligatoire par l'officier public. — Cass., 3 nov. 1832, Claverie Escloupé, [S. 33.1.501, P. chr.]; — 28 févr. 1833, Picot, [P. chr.]

328. — Cette obligation de la lecture par l'officier public ne s'applique qu'au procès-verbal signé par un seul garde qui ne l'a pas écrit. Si le procès-verbal, dressé et signé par deux gardes, est écrit en entier par l'un d'eux, il est valable par le seul fait qu'il a été signé par le rédacteur; il est donc inutile que cet acte soit lu préalablement par l'officier public qui en reçoit l'affirmation. — Grenoble, 25 août 1858, Plumel, [Bull. for., 8.140]

329. — Dans le cas où le garde n'écrit pas lui-même, le procès-verbal peut être écrit par une personne quelconque : ainsi par le maire de la commune où le délit a été commis, sous la dictée du garde. — Cass., 3 avr. 1830, Barthélemy.

330. — On doit comprendre dans l'expression d'agents tous les fonctionnaires à partir du grade de garde général (Meaume, Comment., t. 2, n. 1179). Les arpenteurs ayant été supprimés à partir de 1846, et leurs fonctions étant remplies par des agents forestiers, la question de savoir si les procès-verbaux des arpenteurs doivent être assimilés, au point de vue de la forme, à ceux des agents ou à ceux des préposés, n'a plus aujourd'hui d'intérêt; ils doivent nécessairement être soumis aux seules règles qui concernent les agents forestiers.

331. — L'écriture utile au point de vue de l'effet légal du procès-verbal est évidemment celle qui ne comporte ni grattage, ni surcharge, ni rature, ni renvoi, à moins qu'ils n'aient été approuvés par une mention spéciale, faite soit en marge, soit dans le corps de l'acte, de l'écriture du garde, signée de lui et opérée avant l'affirmation et l'enregistrement (Puton, Lég. for., p. 127). Jugé que si des surcharges non approuvées existent sur la date de l'affirmation et sur celle de l'enregistrement, de telle sorte qu'il soit impossible d'apprécier si ces formalités ont été remplies dans le délai légal, il y a nullité du procès-verbal. — Grenoble, 2 janv. 1827, B..., [P. chr.] — Les ratures et surcharges doivent-elles être de plus approuvées par le fonctionnaire qui reçoit l'affirmation? Cette approbation est prescrite par une circulaire de l'administration des forêts (Anc. série, n. 454, 20 sept. 1839); toutefois, comme il n'en est rien dit dans la loi, on doit en conclure que le défaut d'approbation par l'officier public n'aurait aucun effet sur la validité du procès-verbal.

332. — Jugé que les mentions contenues aux renvois approuvés d'un procès-verbal emportent la même foi que le surplus du procès-verbal, bien que ces renvois n'aient pas été écrits avec la même encre et que le receveur de l'enregistrement, ne les ait pas paraphés. — Cass., 17 déc. 1847, Rouchon, [S. 48.1.107, D. 48.5.307]

2° Signature.

333. — La signature du garde ou de l'agent forestier rédacteur est toujours indispensable pour la validité du procès-verbal. On ne saurait y suppléer, comme pour l'écriture, par une autre formalité quelconque. Ainsi la lecture par l'officier public chargé de recevoir l'affirmation ne pourrait suffire. — V. infrà, n. 342.

334. — Lors donc que le procès-verbal a été écrit par une main étrangère, la signature de celui qui a constaté est absolument nécessaire. Si plusieurs agents ou gardes ont concouru à la constatation, tous doivent apposer leur signature à la fin du procès-verbal, ainsi qu'aux renvois approuvant les ratures et surcharges, ceci dans le but de faire bénéficier l'acte des dispositions de l'art. 176-1°, C. for.

3° Date.

335. — La date est essentielle dans un procès-verbal, afin qu'il soit possible de vérifier si les délais de l'affirmation et de l'enregistrement ont été observés. A cet égard, la date dont parle l'art. 165 est uniquement la date de clôture du procès-verbal.

336. — Les dates diverses à considérer à l'occasion d'un délit forestier sont : la date du délit, c'est-à-dire le moment où le fait délictueux a été commis; la date de la constatation; enfin la date de la rédaction du procès-verbal. Il peut se faire que ces trois dates soient les mêmes, lorsque le garde, ayant constaté un flagrant délit, a immédiatement rédigé son procès-verbal. Mais elles peuvent être différentes, et alors il y a intérêt à rechercher le délai maximum qui peut s'écouler entre chacune d'elles.

337. — D'abord, on ne trouve dans la loi forestière aucun délai imparti pour l'époque de la constatation. Une infraction étant commise, elle peut être constatée à une époque quelconque. La loi ne limite le pouvoir de constatation par aucun délai autre que celui de la prescription de l'action criminelle. — V. Puton, Lég. for., p. 128.

338. — L'art. 18, C. instr. crim., auquel renvoie l'art. 181 de l'ordonnance réglementaire du Code forestier, fixe un délai de trois jours pour la remise du procès-verbal, y compris celui de la constatation. Mais la loi n'établissant pas de sanction en cas d'inobservation, on en déduit que si la rédaction du procès-verbal tarde plus de trois jours après la reconnaissance du délit faite par le garde, la nullité n'est pas encourue pour ce motif. — Cass., 11 janv. 1850, Chipon, [S. 50.1.632, P. 52.2.414, D. 50.1.332] — V. cep. Meaume, Comment., t. 3, p. 323-324.

339. — Dans le procès-verbal lui-même, on peut distinguer deux dates différentes : celle d'ouverture et celle de clôture de l'acte. La date initiale est indifférente à la validité d'un procès-verbal : la rédaction une fois commencée peut donc être suspendue, puis achevée dans un délai quelconque (Puton, Lég. for., p. 128). La date de clôture peut être établie par un simple renvoi à celle d'ouverture (ainsi par la mention habituelle : fait et clos les jour, mois et an ci-dessus). Elle peut être rectifiée par le juge à l'aide des énonciations contenues dans l'acte lui-même ou dans ses annexes (ainsi en cas d'erreur sur le mois ou l'année). — Trib. corr. Mende, 17 févr. 1882, Richard, [Rép. for., 10.408]

340. — L'absence complète de date de clôture, de même que l'existence de ratures ou interlignes non approuvées s'appliquant à cette date ou à celle de l'affirmation, entraînent la nullité du procès-verbal. — Lyon, 30 janv. 1867, B..., [Rép. for., 3.317]

4° Affirmation.

341. — L'affirmation est une attestation faite par le garde, par devant un officier public, que les constatations exprimées dans le procès-verbal sont conformes à la vérité. On peut considérer cette formalité comme destinée à remplacer le serment que tout témoin doit prêter avant de déposer en justice; le garde est ainsi dispensé de la déposition orale et n'est pas obligé de se transporter en dehors du lieu de sa résidence.

342. — L'affirmation exigée par l'art. 165, C. for., comprend d'abord l'attestation du garde, puis l'acte de l'officier public qui constate que cette attestation a été faite. On pourrait croire dès lors que l'acte dont il s'agit n'a besoin d'être revêtu que d'une seule signature, celle de l'officier public qui a reçu l'affirmation. La jurisprudence décide cependant le contraire et exige, en outre, la signature du préposé rédacteur du procès-verbal : l'acte d'affirmation signé seulement de l'officier public serait donc nul et entraînerait la nullité du procès-verbal. — Cass., 20 nov. 1863, Pompéani, [Rép. for., 2.144]; — 9 mars 1866, Antoniotti, [D. 66.1.285] — V. Th. des Chesnes, Droit pénal forestier, p. 77; Puton, Lég. for., p. 129.

343. — La loi ne précise pas les termes qui doivent être employés dans l'affirmation. Le mot « affirmé » résume complètement et légalement tout ce qu'il est nécessaire d'exprimer (Puton, Lég. for., p. 130). La mention peut donc être très-brève. Il est nécessaire toutefois d'y trouver : le nom et la qualité de l'officier public, la date, outre les signatures, ainsi qu'il a été dit précédemment.

344. — D'après l'art. 165, C. for., l'officier public compétent pour recevoir l'affirmation d'un procès-verbal peut être : le juge de paix du canton ou l'un de ses suppléants, le maire ou l'adjoint soit de la commune de la résidence du garde, soit de celle où le délit a été commis ou constaté. Le garde a évidemment le choix entre l'un ou l'autre des fonctionnaires ainsi désignés, sans avoir à indiquer le motif de sa préférence. Les maires et adjoints ont donc qualité pour recevoir l'affirmation, sans que l'absence des juges de paix ou de leurs suppléants ait besoin d'être constatée. — Cass., 8 janv. 1887, Giuliani, [S. 88.8.232, P. 88.1.548, D. 87.1.367]

345. — A défaut du maire ou de l'adjoint, le garde peut aussi faire recevoir son affirmation par un conseiller municipal, pris dans l'ordre du tableau de l'élection ; mais alors il devra constater l'absence ou l'empêchement du maire ou de l'adjoint, auxquels il devait s'adresser d'abord. — Puton, *Lég. for.*, p. 132. — V. anal. *suprà*, n. 291.

346. — Le juge de paix désigné par l'art. 165 peut être aussi bien celui de la résidence du garde que celui du canton dans lequel le délit a été commis. — Bordeaux, 17 déc. 1841, Dejean, [P. 42.2.561] — L'adjoint qui reçoit l'affirmation peut être le même qui, en qualité d'officier de police judiciaire, a assisté le garde dans la visite domiciliaire lors de laquelle le délit a été découvert. — Trib. d'Embrun, 6 mars 1885, Leydon. [*Rép. for.*, 11.394] — V. *suprà*, n. 290 et s.

347. — L'art. 165, C. for., portant que les procès-verbaux des gardes seront affirmés devant le magistrat du lieu où le délit aura été commis ou *constaté*, comprend dans cette constatation non seulement la reconnaissance du corps du délit, mais encore la recherche et la découverte des délinquants, le resouchetage et les autres opérations propres à la manifestation de la vérité. — Nancy, 8 févr. 1832, Chevalier, [P. chr.]

348. — Les maires ou adjoints ne peuvent se refuser à recevoir l'affirmation des procès-verbaux qui leur sont présentés par les gardes. — Circ. min. Int., 10 mai 1877, [*Rép. for.*, 9.93] — C'est en qualité d'officiers de police judiciaire que la loi exige ainsi leur intervention. Il avait été jugé, en conséquence, sous l'empire de l'art. 75 de la Constitution de l'an VIII, que le maire qui avait refusé de recevoir une affirmation pouvait être poursuivi directement à la requête de la personne qui se prétendait lésée par ce refus, sans qu'il fût besoin de l'autorisation préalable du Gouvernement. — Cons. d'Et., 11 janv. 1851, Merlin, [S. 52.2.255, P. adm. chr.]

349. — Mais la loi n'ayant pas érigé en délit ce refus du maire de faire acte de ses fonctions, il ne reste à la partie lésée, en dehors des sanctions administratives que le préfet est libre d'appliquer, qu'une action ordinaire en réparation civile, fondée sur les art. 1382-83, C. civ. — V. Puton, *Lég. for.*, p. 132.

350. — D'après l'art. 160, C. for., la formalité de l'affirmation n'est imposée qu'aux préposés et non aux agents rédacteurs de procès-verbaux : « Les procès-verbaux que les agents forestiers... dresseront, soit isolément, soit avec le concours d'un garde, ne seront point soumis à l'affirmation ». Il en est ainsi quelle que soit la part respective prise par l'agent et le préposé dans la rédaction, pourvu cependant que le procès-verbal soit bien leur œuvre commune. — V. Cass., 28 févr. 1834, Calamun, [P. chr.] — Grenoble, 15 févr. 1827, G..., [P. chr.] — Grenoble, 5 déc. 1834, Nicolas, [P. chr.]

351. — Lorsque l'affirmation du procès-verbal est nécessaire, elle doit avoir lieu « au plus tard le lendemain de la clôture » (art. 165). Ainsi, le garde peut affirmer d'abord le jour de la clôture, puis toute la journée du lendemain ; il s'ensuit qu'il n'est nullement tenu de mentionner l'heure de la clôture de son procès-verbal. — Puton, *Lég. for.*, p. 130.

352. — Ce délai ne paraît pas susceptible d'être allongé par un motif quelconque, sauf peut-être en cas de force majeure. Il a été jugé que le refus par un maire de recevoir l'affirmation du procès-verbal d'un garde particulier constitue un cas de force majeure donnant ouverture à un nouveau délai pour l'affirmation. — Cass., 29 févr. 1884, Chenouard, [S. 84.1.358, P. 84.860] — Toutefois il faut prendre garde que le maire n'étant pas le seul officier public compétent pour recevoir l'affirmation (V. *suprà*, n. 344), le refus de ce fonctionnaire pourrait n'être pas considéré comme un cas de force majeure de nature à justifier le retard de l'affirmation.

5° Enregistrement.

353. — L'art. 170, C. for., qui inflige la sanction de la nullité pour défaut d'enregistrement dans les quatre jours de l'affir-

mation ou de la clôture des procès-verbaux, doit être combiné avec la loi du 22 frim. an VII, art. 34, et la loi du 16 juin 1824, art. 10, qui punissent d'une amende de 5 fr. (5 fr. 25 avec les décimes) le défaut d'enregistrement, dans le même délai, de tous exploits et procès-verbaux. L'amende prononcée par la loi fiscale serait donc applicable aux agents et gardes forestiers comme à tous autres rédacteurs de procès-verbaux ; d'ailleurs, elle ne pourrait être prononcée que par les tribunaux civils. — Meaume, *Comment.*, n. 1197.

354. — L'art. 170, C. for., ne s'applique qu'aux procès-verbaux constatant des délits ou des contraventions. Les autres actes rédigés par les agents ou gardes forestiers, tels que procès-verbaux d'adjudication de coupes, de dénombrement de produits, etc., tout en étant soumis à l'obligation de l'enregistrement, n'encourent que les sanctions de la loi fiscale. Il est enfin des actes administratifs qui, bien que portant le nom de procès-verbaux, n'ont nul besoin d'être enregistrés ; tels sont ceux de balivage et de martelage, etc. — Meaume, *Comment.*, n. 1190.

355. — Le garde ou agent rédacteur doit porter en temps utile son procès-verbal au bureau du receveur de l'enregistrement. Il est libre d'ailleurs de choisir tel bureau qui lui convient le mieux. L'art. 26, L. 22 frim. an VII, qui prescrit au rédacteur de l'acte de le faire enregistrer au bureau de sa résidence ou au bureau du lieu où la rédaction a été opérée, n'est nullement limitatif (Déc. min. Fin., 20 mars 1826). — Cass., 14 nov. 1835, Dulhom, [P. chr.]

356. — Lorsque les procès-verbaux constatent des délits ou des contraventions dans des bois soumis au régime forestier, l'enregistrement se fait en débet (art. 170, § 2), c'est-à-dire que l'agent ou préposé n'a rien à débourser, et que la somme à percevoir est mise ensuite, par le jugement, à la charge de la partie condamnée. Il en est de même pour les infractions commises dans les bois des particuliers, lorsque, par exemple, le procès-verbal est rédigé par un garde champêtre (C. for., art. 188). — Cass., 24 juin 1842, Bourge et Renault, [S. 42.1.858, P. 42.2.461] — Lorsqu'au contraire le procès-verbal est rédigé par un garde particulier (art. 188, § 3), les droits d'enregistrement doivent être payés au comptant.

357. — La quotité du droit d'enregistrement pour les procès-verbaux, fixée à 1 fr. par la loi du 22 frim. an VII, art. 68, est actuellement de 3 fr. (L. 28 févr. 1872, art. 4), plus deux décimes et demi (LL. 23 août 1871 et 30 déc. 1873), soit un total de 3 fr. 75.

358. — Le délai d'enregistrement (art. 170-1°) est de quatre jours, après celui de l'affirmation, ou celui de la clôture du procès-verbal, s'il n'était pas soumis à l'affirmation. La computation de ce délai doit se faire d'après les règles suivies pour l'application de la loi de frimaire an VII.

359. — Conformément à l'art. 25 de la loi de frimaire an VII, lorsque le dernier jour est un dimanche ou un jour de fête légale, le délai est augmenté d'un jour en sus. — Puton, *Lég. for.*, p. 133 ; Diss. *Rép. for.*, t. 12, p. 54. — V. *suprà*, v° *Délai*, n. 186.

360. — D'après le texte même de l'art. 170, aussi bien que par la nature de l'acte, l'enregistrement doit être postérieur à l'affirmation du procès-verbal. Il y aurait donc nullité, si le procès-verbal avait été enregistré sans affirmation préalable. — Trib. Avallon, 23 sept. 1890, Barbaut (Aff. de pêche), [*Rép. for.*, 90.160]

361. — Les procès-verbaux sont, en outre, soumis à la formalité du timbre, par la loi du 13 brum. an VII, art. 12, n. 1-3°. De même que pour l'enregistrement, les procès-verbaux sont timbrés en débet quels que soient leurs rédacteurs, autres pourtant que les gardes des particuliers. — V. *suprà*, n. 356.

6° Nullités.

362. — Les formalités relatives à l'écriture, à la signature, à l'affirmation et à l'enregistrement des procès-verbaux sont imposées par les art. 165 et 170, C. for., « sous peine de nullité ». On a vu qu'il doit en être de même pour la date, — tout au moins la date de clôture, attendu que, si elle fait défaut, il est impossible d'apprécier si l'affirmation et l'enregistrement ont eu lieu en temps utile (V. *suprà*, n. 335). Enfin, le défaut de compétence du garde produirait le même résultat. Ainsi jugé que le procès-verbal dressé par un garde hors des limites de l'arrondissement du tribunal auprès duquel il est assermenté est radicalement nul. — Aix, 25 août 1864, Merle, [D. 64.2.202] — V. *suprà*, n. 222.

363. — Ces nullités sont de droit strict, et ne peuvent être étendues par voie d'analogie à d'autres formalités auxquelles la loi n'a point attaché cette sanction. Il en est ainsi, par exemple, pour l'obligation imposée aux gardes de rédiger leurs procès-verbaux « jour par jour » (Ord. régl., art. 181); de les transcrire régulièrement sur leur registre d'ordre (Ord. régl., art. 26); de remettre leurs procès-verbaux à leurs chefs dans le délai de trois jours (Instr. crim., art. 18); de déclarer le procès-verbal au délinquant; d'être revêtus de leurs uniformes ou autres marques distinctives de leurs fonctions. L'inobservation de ces formalités et de toutes autres analogues qui pourraient être prescrites par les règlements peut avoir des inconvénients; mais elle ne vicie pas d'une manière absolue le procès-verbal. — Puton, *Lég. for.*, p. 134.

364. — La nullité du procès-verbal, lorsqu'elle est encourue, est d'ordre public; elle peut donc être opposée en tout état de cause, même d'office par le tribunal, et les parties ne peuvent renoncer à s'en prévaloir (Puton, *Lég. for.*, p. 134). Ainsi jugé que la nullité résultant de l'omission de l'enregistrement, dans les quatre jours qui suivent celui de l'affirmation, peut être suppléée par la Cour de cassation, si cette nullité, qui a échappé au tribunal de simple police, justifie le relaxe du prévenu, alors qu'aucune offre de preuve testimoniale supplétive n'a été offerte par le ministère public. — Cass., 8 janv. 1887, Guiliani, [S. 88. 1.232, P. 88.1.548, D. 87.1.367] — V. Cass., 9 mars 1866, Antoniotti, [S. 66.1.375, P. 66.1011]

§ 2. *Force probante des procès-verbaux.*

365. — Les procès-verbaux ont un effet plus énergique que la preuve testimoniale, en ce sens qu'ils lient la conscience du juge et l'obligent à considérer comme vrais les faits constatés, à moins qu'ils n'aient été combattus par les modes légaux autorisés. — Puton, *Lég. for.*, p. 121.

366. — Pour que cet effet se produise, il faut nécessairement que le procès-verbal soit régulier en la forme et dressé par un fonctionnaire compétent. — V. *suprà*, n. 362.

367. — Il faut, de plus, qu'il n'existe pas contre le garde rédacteur une cause légitime de récusation, rentrant dans les cas prévus pour l'admission des témoignages par les art. 156 et 322, C. instr. crim. — V. Puton, *Lég. for.*, p. 120, 125. — V. *infrà*, n. 412.

1° *A quelles énonciations du procès-verbal s'applique la force probante.*

368. — En principe, cette force probante ne s'applique qu'aux faits matériels, constatés personnellement par le rédacteur, à l'exception des faits d'appréciation, ou de ceux qui sont relatés comme provenant du témoignage de tierces personnes (V. *suprà*, v° *Acte authentique*, n. 283 et s.). Cette distinction essentielle se présente dans toutes les constatations des gardes forestiers et donne lieu à des décisions d'espèces très-nombreuses.

369. — Ainsi jugé que les tribunaux doivent tenir pour avérés les faits matériels constatés dans les procès-verbaux. — Cass., 6 juill. 1854, Ranc, [D. 54.5.395] — ... Et, d'autre part, qu'on ne peut tirer une preuve complète des énonciations contenues dans un procès-verbal qui ne constate aucun fait matériel. — Cass., 17 juill. 1846, Simon, [D. 46.4.312]

370. — Les faits matériels sont ceux qui tombent directement sous les sens des rédacteurs, et qui ne sont de leur part l'objet d'aucune déduction ni appréciation (Puton, *Lég. for.*, p. 125). Ainsi, lorsqu'un procès-verbal constate que le garde a reconnu en forêt que des arbres ont été coupés en délit, le juge ne peut admettre une preuve tendant à détruire cette reconnaissance, sur le motif qu'elle n'est qu'une simple opinion du garde. — Cass., 3 avr. 1830, Abadie-Pehoulet, [P. chr.] — Ces faits matériels peuvent concerner l'objet, le lieu, le temps, les circonstances du délit, ainsi que la personnalité des délinquants.

371. — La détermination de l'objet consiste essentiellement, lorsqu'il s'agit de coupe et enlèvement de bois, dans l'énonciation du nombre, de l'essence et des dimensions des bois. Cette énonciation suffit, lorsque le délinquant a été surpris par le garde au moment de l'abatage et généralement sur le lieu même où les

arbres existaient avant d'être coupés ou enlevés. — V. Cass., 30 juin 1827, Ristroph, [P. chr.]

372. — Mais très-fréquemment il n'en est pas ainsi; les bois enlevés à la forêt ne sont trouvés qu'à la suite d'une visite domiciliaire, ou tout au moins en dehors du lieu où ils ont été pris par le délinquant. Il ne suffit pas alors d'énoncer au procès-verbal que des bois coupés en délit ont été trouvés en la possession du délinquant; il faut établir, de plus, par des constatations matérielles, que ces bois provenaient de la forêt où le délit a été commis. On arrive habituellement à ce résultat par l'opération dite du souchetage, resouchement ou rapatronage.

373. — Cette opération consiste à rapporter en forêt les bois ou une partie des bois trouvés chez le délinquant, et à vérifier sur les lieux s'ils s'adaptent aux souches ou portions de bois laissées sur le terrain. L'affirmation du garde que cette adaptation a été possible, eu égard à l'essence et aux dimensions, au mode de coupe, à la fraîcheur de cette coupe, au grain du bois, à la coloration de l'écorce, etc., étant ainsi appuyée sur un faisceau de données matérielles, s'impose au juge et fait preuve complète au sujet de l'identification des bois coupés.

374. — Ainsi en est-il, lorsqu'il résulte du procès-verbal d'un garde forestier que ce dernier a découvert en forêt un arbre sec, sapin fraîchement coupé; que la trace de cet arbre l'a conduit au domicile du prévenu, devant la maison duquel il a trouvé des copeaux de bois sec, fraîchement fabriqués, et sur un redressoir des morceaux de bois fendus; que les ayant portés dans la forêt, il les a confrontés avec les branches restées en place, auxquelles ils se sont trouvés parfaitement conformes. — Cass., 12 juin 1829, Massonet, [P. chr.]

375. — De même quand, après avoir reconnu l'enlèvement en délit de 1,200 pieds d'arbres, le garde en a remarqué l'essence et pris les dimensions des souches, qu'il a suivi les traces du délit; qu'elles l'ont conduit à la demeure du prévenu, voisine de la forêt dans laquelle ce délit avait été commis; qu'il y a trouvé 400 pieds d'arbres qu'il a jugé provenir de l'enlèvement par lui constaté; qu'il s'est nanti de quatre de ces plants dont il a fait l'apatronage, et qu'il a reconnu s'adapter parfaitement à quatre des souches coupées en délit. — Cass., 17 févr. 1832, Tisné, [P. chr.]

376. — Jugé de même que le délit de coupe et enlèvement de bois est suffisamment établi lorsqu'un fragment, détaché de la souche d'un arbre coupé en délit, a été appliqué par le garde à la portion d'arbre trouvée au domicile du prévenu, et qu'il s'y adapte parfaitement, de manière à présenter avec ladite portion une identité complète, tant sous le rapport de l'essence que sous celui de l'écorce. — Cass., 12 févr. 1847, Barrayre, [S. 47.1. 385, P. 47.1.587, D. 47.1.87]

377. — Ne peut être relaxé, sur le motif que le délit n'est pas prouvé, l'individu détenteur d'un arbre, de la légitime détention duquel il ne justifie pas, alors que le procès-verbal constate que le rapatronnement et la comparaison de l'essence, de l'écorce et des copeaux, ont établi qu'il y avait identité parfaite entre cet arbre et la souche d'un arbre coupé en délit dans la forêt. — Cass., 13 avr. 1849, Destrade, [P. 50.2.89]

378. — Lorsqu'un procès-verbal faisant foi jusqu'à inscription de faux établit l'identité des arbres coupés en délit avec ceux trouvés chez le prévenu, au moyen du resouchement, il ne renferme pas seulement une appréciation intellectuelle et morale de l'existence du délit, mais il contient, par suite des expériences et vérifications auxquelles les gardes se sont livrés, une constatation de faits matériels qui font preuve complète de ce délit, et empêche que l'identité des arbres puisse être contestée. — Cass., 10 mai 1851, Rey; — 6 juin 1851, Lourdelet, [D. 51.5.281. 351]

379. — A l'inverse, le défaut de resouchement, lorsqu'aucun fait matériel constaté par le garde ne vient établir l'identité du bois coupé en forêt et de celui trouvé chez le prévenu, entraînera généralement le relaxe de celui-ci, la simple affirmation du garde ne pouvant tenir lieu des constatations nécessaires pour établir la preuve. Ainsi jugé que l'individu au domicile duquel une perquisition fait découvrir une partie des bois coupés en délit dans une forêt, ne saurait être condamné à raison de l'enlèvement de la totalité de ces bois, alors d'ailleurs qu'aucun des faits retenus au procès-verbal n'établit sa participation à l'enlèvement des bois non retrouvés chez lui. — Grenoble, 12 déc. 1867, Vieux-Janton, [*Rép. for.*, 4.91]

380. — Le lieu où le délit a été commis est un élément de constatation matérielle qui, lorsqu'il se trouve précisé dans le procès-verbal, doit être accepté par le juge. Ainsi décidé que, quand un procès-verbal a qualifié *chantier* à l'usage d'une scierie le lieu sur lequel des bois non marqués ont été déposés aux abords de cette scierie, le propriétaire ne peut être renvoyé de la prévention fondée sur l'art. 158, C. for., sous le prétexte que le lieu où les bois étaient déposés forme un chemin public. — Cass., 13 mars 1829, Derbez, [S. et P. chr.] — De même, lorsqu'un procès-verbal faisant foi jusqu'à inscription de faux constate que des bois non marqués ont été trouvés sur le chantier d'une scierie, le prévenu ne peut être admis à prouver que lesdites billes étaient en dehors de ce chantier. — Colmar, 12 mars 1861, Wasner, [*Rép. for.*, 2.302]

381. — S'il est constaté par un procès-verbal qu'un pied cornier a été abattu dans l'étendue d'une coupe, l'adjudicataire ne peut être excusé sous le prétexte qu'il ne serait pas constant que le pied cornier était situé dans cette coupe. — Cass., 6 mars 1834, Bernard, [P. chr.]

382. — Le délit de passage en forêt avec voiture et attelage hors des chemins ordinaires résulte, jusqu'à inscription de faux, de la constatation faite dans un procès-verbal que la voiture a été trouvée traversant la coupe affouagère, qu'elle a brisé et déraciné plusieurs recrues sur une grande longueur... En un tel cas, le tribunal ne peut donc ordonner l'audition de témoins sur le point de savoir si le lieu où le délinquant a été trouvé fait ou non partie du passage par où se fait la traite de la coupe affouagère. — Cass. (Ch. réun.), 2 août 1834, Mongnard, [P. chr.]

383. — De même enfin, la preuve contraire n'est pas admissible contre un procès-verbal constatant que des bestiaux ont été trouvés en délit dans un bois, alors que la preuve offerte tendrait à établir que les bestiaux étaient, non dans le bois, mais dans un chemin qui y est pratiqué. — Cass , 8 mai 1835, Dol, [P. chr.] — Pareillement, lorsqu'un procès-verbal constate que des bestiaux ont été trouvés en forêt hors des chemins ordinaires, le tribunal ne peut ordonner un interlocutoire, et, par exemple, la comparution des gardes rédacteurs, sous le prétexte d'expliquer les faits constatés par le procès-verbal. — Cass., 25 juill. 1846, Jourdain, [P. 46.2.253]

384. — De ce que la foi due au procès-verbal ne concerne que la constatation des faits matériels, il résulte qu'elle ne peut s'étendre à la question de savoir si le canton de forêt où le délit a été constaté ne fait pas partie de ceux qui sont l'objet d'une action en revendication. Dans ces conditions, les juges peuvent ordonner, avant dire droit, la vérification de l'existence et de l'application au terrain de cette action. — Cass., 25 janv. 1850, Biolelli, [P. 53.1.68]

385. — La constatation du nombre des arbres coupés, faite par le garde dans son procès-verbal, est un fait matériel pour lequel cet acte fait preuve complète. Ainsi, lorsqu'un procès-verbal constate la coupe de dix arbres dans une forêt, le tribunal ne peut ordonner une vérification pour reconnaître si tout ou partie de ces arbres ont été légalement abattus. — Cass., 13 mai 1837, Borgellas, [P. 40.2.51]

386. — L'appréciation du temps nécessaire pour caractériser certains délits (ainsi celui de l'art. 35, C. for.), doit être faite dans le procès-verbal d'une manière précise, sinon la discussion reste possible à cet égard. Ainsi jugé dans le cas où le procès-verbal constate que l'adjudicataire travaillait dans la coupe « vers six heures du matin », pendant la saison d'automne. Cette énonciation n'empêche pas que le prévenu soit admis à prouver qu'à ce moment le soleil était déjà levé. — Cass., 8 août 1840, Hervieux, [D. *Rép.*, v° *Forêts*, n. 1214]

387. — Il en est de même pour les circonstances diverses du délit qu'il est nécessaire d'établir pour l'application de la peine; par exemple, pour la nature de l'instrument qui a servi à commettre le délit. Jugé qu'un tribunal ne peut se dispenser de prononcer l'amende double de l'art. 201, C. for., lorsque le procès-verbal constate ce fait matériel que les arbres, dont la circonférence est indiquée, ont été coupés en délit avec une scie. — Cass., 16 janv. 1830, Jolibois, [P. chr.]

388. — Pour l'application de l'art. 199, C. for. (délit d'introduction d'animaux en forêts), le procès-verbal ne doit pas seulement affirmer que le bois où les animaux ont été trouvés est âgé de moins de dix ans; cette appréciation doit être fondée sur des faits matériels, l'année de la dernière coupe, par exemple, sans quoi le prévenu serait recevable à prouver que le taillis avait, à cet endroit, plus de dix ans de croissance. — Nancy,

13 déc. 1831, Blanpied, [D. *Rép.*, v° *Forêts*, n. 740] — Nîmes, 30 mars 1833, Blanchard, [*Ibid.*]

389. — Jugé toutefois, pour l'application de l'art. 196, C. for. (délit de mutilation d'arbres\, au sujet d'un adjudicataire de coupe auquel son cahier des charges permettait seulement d'enlever les branches *parasites* des arbres de réserve, que la constatation faite dans un procès-verbal qu'il a coupé des branches *principales*, est suffisante, et fait obstacle à ce qu'une expertise soit ordonnée sur la demande de l'adjudicataire, pour établir que les branches par lui coupées étaient parasites et non principales. — Rouen, 18 avr. 1845, Messier, [*Bull. for.*, 2.439]

390. — Pour l'application de l'art. 84, C. for. (emploi tardif de bois délivrés à un usager), lorsque le procès-verbal constate que les bois de construction délivrés à un usager, propres à être mis en œuvre, n'ont pas été employés conformément à leur destination, le tribunal ne peut ordonner une expertise pour rechercher si le retard ou la différence d'emploi ne provient pas de ce que le bois lui a été délivré en grume. — Cass., 26 avr. 1845, Bouvier, [*Bull. for.*, 2.429] — V. aussi Cass., 28 avr. 1835, Meder, [P. chr.]

391. — La mention du procès-verbal qu'un individu a été trouvé transportant sur sa charrette, d'une forêt domaniale à un village voisin, du bois qui venait d'être coupé en délit, suffit pour faire considérer cet acte comme constituant le délit d'enlèvement, prévu et puni par les art. 192 et 194, C. for. — Cass., 6 juill. 1854, Ranc, [D. 54.5.393]

392. — Dans les coupes jardinatoires, la représentation de l'empreinte du marteau de l'Etat est la seule preuve autorisée pour établir que les arbres exploités ont été marqués en délivrance, et, par conséquent, qu'il n'y a pas délit de la part de l'adjudicataire. Donc, lorsqu'un procès-verbal constate l'absence de cette empreinte sur des arbres exploités par l'adjudicataire, ce dernier ne peut être admis à prouver que l'empreinte a existé et qu'elle a disparu par suite d'un accident de force majeure. — Agen, 18 juill. 1866, Jourdan, [*Rép. for.*, 3.279]

393. — L'affirmation contenue dans le procès-verbal que le garde a vu et reconnu le délinquant fait preuve complète pour la désignation de celui-ci, dont l'identité ne peut être contestée. — Cass., 30 juin 1827, Labat, [P. chr.] — Il n'en serait plus de même si le délinquant avait été désigné au garde par son aveu (V. *suprà*, n. 312), ou par les dires d'une tierce personne. Le principe, à cet égard, de même que pour tous les autres éléments du délit, est que le procès-verbal ne fait foi que des faits personnellement constatés par le rédacteur. — Cass., 15 mars 1878, Cointepas, [S. 79.1.96, P. 78.192, D. 79.5.336]

394. — L'aveu du délinquant peut toujours être rétracté; par conséquent, de ce que cet aveu a été consigné dans le procès-verbal, cette circonstance n'enlève pas au prévenu la faculté de démontrer qu'il n'était pas sincère. — Cass., 30 juill. 1835, Guillermet, [S. 35.1.848, P. chr.]

395. — Quant à la déclaration d'un tiers, le procès-verbal prouve bien que cette déclaration a été faite, mais elle n'empêche pas le délinquant de démontrer qu'il a été ainsi désigné à tort. L'introduction, dans le texte de l'art. 176, des mots « faits matériels » a eu pour but d'empêcher que les gardes rédacteurs de procès-verbaux ne fussent crus jusqu'à inscription de faux dans les énonciations et dires des tiers... — Besançon, 11 juill. 1845, Girard et Pahindriot, [P. 48.1.731, D. 51.5.281]

396. — Ainsi, les juges peuvent, sans violer la foi due au procès-verbal, décider que la déclaration faite au garde au sujet de tiers absents, ne préjudicie qu'à ces derniers, qui peuvent toujours prouver que cette déclaration était fautive. Par exemple, lorsque des délinquants déclarent qu'ils sont les employés ou commis d'un tiers, celui-ci peut être admis à prouver le contraire, pour se faire décharger de la responsabilité civile. — Cass., 27 févr. 1842, Lasalle et Julien, [P. chr.] — Décidé pourtant que, lorsqu'un pâtre désigne le nom du propriétaire des animaux trouvés en délit, cette désignation fait foi de telle sorte que les juges ne peuvent en discuter *d'office* la valeur et la portée. — Cass., 20 juin 1851, Hasard et Carlier, [D. 51.5.276. 5.442]

397. — A plus forte raison, le procès-verbal ne fait pas preuve complète à l'égard d'un délinquant, si le garde se borne à le nommer, sans prouver sa participation au fait délictueux. Ainsi, ne reconnaît pas la foi due aux procès-verbaux un arrêt qui refuse de condamner des usagers pour dégradations commises dans la forêt soumise à leur droit, alors que le procès-verbal ne précise pas si les dégâts commis sont l'œuvre personnelle des défendeurs ou de leurs ouvriers. De même, l'individu trouvé par un garde assis auprès d'un feu allumé dans la forêt ne peut être condamné en vertu de l'art. 148, si le procès-verbal ne prouve pas que le feu a été allumé par cet individu ou avec sa participation. — Cass., 5 juill. 1867, Chauvin, [D. 68.5.236]

398. — Toutefois, lorsque, par suite d'une visite domiciliaire, des bois de délit sont trouvés au domicile d'un particulier, la jurisprudence admet une présomption de fraude contre ce particulier, qui est, en conséquence, réputé l'auteur du délit, à charge par lui de fournir la preuve contraire. — Cass., 28 mars 1829, Turrel, [P. chr.]; — 14 avr. 1848, Godin, [*Bull. for*, 4. 488]; — 21 juin 1884, Valadier. [*Rép. for.*, 11.169] — Nancy, 22 juill. 1846, Gousson, [*Bull. for.*, 3.384] — Colmar, 20 juin 1854, Kientz, [*Bull. for.*, 6.255] — Grenoble, 12 déc. 1867, Vieux-Janton, [*Rép. for.*, 4.88] — Chambéry, 27 avr. 1876, Mugnier, [*Rép. for.*, 7.159] — Trib. corr. Nantua, 1er mai 1874, Levrat et Pinard, [*Rép. for.*, 6.72] — V. aussi Cass., 5 févr. 1830, Sauvan et Borel, [P. chr.]; — 13 févr. 1833, C..., [S. 33. 1.193]; — 15 avr. 1833, Tassy, [P. chr.]

399. — En principe, les constatations faites dans un procès-verbal produisent leur effet, quelles que soient les allégations ultérieurement produites dans un second procès-verbal, lors même que ces allégations émaneraient du garde qui a rédigé le premier. Ainsi jugé que le garde rédacteur du procès-verbal ne pourrait, par une déclaration postérieure en opposition avec le contenu de cet acte, détruire la foi qui lui est due. — Montpellier, 19 nov. 1840, Cros, [P. 47.1.717, en note] — N'est pas contraire à ce principe la décision qui admet, à la suite d'un procès-verbal, qu'il soit possible de rectifier, dans un second acte, les nom et prénoms du prévenu, qui avait trompé le garde par une fausse déclaration. — Metz, 14 mai 1845, Andrès, [P. 47.1.717]

2o *Procès-verbaux faisant foi jusqu'à preuve contraire.*

400. — La combinaison des art. 176 et s., C. for., détermine dans quelles conditions les procès-verbaux des agents et des gardes forestiers font foi jusqu'à preuve contraire. Il faut distinguer, à cet égard, suivant le nombre des fonctionnaires qui ont signé le procès-verbal, et suivant l'importance des condamnations encourues. Le grade du fonctionnaire est indifférent.

401. — Pour que le procès-verbal ne fasse foi que jusqu'à preuve contraire, il faut qu'il ne soit dressé et signé que par un seul agent ou garde; que le délit ou la contravention entraîne une condamnation de plus de 100 fr., tant pour amende que pour dommages-intérêts. L'amende qui doit être mise en ligne de compte est le maximum de l'amende possible, d'après l'article de la loi forestière applicable à l'infraction. Les dommages intérêts doivent être évalués au chiffre de l'amende (Arg. art. 202, C. for.), ou au chiffre de la demande formulée par la partie civile, si ce chiffre est supérieur à l'amende simple. — V. *infrà*, n. 818 et s.

402. — Jugé, d'ailleurs, qu'il ne faut prendre en considération, pour l'évaluation des condamnations pécuniaires, que les sommes à payer pour amendes et dommages-intérêts, mais non celles que le délinquant peut avoir à verser à titre de représentation des objets confisqués comme ayant servi à commettre le délit. — Nîmes, 21 janv. 1841, Issoire, [P. 41.1.503]

403. — L'emprisonnement étant considéré comme une peine plus grave que toutes les condamnations pécuniaires, il en résulte que si le délit ou la contravention comporte un emprisonnement, quelque minime qu'en soit la durée, le procès-verbal dressé par un seul agent ou garde ne fait foi que jusqu'à preuve contraire.

404. — Dans ces conditions, le procès-verbal emporte sans doute une présomption légale de véracité des faits qui s'y trouvent constatés, suffisante pour entraîner la conviction des juges; mais cette présomption n'est pas absolue, elle cède devant la preuve contraire réclamée et administrée par le prévenu (Puton, *Lég. for.*, p. 123). Toutefois, le juge doit attendre que la preuve contraire soit demandée; il ne pourrait l'ordonner d'office, dans le silence du prévenu, ni alléguer, pour refuser au procès-verbal sa force probante, que des faits contraires à ceux qu'il constate seraient résultés des débats. — Cass., 14 janv. 1830, Girobert, [S. chr.]

405. — Mais, du moment où la preuve contraire est offerte

et fournie, le juge recouvre sa liberté d'appréciation, et le procès-verbal n'est plus qu'un témoignage écrit, de la même force que ceux qui servent pour la constatation des délits communs (C. instr. crim., art. 154 *in fine*). Cette preuve contraire ne résulterait pas d'une simple dénégation du prévenu, ni même de certificats par lui produits; elle doit consister dans des témoignages ou dans des actes écrits tendant à démontrer l'erreur dans laquelle est tombé le garde rédacteur et les inexactitudes du procès-verbal. Ainsi jugé que la force probante d'un procès-verbal n'est pas détruite par un certificat du maire constatant des faits de force majeure, surtout lorsque ces faits sont repoussés par les termes mêmes du procès-verbal. — Cass., 31 mai 1833, Tarby, [S. 33.1.812, P. chr.]

406. — Lorsque le prévenu a combattu le procès-verbal par des preuves contraires, l'administration peut pareillement corroborer les énonciations du procès-verbal, soit par d'autres actes de même nature, soit par des témoignages du garde ou d'autres personnes (C. for., arg. art. 178). Mais si aucune preuve ni aucun témoignage n'ont été allégués contre la preuve contraire, le tribunal ne peut mettre à la charge de l'administration de le corroborer par d'autres preuves. — Cass., 22 déc. 1831, Faure, [S. 31.1.318, P. chr.]

407. — La distinction entre les procès-verbaux faisant foi jusqu'à preuve contraire ou jusqu'à inscription de faux, ne doit être faite que pour les délits constatés par les agents ou préposés de l'administration forestière. Les procès-verbaux qui émanent des gardes forestiers des particuliers ne font jamais foi que jusqu'à preuve contraire, lors même qu'ils seraient rédigés par plusieurs gardes et quelle que soit l'importance des condamnations à encourir (C. for., art. 188).

3o *Procès-verbaux faisant foi jusqu'à inscription de faux.*

408. — Ce sont ceux qui sont dressés et signés par deux agents ou gardes, quels que soient la nature et le montant des condamnations auxquelles les délits et contraventions peuvent donner lieu (art. 176); et ceux qui, n'étant dressés et signés que par un seul agent ou garde, constatent un délit ou une contravention qui n'entraîne aucun emprisonnement ou une condamnation ne dépassant pas 100 fr., tant pour amende que pour dommages-intérêts (art. 177). — Puton, *Lég. for.*, p. 122.

409. — Jugé que le procès-verbal dressé par un agent forestier fait foi jusqu'à inscription de faux, lorsque les divers délits constatés par ce procès-verbal n'entraînent pas pour chacun des prévenus et pour chaque délit une condamnation de plus de 100 fr., tant pour amendes que pour dommages-intérêts (C. for., art. 177, § 2). — Cass., 26 sept. 1833, Subiano, [P. chr.]

410. — Dans ces circonstances, et lorsque d'ailleurs le procès-verbal est régulier en la forme, le tribunal ne peut renvoyer le prévenu des poursuites, sous le prétexte que la preuve n'est pas suffisante. — Cass., 26 sept. 1833, Ferrier, [P. chr.] — Le juge ne pourrait ordonner non plus la comparution des rédacteurs pour leur demander les explications sur les faits par eux légalement constatés, les explications de cette nature pouvant affaiblir ou altérer la foi due au procès-verbal. — Montpellier, 19 nov. 1840, Cros, [Meaume, *Comment.*, n. 1259] — V. *suprà*, n. 383.

411. — Lorsqu'il est établi par un procès-verbal régulier qu'un pied cornier et une certaine quantité de bois ont été coupés en délit à l'ouïe de la cognée par les ouvriers de l'adjudicataire, qui en est responsable aux termes de l'art. 46, C. for., ce procès-verbal ne pouvant donner lieu à des condamnations excédant 100 fr., le tribunal viole la foi qui lui est due jusqu'à inscription de faux, en renvoyant l'adjudicataire des poursuites de l'administration forestière. — Cass., 6 mars 1834, Dubic, [P. chr.]

412. — Comme conséquence de la présomption absolue de véracité attribuée par la loi aux procès-verbaux, l'art. 176 déclare qu'il ne sera admis aucune preuve outre ou contre le contenu de ces procès-verbaux, à moins qu'il n'existe une cause légale de récusation contre l'un des signataires. Les causes de récusation sont énumérées aux art. 156 et 322, C. instr. crim., en ce qui concerne l'audition des témoins, auxquels doivent être assimilés les rédacteurs des procès-verbaux. Toute autre cause non écrite dans ces articles ne peut y être ajoutée sous prétexte d'analogie.

413. — Lorsque la récusation est admise, le procès-verbal perd toute force probante, s'il n'était rédigé que par un seul garde. S'il y avait deux rédacteurs et que l'un d'eux soit récusé, le procès-verbal continue à valoir, mais seulement comme s'il n'était rédigé que par une seule personne.

414. — Malgré les termes restrictifs de l'art. 176, le principe suivant lequel aucune preuve n'est admise outre ou contre le procès-verbal, souffre encore d'autres exceptions, en dehors de la récusation : d'abord en cas de nullité du procès-verbal, soit pour vices de formes, soit pour incompétence des rédacteurs; ensuite, lorsque la preuve doit porter sur des faits qui ne sont pas contenus dans le procès-verbal; mais on ne peut dire alors qu'elle tend à détruire la foi due à cet acte; enfin, lorsque le procès-verbal est attaqué par la voie de l'inscription de faux.

4° Procédure de l'inscription de faux, au sujet des procès-verbaux forestiers.

415. — L'inscription de faux est un moyen extraordinaire donné par la loi pour faire tomber la présomption de véracité due aux actes authentiques. On ne peut l'employer, à l'égard d'un procès-verbal, qu'à défaut de tout autre moyen pouvant conduire au même résultat : ainsi, contre un procès-verbal entaché de nullité, il suffit de démontrer, par les voies ordinaires, que les formalités imposées par la loi n'ont pas été remplies.

416. — L'inscription de faux, dont les formes sont indiquées, en matière forestière, par les art. 179-181, C. for., constitue un incident de la poursuite intentée devant le tribunal répressif. Le faux incident forestier est la voie ouverte au délinquant pour faire rejeter comme faux ou falsifié le procès-verbal qui sert de base à la poursuite. Il est donc tout à fait distinct du faux principal, action criminelle, intentée par le ministère public pour obtenir la punition du faussaire.

417. — Les règles de l'inscription de faux, en matière forestière, sont calquées sur celles de la loi du 1er germ. an XIII, en matière de contributions indirectes, et aussi sur celles de la loi du 9 flor. an VII, applicables en matière de douanes. Toutes ces lois spéciales ont pour droit commun les art. 215-245, C. proc. civ., et les art. 448-464, C. instr. crim., relatifs au faux incident, lorsqu'il se présente dans le cours d'une action civile ou répressive.

418. — Il en résulte que, pour toutes les questions non réglées par la loi forestière, au sujet du faux incident, on est en droit d'invoquer les dispositions de la loi générale (V. *infrà*, n. 419, 434 et s.). Le Code forestier, en effet, ne s'occupe que des formes de l'inscription et de son admission, il ne vide pas la question au fond, en ce qui concerne la déclaration de fausseté du procès-verbal pour lequel l'inscription a été admise. — V. *infrà*, v° *Faux incident.*

419. — D'après l'art. 179, C. for., le prévenu qui veut s'inscrire en faux doit en faire la déclaration au greffe du tribunal saisi de la poursuite, avant l'audience indiquée par la citation. Le prévenu doit-il, au préalable, conformément à l'art. 458, C. instr. crim., faire sommation à la partie poursuivante de déclarer si elle entend se servir de la pièce, et le procès-verbal est-il rejeté de l'instance si un délai de huit jours s'écoule sans réponse (art. 459)? Malgré le silence de la loi forestière, on doit croire que ces dispositions de la loi générale sont pleinement applicables.

420. — Lorsqu'un procès-verbal étant rédigé contre plusieurs prévenus, un ou quelques-uns d'entre eux seulement s'inscrivent en faux, le procès-verbal continue de faire foi à l'égard des autres, à moins que le fait sur lequel il porte ne soit indivisible et commun aux autres prévenus (C. for., art. 181).

421. — L'inscription doit être faite par écrit et en personne. Toutefois, il n'est pas nécessaire que l'acte de déclaration soit écrit entièrement de la main du déclarant, il peut l'être par le greffier, et la signature du déclarant est seule indispensable. Et encore, dans le cas où le prévenu ne saurait ou ne pourrait signer, la mention expresse de cette circonstance, faite par le greffier, suffit. Enfin, le prévenu peut se faire remplacer par un mandataire; en mandataire ou fondé de pouvoirs doit avoir reçu pour la déclaration un mandat spécial par acte notarié. Il doit d'ailleurs observer les formes imposées au prévenu lui-même.

422. — C'est au prévenu qui s'inscrit en faux contre un procès-verbal à prouver que sa déclaration a été reçue au greffe dans les formes et les délais de l'art. 179, C. for. — Cass.,

11 juill. 1867, et Grenoble, 12 déc. 1867, Vieux-Janton, [S. 86. 1.275]

423. — L'inscription doit être réalisée avant l'audience indiquée dans la citation. Toutefois, le prévenu contre lequel a été rendu un jugement par défaut est encore admissible à faire sa déclaration d'inscription de faux pendant le délai qui lui est accordé par la loi pour se présenter à l'audience sur l'opposition par lui formée (C. for., art. 180), c'est-à-dire avant l'audience pendant laquelle il sera statué sur le bien-fondé de cette opposition.

424. — Lorsque, par suite de la non-comparution du prévenu au jour indiqué par la citation sans qu'aucun défaut ait été requis contre lui, le tribunal s'est borné à ordonner une remise de cause, l'inscription de faux contre le procès-verbal peut être formée jusqu'au jour où la cause a été renvoyée. — Cass., 13 févr. 1847, Delahaye, [S. 47.1.318, P. 47.2.62, D. 47.1.139] — Jugé, au contraire, dans des conditions un peu différentes, que l'art. 179, C. for., mentionnant expressément l'audience indiqué par la citation, si la cause est appelée plusieurs jours après la date portée dans cette citation, la déclaration faite avant le jour où la cause est appelée, mais postérieurement à la date qui précède, doit être considérée comme nulle. — Cass., 17 févr. 1837, Forestier, [D. *Rép.*, v° *Forêts*]

425. — Lorsque l'inscription a été formée le jour même de l'audience indiquée par la citation, sans que l'acte qui la constate fasse mention de l'heure à laquelle la déclaration a été reçue au greffe du tribunal, cette déclaration doit être considérée comme tardive, à moins que le prévenu ne prouve qu'elle a été réellement effectuée avant l'audience. — Cass., 31 juill. 1867, et Grenoble, 12 déc. 1867, Vieux-Janton, [*Rép. for.*, 4.88] — La déclaration faite pendant le cours de l'audience serait tardive et irrecevable, alors même qu'elle aurait eu lieu avant l'appel de la cause. — Cass., 1er mars 1839, Brenat, [S. 39.1.780, P. 39.2. 345]

426. — Il en est de même, *à fortiori*, si l'inscription est faite après la comparution du prévenu. Peu importe qu'à l'audience où il s'est présenté il n'ait été prononcé qu'une simple remise de cause. — Cass., 18 mars 1836, Desquiron, [S. *ubi suprà*, à la note]; — 12 janv. 1838, Terrot, [S. 38.1.923, P. 38.1.630, P. 38.1.178]; — 27 nov. 1874, Folacci, [S. 75.1.44, P. 75.70] — Meaume, *Comment.*, t. 2, n. 1285.

427. — Au jour indiqué pour l'audience, le tribunal donne acte de la déclaration et fixe un délai de trois jours au moins, huit jours au plus, pendant lequel le prévenu doit faire au greffe le dépôt des moyens de faux (art. 179, § 3). On ne doit point conclure de ce texte que dans tous les cas le tribunal est tenu de prononcer le sursis : il doit auparavant examiner si la déclaration est régulière, quant à la forme et au temps; dans le cas seulement où cette régularité est constatée, l'art. 179, § 3, est applicable. Mais, au cas contraire, la déclaration est censée non avenue et ne produit aucun effet.

428. — Le tribunal ne pourrait dépasser la limite extrême de huit jours indiquée dans l'art. 179. Il ne pourrait par exemple, au cas d'une inscription de faux contre un procès-verbal relatant un délit d'adjudicataire, retarder jusqu'au récolement l'admission des moyens de faux. — V. en sens contraire, au sujet d'un entrepreneur de coupe affouagère, Chambéry, 30 août 1882, Commune de la Beaume, [*Rép. for.*, 10.297, avec les observations de M. Meaume]

429. — Le prévenu de délit forestier, qui s'est inscrit en faux contre le procès-verbal, n'est pas tenu de signifier à l'administration des forêts les moyens de faux dont il entend se prévaloir. D'après les termes de l'art. 179, C. for., il lui suffit de faire au greffe le dépôt de ses moyens dans le délai fixé par le tribunal correctionnel; l'art. 229, C. proc. civ., est ici inapplicable. — Bastia, 30 oct. 1865, Battisti, [*Rép. for.*, 3.348]

430. — Le tribunal apprécie souverainement la pertinence et l'admissibilité des moyens de faux qui ont été déposés, et il décide s'ils sont ou non de nature à détruire l'effet du procès-verbal. Jugé, par exemple, lorsque le prévenu offre de prouver que les bois trouvés en sa possession et dont il se prétend propriétaire ne présentent aucune similitude avec les souches d'arbres coupés en délit et qu'il ajoute que les circonférences sont différentes, que ce moyen est pertinent, admissible, et ne peut être rejeté sans violation de la loi. — Cass., 27 nov. 1890, Bogain, [*Rép. for.*, 91.103]

431. — Après avoir examiné la nature et la valeur des moyens de faux proposés, le tribunal, par un second jugement, déclare s'il y a lieu ou non d'admettre ces moyens. Aucun délai n'est imparti pour ce second jugement. Par suite, lorsqu'à l'expiration du délai de trois à huit jours fixé par le premier jugement, ni le délinquant ni l'administration ne se sont présentés, le tribunal peut reprendre l'examen des moyens de faux à une autre audience : l'échéance du délai de l'art. 179 n'élève pas, en pareil cas, une fin de non-recevoir contre l'inscrivant. — Cass., 26 avr. 1845, Romeuf, [S. 45.1.550, P. 45.2.181]

432. — Si le tribunal n'admet pas les moyens de faux, l'inscription est réputée non avenue, le procès-verbal conserve toute sa force, et l'instance correctionnelle peut continuer son cours. Le prévenu doit être condamné à l'amende de 300 fr., prévue par les art. 246, 247, C. proc. civ. Il en est ainsi toutes les fois que, pour quelque motif que ce soit, l'inscription de faux ne produit pas son effet. — V. Trib. d'Yvetot, 9 nov. 1842, Foutrel, [*Bull. for.*, 1.259] — ... Sans préjudice des dommages-intérêts auxquels peut avoir droit l'auteur de l'acte argué de faux ; cette condamnation peut être prononcée par le tribunal répressif lorsqu'il y a eu constitution de partie civile. — Trib. Grenoble, 28 mars 1877, Martin Piot, [*Rép. for.*, 8.27]

433. — Les amendes et dommages-intérêts ci-dessus sont prononcés à l'une quelconque des phases de la procédure en faux incident civil, toutes les fois que le prévenu qui s'est inscrit en faux ne parvient pas à faire valider son inscription ou à faire rejeter comme fausse la pièce incriminée. — Mêmes Jugements.

434. — Si, au contraire, les moyens de faux sont admis par le jugement, le procès-verbal est provisoirement anéanti, et il est impossible d'en faire usage pour les poursuites correctionnelles tant qu'il n'aura pas été statué définitivement sur le faux, conformément au droit commun (C. for., arg. art. 179) L'admission des moyens de faux peut être en effet le point de départ d'une poursuite en faux principal ou d'une décision déclarant ou non la fausseté de la pièce (C. instr. crim., art. 459).

435. — La poursuite en faux principal, qui a pour résultat de faire traduire en cour d'assises l'auteur du faux matériel ou intellectuel, peut être intentée à un moment quelconque, dans le cours de l'instance correctionnelle. Elle oblige le tribunal saisi à surseoir jusqu'à la clôture de l'instruction, qui doit être suivie conformément à l'art. 460, C. instr. crim. — Bastia, 30 oct. 1865, précité.

436. — Cette poursuite en faux principal ne peut être dirigée que par le ministère public, qui saisit, lorsqu'il l'estime convenable, le juge d'instruction. Le président du tribunal correctionnel, qui a admis comme pertinente et régulière l'inscription de faux, ne saurait donc être valablement chargé « d'instruire sur le faux ». Ou tout au moins ces termes ne peuvent s'entendre que des mesures à prendre pour faire déclarer la fausseté de la pièce, conformément aux art. 234, 241, C. proc. civ., qui constituent le droit commun en cette matière et sont par conséquent applicables, même pour le faux incident devant un tribunal correctionnel. — V. cep. Pau, 18 avr. 1885, Berhouet, [*Rép. for.*, 11.352]

437. — L'art. 179, C. for., bien que ne prévoyant pas la suite de la procédure en faux incident et s'arrêtant au second jugement qui statue sur l'admission des moyens, ne ferait pas obstacle cependant à ce que l'administration forestière, après un jugement d'admission du moyen de faux, poursuivît jusqu'au bout l'instance, dans le but de faire statuer définitivement dans le sens des art. 234 et s., C. proc. civ. Dans le cas où un troisième jugement déclarerait que la présomption de faux n'est pas confirmée, le procès-verbal recouvrerait ainsi toute sa valeur et les effets de l'inscription seraient rétroactivement effacés.

438. — Un droit semblable appartient à l'administration des contributions indirectes, par exemple, en vertu de l'art. 40, L. 1er germ. an XIII, qui est calqué l'art. 179, C. for. Si, dans la pratique, les agents forestiers ne l'utilisent pas, c'est qu'ils ont la ressource de la preuve testimoniale, dont ne peuvent faire usage les administrations similaires. Il n'y aurait intérêt à poursuivre jusqu'au bout, en matière forestière, la procédure en faux incident, qu'au cas où le seul témoin du délit serait le garde rédacteur du procès-verbal argué de faux, et si ce garde était mort ou dans l'impossibilité de déposer lors de l'instance correctionnelle.

CHAPITRE V.

POURSUITES.

SECTION I.

Poursuites à l'occasion des délits commis dans les bois soumis au régime forestier.

§ 1. *Action publique.*

1° Par qui est exercée l'action publique en matière forestière.

439. — En vertu de l'art. 159, C. for., l'administration forestière est chargée des poursuites en réparation de tous délits et contraventions commis dans les bois soumis au régime forestier. Le droit ainsi conféré à l'administration forestière est plus étendu que celui qui appartient ordinairement aux parties civiles : il s'applique en même temps à l'exercice de l'action publique.

440. — On a depuis longtemps démontré que tel est le sens qu'il faut attacher aux termes « poursuites en réparation » employés dans l'art. 159. S'il ne s'agissait que de l'action civile, ce texte ne pourrait recevoir d'application dans les cas assez nombreux où les infractions forestières ne comportent point d'action civile. — V. Meaume (*Commentaire*, t. 2, n. 1116), combattant le système de Le Sellyer. — Cass., 8 mai 1835, Guestier, [S. 35.1.739, P. chr.] — Depuis la loi du 18 juin 1859, qui donne à l'administration le droit de transiger avant jugement sur les mêmes poursuites, cette interprétation est encore moins douteuse.

441. — Mais l'exercice de l'action publique n'appartient à l'administration forestière qu'en ce qui concerne les infractions purement forestières, à l'exclusion des délits de droit commun ou prévus par la loi pénale ordinaire. Il ne suffit donc pas que l'infraction porte atteinte au sol forestier, pour que les agents de l'administration des forêts puissent exercer la poursuite. — *Contrà*, Meaume, *Commentaire*, t. 2, n. 1120, citant Dijon, 13 févr. 1833, Bony, au sujet du délit de comblement des fossés de l'art. 456, C. pén.

442. — Jugé, en ce sens, que l'administration des forêts est sans droit pour poursuivre les délits *communs* commis dans les bois soumis au régime forestier. — Cass., 16 août 1838, Muel, [P. 38.2.384]; — 4 janv. 1855, Münsch, [S. 55.1.223, P. 55.1.567, D. 55.1.15]; — 20 mars 1858, Lacour, [S. 58.1.564, P. 58.635, D. 58.1.191] — V., pour l'application de l'art. 388, C. pén., une dissertation de M. Puton, *Rép. for.*, t. 7, p. 49-53 (1877).

443. — Les conditions nécessaires pour que l'infraction ait le caractère de délit forestier et soit de nature à être poursuivie par l'administration forestière sont les suivantes : il faut que le délit ait été commis dans une forêt soumise au régime forestier ; qu'il soit prévu et puni par la loi forestière ; qu'il porte une atteinte directe et immédiate au sol forestier.

444. — Des *vacants* appartenant à l'État, confinant immédiatement à une forêt domaniale, et soumis pour ce motif à la régie de l'administration forestière, doivent être considérés comme une dépendance du sol forestier ; par suite, l'administration a le droit de poursuivre les délits de dépaissance qui s'y commettent. — Cass., 5 juill. 1872, Abat, [S. 73.1.47, P. 73.76, D. 72.1.285] — Cass. réun., 12 mars 1874, Abat, [S. 74.1.453, P. 74.1131, D. 75.1.480]

445. — L'administration forestière a qualité pour poursuivre le délit d'extraction de phosphates sous le sol d'un chemin faisant partie d'une forêt communale soumise au régime forestier. Il importe peu que ce chemin ait été classé comme rural, si, malgré ce classement, l'administration des forêts l'a constamment considéré comme faisant partie de la forêt, alors surtout qu'après comme avant le classement elle a pourvu à son entretien, qu'elle en a vendu les herbes, et qu'elle a fait payer des indemnités pour passage, notamment à l'un des prévenus. — Nancy, 11 juin 1885, Bertin et Lendormi, [*Rép. for.*, 11.372]

446. — Bien que les dunes plantées en bois aux frais de l'État, en exécution du décret du 14 déc. 1810 (art. 5), ne cessent pas d'appartenir aux propriétaires du sol, elles se trouvent soumises au régime forestier à raison du droit de jouissance exclusive dont elles sont grevées par ce décret au profit de l'État. En conséquence, l'administration des forêts a qualité pour exercer l'action en réparation des délits et contraventions qui peuvent y être commis. — Cass., 2 août 1867, Simard de Pitray, [*Rép. for.*, 4.37] — V. *infrà*, v° *Dunes.*

447. — L'exercice, par l'administration forestière, des actions en réparation de délits commis dans une forêt communale, a lieu sans qu'il soit besoin du concours ni de l'intervention de la commune, qu'il s'agisse de l'amende ou même de dommages-intérêts. Spécialement, le prévenu serait non-recevable à se plaindre du défaut d'intervention de la commune. — Cass. 2 sept. 1830, Projean, [P. chr.] — Cass. Belge, 2 juin 1835, Lambot, [P. chr.] — Metz, 3 janv. 1824, N..., [P. chr.]

448. — Les conditions de la soumission au régime forestier, en ce qui concerne les forêts communales, doivent être remplies antérieurement au délit qu'il s'agit de poursuivre. A l'inverse, il importe peu que, postérieurement, la distraction ait été prononcée. Ainsi jugé que la décision administrative qui distrait un bois communal du régime forestier n'a pas pour effet d'annuler les conséquences légales de la soumission antérieure; par suite, sont valables les poursuites exercées par les agents forestiers pour un délit commis antérieurement à la distraction. — Cass., 7 oct. 1847, Robert, [*Bull. for.*, 4. 428] — V. aussi Cass., 14 mai 1830, Lannelongue, [S. et P. chr.]; — 19 mai 1853, Leca, [*Bull. for.*, 4. 106]

449. — Bien qu'il s'agisse essentiellement, dans l'art. 159, des infractions commises sur le sol même de la forêt, certains délits, quoique commis en dehors de la forêt, n'en ont pas moins le caractère de délits forestiers, et peuvent être l'objet de poursuites de la part des agents de l'administration. Ainsi en est-il des délits de construction à distance prohibée, pour lesquels les art. 151, 158, C. for., impliquent nécessairement l'intervention des agents forestiers (V. *infrà*, v° *Forêts*). De même pour le délit de l'art. 448, C. for., lorsque le feu a été allumé dans une zone de 200 mètres autour de la forêt soumise au régime forestier. — V. *suprà*, n. 170 et s.

450. — Enfin, l'art. 159, § 2, donne explicitement aux agents forestiers le droit de poursuite pour certains délits commis dans des forêts non soumises au régime forestier. Les art. 134 (bois de marine) et 143 (travaux du Rhin) n'ont pas aujourd'hui d'application; mais le renvoi à l'art. 219 donne aux agents forestiers le droit de poursuivre les délits de défrichement commis dans les bois des particuliers. — V. *suprà*, v° *Défrichement.*

451. — Aux délits prévus et punis par le Code forestier, on assimile les délits de chasse commis dans les bois soumis au régime. Cette assimilation fondée, en ce qui concerne la répression des délits, sur un arrêté du Directoire du 28 vendém. an V, était déjà admise avant la loi du 3 mai 1844 ; elle a été consacrée depuis par une nombreuse jurisprudence. — V. *suprà*, v° *Chasse*, n. 1693 et s.

452. — Enfin, pour que l'infraction prévue et punie par le Code forestier soit susceptible d'être poursuivie par l'administration forestière, il faut qu'elle constitue une atteinte directe et immédiate à la propriété forestière; sans quoi on ne peut dire qu'elle a été commise *dans* les bois et forêts. C'est pourquoi les délits des art. 18, 19, 21 et 22, C. for., commis à l'occasion de l'adjudication des coupes, ne peuvent être poursuivis par les agents forestiers, en ce qui concerne l'action publique. — V. *infrà*, v° *Forêts.*

453. — L'administration forestière, dans l'exercice des actions de sa compétence, est valablement représentée par son chef, le directeur des forêts. — Cass., 21 mars 1840, Brunet, [S. 40. 1.816, P. 40.2.526] — Il a été jugé, avant le Co le forestier, que les actions en matière forestière ne peuvaient être suivies qu'à la requête de l'administration elle-même, et non pas à la diligence de certains agents forestiers; en conséquence, la citation notifiée à la requête d'un inspecteur a été déclarée nulle. — Cass., 29 oct. 1824, Farel, [S. et P. chr.] — Actuellement, les citations sont adressées « à la requête de l'administration des forêts, poursuites et diligences de l'agent forestier local » (généralement l'inspecteur des forêts).

454. — Le droit de poursuite de l'administration des forêts s'exerce « sans préjudice du droit qui appartient au ministère public » (C. for., art. 159, § 3). On a déduit de ce texte qu'il existe une concurrence d'attributions entre le ministère public et les agents forestiers, en ce qui concerne la poursuite des délits en matière forestière. Jugé, en conséquence, que l'administration forestière, partie poursuivante, peut être valablement représentée à l'audience par le magistrat du ministère public; et qu'elle n'a

pas besoin d'être représentée par un de ses agents. — Cass., 28 oct. 1892, Lemonnier, [S. et P. 93.1.168]

455. — De même, l'appel interjeté par le ministère public en matière forestière profite à l'administration, qui a le droit de le soutenir. — Cass., 27 janv. 1837. Bonneval et Mathieu, [S. 38. 1.922, P. 38.1.17] — V. Cass., 20 mars 1830, Henry, [S. et P. chr.]; — 25 janv. 1837, Benoît, [P. chr.] — V. *infrà*, n. 822 et s.

456. — De cette concurrence d'attributions on a aussi déduit que le ministère public a qualité pour exercer les actions forestières d'une manière aussi complète que l'administration elle-même. Il peut donc conclure non seulement à l'application des peines, telles que les amendes, mais encore aux réparations civiles, telles que restitutions et dommages-intérêts. — Cass., 8 mai 1835, Riff, [S. 35.1.739, P. chr.] — Il en est de même en appel. — Cass., 20 mars 1830, précité.

457. — Enfin, lorsque l'administration forestière succombe dans les poursuites qu'elle a intentées, elle ne saurait être condamnée à des dommages-intérêts récursoires au profit du prévenu, attendu que, dans de semblables circonstances le ministère public, auquel elle est assimilée, ne serait pas passible de ces condamnations. — V. *Dissertation*, *Rép. for.*, t. 4, p. 123.

458. — Mais, il n'en est ainsi qu'en supposant que l'administration forestière s'est bornée à exercer l'action publique. Si l'administration des forêts doit être assimilée au ministère public et profiter de ses immunités lorsqu'elle exerce des poursuites dans un intérêt public, il n'en saurait être de même quand elle agit comme partie civile, dans le but d'obtenir la réparation du dommage causé dans une forêt confiée à sa surveillance; dans ce cas, elle peut être condamnée à des dommages-intérêts au profit des prévenus qu'elle a indûment poursuivis. — Montpellier, 18 août 1868, Casanova et Orsati, [*Rép. for.*, 4.286]

2° Tribunal compétent. — Privilège de juridiction.

459. — D'après l'art. 171, C. for., toutes les actions en réparation de délits ou contraventions en matière forestière, exercées au nom de l'administration des forêts, sont portées devant les tribunaux correctionnels. Ce texte n'est que la reproduction de l'art. 179, C. instr. crim., qui donne aux tribunaux correctionnels la compétence de tous les délits forestiers poursuivis à la requête de l'administration.

460. — Ces articles établissent une exception aux règles ordinaires de la compétence en matière répressive. Leur but est d'empêcher que les agents forestiers ne soient trop dérangés dans leurs fonctions administratives par l'obligation de poursuivre devant tous les tribunaux de simple police de leur circonscription les contraventions en matière forestière : ils n'auront ainsi à assister qu'à une seule audience, celle du tribunal correctionnel. — V. *suprà*, v° *Compétence criminelle*, n. 544 et s.

461. — Il en résulte que le mot *délit*, en langage forestier, n'est pas toujours pris dans son sens légal, mais est employé comme terme générique comprenant aussi les faits qualifiés contraventions par le Code pénal. — Cass., 24 mai 1850, Jacquelin, [S. 50.1.760, P. 53.1.92, D. 50.5.244] — En matière forestière, lorsque la poursuite est exercée par les agents forestiers, le tribunal correctionnel peut donc connaître d'infractions réprimées par un emprisonnement de cinq jours et au-dessous, ou par une amende de 1 à 15 fr., c'est-à-dire de véritables contraventions, quel que soit le nom dont elles soient désignées. — V. Orléans, 11 févr. 1850, Jacquelin, [P. 50.1.367, D. 50.2.189]

462. — Toutefois, l'art. 171, C. for., ne déroge pas aux principes du privilège de juridiction, établi en faveur des magistrats et des officiers de police judiciaire par les art. 479, 483 et s., C. instr. crim. — Amiens, 8 janv. 1874, Pelletier, [S. 74.2.3, P. 74. 82, D. 74.5.273] — V. *suprà*, v° *Compétence criminelle*, n. 87 et s.

463. — Les agents forestiers, qui n'ont jamais le caractère d'officiers de police judiciaire, ne profiteront jamais du privilège de juridiction pour faits commis dans l'exercice de leurs fonctions. Au contraire, les préposés forestiers, les gardes par exemple, pour tous les délits commis dans leur triage, sont réputés dans l'exercice de leurs fonctions de surveillance, et à raison de leur qualité d'officiers de police judiciaire sont traduits devant la chambre civile de la cour d'appel, qu'il s'agisse de délits proprement dits ou de simples contraventions. — Cass., 9 avr. 1842, Bernard, [S. 42.1.801, P. 42.2.452]

464. — Jugé, au contraire, que le garde forestier qui se rend coupable d'un délit de chasse dans un champ en pâture en se rendant à son triage ne peut être réputé avoir agi dans l'exercice de ses fonctions; il est par suite justiciable des tribunaux correctionnels. — Cass., 8 août 1846, Rumeau, [D. 46.1.377]

465. — Il est évident au surplus que si les faits incriminés sont les uns antérieurs, les autres postérieurs à la révocation du garde, c'est seulement pour les premiers que les dispositions extraordinaires des art. 483 et s., C. instr. crim., doivent être observées. — V. Cass., 30 janv. 1845, Jeannin, [P. 45.1.656, D. 45.1.146.259]

466. — Le caractère d'officier de police judiciaire doit être pareillement reconnu au maire ou adjoint qui commet un délit de chasse sur le territoire communal, par exemple dans un bois appartenant à la commune : il est, pour ce fait, justiciable de la première chambre de la cour d'appel. — Cass., 3 avr. 1862, Garnier, [S. 62.1.903, P. 63.295, D. 62.1.387]

467. — L'officier de police judiciaire, — le garde forestier, par exemple, — poursuivi pour fait commis dans l'exercice de ses fonctions, entraîne devant la cour d'appel toutes les autres personnes comprises dans la même poursuite, tels que coauteurs ou complices. — Cass., 5 nov. 1874, Proc. gén. de Bastia, [S. 75.1.438, P. 75.1084, D. 76.1.510] — Nancy, 12 déc. 1867, Gravis et Stater, [Rép. for., 4.215] — Trib. Villefranche, 29 mars 1862, Couty, [Rép. for., 1.358] — V. suprà, v° Compétence criminelle, n. 283 et s.

468. — Le droit de traduire devant la cour d'appel un officier de police judiciaire, à raison d'un délit commis par lui dans l'exercice de ses fonctions, n'appartient qu'au procureur général; par suite, l'administration forestière serait sans qualité pour exercer les poursuites. — Cass., 5 nov. 1874, précité. — Montpellier, 12 nov. 1872, Fabre, [S. 72.2.261, P. 72.1056, D. 72.5. 252.296] — Amiens, 8 janv. 1874, précité. — V. suprà, v° Citation directe, n. 36 et s.

469. — L'art. 171, C. for., concernant la compétence du tribunal correctionnel pour les infractions en matière forestière, est inapplicable en Algérie, où il convient de distinguer d'abord entre les délits commis en territoire civil ou ceux commis en territoire militaire. — Cass., 4 juill. 1856, Delafraye, [Bull. for., 7. 132]; — 4 nov. 1864, Saïd-ben-Mohamed, [D. 65.5.15] — En territoire civil, la compétence attribuée aux juges de paix, par les décrets des 14 mai 1850 et 19 août 1854, s'étend aux délits et contraventions en matière forestière, lors même que la poursuite serait exercée à la requête de l'administration. — Alger, 5 mars 1868, Ahmet-Zarek, [Rép. for., 4.174]; — 27 mai 1887, Bel-Kassem-ben-Ahmed, [Rép. for., 91 114] — V. pour le territoire militaire, suprà, v° Algérie, n. 3615.

470. — L'exception apportée par l'art. 171, C. for., aux règles ordinaires des juridictions ne produit ses effets que lorsque l'action est intentée à l'occasion d'infractions commises dans les bois soumis au régime forestier, que les poursuites soient dirigées par les agents forestiers ou par le ministère public. Les poursuites forestières, intentées par le ministère public, doivent donc être portées devant le tribunal de simple police, en ce qui concerne les contraventions, quel que soit le propriétaire de la forêt où le délit a été commis, du moment où cette forêt n'est pas soumise au régime forestier. — Cass., 16 avr. 1835, Maurice, [P. chr.]; — 29 juill. 1853, Naon, [S. 53.1.786, P. 54.1.28, D. 53.1.238]; — 3 mars 1866, Saux, [D. 67.5.221] — V. infrà, n. 683 et s.

471. — Les infractions commises par des militaires aux lois sur la chasse..., les forêts..., ne sont pas soumises à la juridiction des conseils de guerre (L. 9 juin 1857, sur la justice militaire pour l'armée de terre, art. 273; même disposition pour l'armée de mer, L. 4 juin 1858, art. 372). Les militaires poursuivis au sujet de délits ou de contraventions forestières doivent donc être cités, soit devant le tribunal correctionnel, soit devant le tribunal de simple police, suivant les distinctions qui précèdent.

3° Modes d'extinction de l'action publique.

472. — I. *Prescription.* — L'art. 185, C. for., établit une durée de prescription différente du droit commun, mais seulement lorsque l'infraction a été constatée par procès-verbal. S'il n'a été dressé aucun procès-verbal, les art. 637 et s., C. instr. crim., restent applicables. — V. infrà, n. 482 et s.

473. — Le procès-verbal que suppose l'art. 185, C. for., est celui que dressent les agents et les gardes forestiers, dans les formes des art. 165 et s., C. for. On doit y joindre les procès-verbaux de récolement, à la condition que ces procès-verbaux constatent le délit et ne soient pas simplement des actes administratifs. — Cass., 27 nov. 1874, Folacci, [S. 75.1.44, P. 75.70] — Nîmes, 30 juill. 1868, Miohle, [Rép. for., 4.217] — L'art. 185, C. for., est d'ailleurs pleinement applicable aux délits des adjudicataires de coupes dans les bois soumis au régime forestier. — V. infrà, v° Forêts.

474. — La durée de la prescription spéciale de l'art. 185, C. for., est la même, qu'il s'agisse de délit ou de contravention. Elle diffère seulement suivant que le prévenu est ou non désigné dans le procès-verbal : trois mois lorsque cette désignation existe, six mois au cas contraire. La désignation exigée par l'art. 185, doit être complète, telle qu'il ne puisse y avoir aucun doute sur l'identité du délinquant. — V. Cass., 26 janv. 1816, Roget, [S. et P. chr.] — Mais la simple mention que le garde connaît le délinquant serait insuffisante. — Cass., 8 avr. 1808, Dufour, [S. et P. chr.]

475. — Du moment où il y a eu procès-verbal dressé, cela suffit pour que la courte prescription de l'art. 185, C. for., soit applicable. Peu importe qu'en fait les agents de l'administration aient eu connaissance de l'infraction antérieurement à sa constatation régulière. — Nîmes, 4 juin 1863, Assaud, [Rép. for., 2. 170] — En cas de perte du procès-verbal dans lequel le délit a été constaté, il peut en être dressé un second, pourvu que le délai de trois mois ne soit pas écoulé. — Cass., 16 août 1849, Masini, [P. chr.]

476. — Lorsqu'il y a procès-verbal, peu importe à quelle date le délit a été reconnu par le garde; on ne s'attache, pour la computation du délai de prescription, qu'à la date du procès-verbal. — Cass., 28 août 1851, Dufau, [S. 53.1.51, P. 53.1.51, D. 51.5.280] — Et s'il y a eu deux procès-verbaux successifs pour le même délit, c'est la date du second de ces procès-verbaux qui doit être considérée. — V. Cass., 9 juin 1808, Humbert, [S. et P. chr.]

477. — Le procès-verbal pouvant rester ouvert pendant un certain temps, présente alors parfois une date de clôture différente de la date d'ouverture. Dans ce cas, pour la computation du délai de prescription, c'est la date de clôture qui doit être considérée, parce qu'alors seulement la constatation a été complète. — Cass., 31 août 1850, Monnard, [S. 51.1.383, P. 52.1.76, D. 50.5.364] — Amiens, 18 janv. 1873, Roche, [S. 73.2.73, P. 73.334] — Sic, Meaume, Comment., t. 2, n. 1315; Mangin, Act. publ., t. 2, n. 332.

478. — Peu importent les motifs pour lesquels la rédaction du procès-verbal a été suspendue; les tribunaux n'ont pas à rechercher si ces motifs sont ou non étrangers à la constatation; dans tous les cas ils doivent considérer uniquement la date de clôture. — Contra, Chambéry, 13 juin 1885, Lydrel, [S. 87.2. 206, P. 87.1.1104, D. 87.2.15]

479. — Le délai de prescription de l'art. 185, C. for., se compte par mois, de quantième à quantième, d'après le calendrier grégorien, et non par période de trente jours; ici ne s'applique pas l'art. 40, C. pén., portant que la peine d'un mois d'emprisonnement est de trente jours. — Colmar, 14 mai 1861, Stoecklin, [S. 70.2.177, ad notam, P. 70.713, ad notam, D. 61.2.225]

480. — Doit-on comprendre le jour de la clôture du procès-verbal dans le compte des trois mois ou des six mois de l'art. 185, C. for.? Cette question doit être réglée de la même manière que celle soulevée pour l'application des art. 637 et s., C. instr. crim. Les auteurs et la jurisprudence sont loin d'être d'accord (V. infrà, v° Prescription). Il a été jugé, en matière de délits forestiers, que le dies a quo doit être compté dans le délai. — Pau, 24 janv. 1857, Labégorre, [S. 57.2.381, P. 57.945] — Grenoble, 13 janv. 1859, Joubert, [S. 59.2.137, P. 59.631, D. 59.2. 176] — Sic, F. Hélie, Instr. crim., t. 2, n. 1067.

481. — Lorsque l'infraction n'a pas été constatée au moyen d'un procès-verbal, la courte prescription de l'art. 185, C. for., est inapplicable, et les délais du droit commun doivent seuls être observés. — Cass., 28 août 1851, précité. — Nîmes, 4 juin 1863, Assaud, [Rép. for., 2.170] — Sic, Meaume, Comment., t. 2, n. 1316; Mangin, Action publ., t. 2, n. 333; Th. des Chesnes, Dr. pén. for., p. 127.

482. — En conséquence, pour les délits, le délai de prescription est de trois ans, conformément à l'art. 638, C. instr. crim. — Cass., 5 juin 1830, Milhiet, [S. 31.1.52, P. chr.]; — 15 déc. 1849, Jacquelin, [S. 49.1.366]; — 17 mars 1866, Jourdan, [S.

67.1.47, P. 67.72, D. 66.1.509] — Orléans, 30 avr. 1830, Milhiet, [S. chr., P. sous Cass., 5 juin 1830, précité] — Limoges, 2 févr. 1854, Piquier, [S. 54.2.160, P. 54.2.160, D. 55.5.234]

483. — Pareillement, les infractions forestières donnant lieu à des amendes de 15 fr. et au-dessous se prescrivent par le délai d'un an, comme les contraventions du droit commun, conformément à l'art. 640, C. instr. crim. — Cass., 24 mai 1850, Jacquelin, [S. 53.1.92]

484. — Comme en droit commun, la prescription des délits et contraventions en matière forestière est d'ordre public. Les juges, à défaut du prévenu, doivent suppléer d'office au moyen résultant de la prescription. Les prévenus peuvent en exciper en tout état de cause, en appel, et même, pour la première fois, devant la Cour de cassation. — Cass., 26 févr. 1807, Henry, [S. et P. chr.] — Orléans, 25 avr. 1853, Regnard, [Bull. for., 6.93]

485. — L'art. 185, C. for., n'a pas prévu les conséquences que pourrait avoir, en cette matière, un acte interruptif de la prescription. Il en résulte qu'on doit appliquer les art. 638 et 640, C. instr. crim., sans distinguer s'il y a eu ou non procès-verbal, et quel qu'ait été le délai initial de la prescription.

486. — Donc, pour un délit forestier, après un acte interruptif, le délai de prescription sera toujours de trois ans, à compter de la date de cet acte (C. instr. crim., art. 638). — Cass., 6 févr. 1830, Donnet, [S. et P. chr.]; — 8 mai 1830, Grauss, [S. 31.1.391]; — 16 août 1844, Derrien, [S. 44.2.483] — Nancy, 22 juill. 1846, Garet, [Bull. for., 3.380]

487. — S'il s'agit non de délits, mais de contraventions forestières, c'est le cas d'appliquer l'art. 640, C. instr. crim., aux termes duquel le jugement doit intervenir dans l'année de l'infraction. Les actes interruptifs, autres que le jugement, ne produisent donc pas d'effet en cette matière. — Meaume, Commentaire, t. 2, n. 1319.

488. — D'après l'art. 637, C. instr. crim., l'effet interruptif peut être produit par des actes d'instruction ou de poursuites. Il n'est pas nécessaire, du reste, que ces actes aient été dirigés contre le prévenu; il suffit qu'ils émanent d'une personne compétente. — Meaume, Commentaire, t. 2, n. 1319.

489. — De même, il n'y a pas à distinguer suivant que ces actes sont faits par la partie publique ou par la partie civile; les effets des uns et des autres sont identiques. — Metz, 30 mars 1870, Commune de Fépin, [S. 70. 2.307, P. 70.1157, D. 70.2.111]

490. — Tous actes d'information, antérieurs à la citation, peuvent produire l'effet interruptif (Mangin, Action publique, t. 2, n. 347 et s.). Ainsi la prescription serait interrompue par un mandat d'amener, décerné contre le prévenu par suite d'une procédure instruite tant contre lui que contre des agents forestiers inculpés d'avoir autorisé ses malversations. — Cass., 26 févr. 1807, Grimprel, [P. chr.] — ... Ou par le réquisitoire du ministère public portant dénonciation du fait au juge d'instruction avec invitation d'informer. — Orléans, 25 avr. 1853, Regnard, [S. 54.2.407, P. 53.1.692]

491. — Lorsque la poursuite est dirigée après un acte interruptif, comme elle est fondée sur cet acte, il n'est plus nécessaire que la citation contienne copie du procès-verbal et de l'acte d'affirmation (V. infrà, n. 565 et s.). Ainsi, lorsque le ministère public poursuit après une instruction criminelle contradictoire et une ordonnance de mise en prévention, il suffit que la citation contienne copie des dispositions de ladite ordonnance. — Orléans, 25 avr. 1853, Regnard, [Bull. for., 6.93]

492. — La prescription de l'action en réparation d'un délit forestier est interrompue spécialement par le réquisitoire du procureur général aux fins d'informer tant contre un délit de cette nature que contre un crime de corruption qui y est connexe. — Nancy, 12 déc. 1867, Gravis et Slater, [Rép. for., 4.215] — Mais une note émanée du ministère public, qui ne s'adresse à aucun agent, qui ne contient aucune réquisition ou ordre formel, qui porte simplement la mention suivante : « Citer le 28 février au plus tard », ne constitue pas un acte interruptif de la prescription. — Colmar, 14 mai 1861, Stoecklin, [S. 70.2.177, ad notam, P. 70.713, ad notam]

493. — La citation donnée au prévenu dans un délai utile produit effet interruptif, pourvu qu'elle soit régulière. — Cass., 6 févr. 1830, précité; — 8 mai 1830, précité. — Du moment où les formalités légales ont été remplies en ce qui concerne les conditions essentielles suivant lesquelles la citation doit être dressée, peu importe qu'elle contienne une erreur sur l'indica-

tion de la loi pénale et que cette erreur n'ait été rectifiée par de nouvelles conclusions qu'après expiration du temps requis pour la prescription. — Cass., 5 déc. 1833, Moisson, [P. chr.] — Sic, Mangin, Action publique, t. 2, n. 357.

494. — La citation donnée à l'un des délinquants interrompt la prescription à l'égard de tous. Ainsi, la citation donnée à un adjudicataire de coupe est interruptive de prescription à l'égard des cautions. — Cass., 13 avr. 1833, Jeannot, [S. 35.1.716, P. chr.]

495. — Lorsqu'un jugement correctionnel a été frappé d'appel, il suffit, pour que la prescription de l'action soit acquise, qu'il se soit écoulé trois ans depuis cet appel sans aucun acte d'instruction ni de poursuite. Le jugement, en pareil cas, ne peut être considéré que comme un des actes de la poursuite, aux termes de l'art. 637, C. instr. crim. — Cass., 18 nov. 1857, Lecomte, [Bull. for., 8.76] — Nîmes, 27 mars 1862, Duplantier, [Rép. for., 1.353]

496. — La suspension de la prescription n'a lieu pour les délits forestiers que dans les cas exceptionnels où cette suspension est possible en droit commun. Ainsi en a-t-il été, par application du décret du 14 févr. 1871, pour les délits commis pendant l'occupation du territoire français par l'ennemi.

497. — II. Chose jugée. — Le Code forestier ne contient aucune disposition spéciale sur les effets de la chose jugée en matière forestière. Il y a donc lieu de se reporter, à cet égard, aux principes du droit commun. D'après l'art. 360, C. instr. crim., toute personne acquittée légalement ne peut plus être reprise ni accusée à raison du même fait. — V. suprà, v° Chose jugée, n. 1040 et s.

498. — Toutefois, le même fait matériel, qui a été l'objet d'un jugement d'acquittement, peut, si l'on admet le système de la jurisprudence, servir de base à une nouvelle poursuite, pour peu que la qualification de l'infraction soit différente. — V. suprà, v° Chose jugée, n. 960 et s.

499. — Ainsi jugé que l'arrêt d'une cour d'assises qui acquitte un adjudicataire de coupe poursuivi au criminel sous l'accusation de contrefaçon du marteau de l'État, n'a pas pour effet de faire considérer comme inexacte les énonciations des procès-verbaux par suite desquelles il a été mis en jugement. En conséquence, et nonobstant son acquittement, cet adjudicataire peut être poursuivi correctionnellement à raison des faits constatés par ces procès-verbaux. — Cons. d'Et., 20 avr. 1854, Marcq-Delamour, [P. adm. chr.]

500. — A plus forte raison, de nouvelles poursuites seraient possibles, si le premier jugement n'avait pas statué sur le fond de la prévention et n'avait renvoyé le prévenu que par suite d'une irrégularité de forme; on ne pourrait dire alors qu'il y ait eu chose jugée : par exemple, au sujet d'un adjudicataire de coupe que le tribunal a acquitté en se fondant uniquement sur l'irrégularité du procès-verbal de récolement, lorsque la seconde poursuite est fondée sur un second procès-verbal régulièrement dressé. — Cass., 4 avr. 1806, Laborde. — De même, en matière de chasse, lorsque le relaxe du prévenu provient de l'annulation pour vice de forme du procès-verbal dressé par le garde forestier. — Cass., 11 août 1831, Beffroy et Gelu, [P. chr.]; — 23 juill. 1836, Rouelle, [P. chr.]

501. — La solution serait différente si le jugement du tribunal, bien que motivé uniquement sur la nullité du procès-verbal, avait déclaré mal fondée la poursuite de l'administration : une semblable décision, non attaquée par voie d'appel, rendrait l'administration non-recevable ensuite à prouver par témoins le délit reproché au prévenu.

502. — III. Décès du prévenu. — D'après l'art. 2, C. instr. crim., l'action publique s'éteint par la mort du prévenu (V. suprà, v° Action publique, n. 448 et s.). Ce principe est pleinement applicable aux actions concernant les infractions prévues par le Code forestier : sauf toutefois la possibilité d'exercer l'action, s'il y a lieu, contre les coauteurs ou complices du délit. — V. pour les délits d'adjudicataires, Cass., 5 avr. 1811, Savenich, [P. chr.] — V. infrà, v° Forêts.

503. — Cependant certaines condamnations en matière forestière, bien qu'ayant un caractère pénal, sont plutôt des mesures de protection prises dans l'intérêt de la forêt, et dès lors peuvent être demandées aux tribunaux, lors même que l'auteur du fait incriminé serait décédé : ainsi les démolitions prévues aux art. 151, 158, C. for., pour constructions non autorisées autour des forêts. — V. infrà, v° Forêts.

504. — Doit-on appliquer le même principe aux confiscations que prononce le Code forestier aux art. 146, 154 et 198? D'après un système (D. *Rép.*, v° *Forêts*, n. 443), le caractère des mesures préventives ne pourrait être reconnu qu'à certaines de ces confiscations, ainsi celle prescrite par l'art. 146, les autres ne pourraient être prononcées contre les héritiers du prévenu. Cette distinction nous semble difficile, et nous croyons préférable d'admettre que la confiscation forestière ayant toujours un caractère pénal, ne peut plus être demandée après le décès du prévenu. — V. Mangin, *Action publique*, t. 2, p. 90.

505. — Nous ferions seulement exception pour les confiscations des art. 81, 84, 103, C. for. Il s'agit, dans ces textes, d'une revendication de bois que la loi avait accordés aux usagers ou aux affouagistes sous certaines conditions qui n'ont pas été remplies : il n'y a pas ici, à proprement parler, de confiscation, puisque les bois n'avaient pas été légalement appropriés par les destinataires. La revendication pourrait donc avoir lieu même après le décès des délinquants. — V. *infrà*, v^{is} *Forêts, Usages forestiers.*

506. — Dans le cas de l'art. 154, C. for., au contraire (chantiers ou ateliers établis sans autorisation dans les zones prohibées), c'est bien d'une confiscation qu'il s'agit, puisque les bois à confisquer appartiennent aux propriétaires. Nous croyons donc que l'action ne pourrait être intentée contre leurs héritiers. — V. *infrà*, v° *Forêts.*

507. — IV. *Amnistie.* — L'amnistie a pour effet d'effacer toutes les conséquences pénales des délits forestiers antérieurs à sa publication. Si donc la poursuite n'a pas encore été intentée, elle devient impossible; si elle a été commencée, elle doit être interrompue, et tous les actes déjà intervenus sont réputés non-avenus; enfin le jugement même de condamnation qui aurait été rendu ne peut être mis à exécution. — V. *suprà*, v° *Amnistie*, n. 300 et s.

508. — Les délits amnistiés sont complètement effacés par l'amnistie, lors même qu'ils auraient été l'objet de condamnations exécutées, bien que le décret d'amnistie ne parle que des infractions au sujet desquelles Il n'a pas encore été statué par jugement. Ainsi, la condamnation antérieure à l'amnistie ne peut servir de base à l'application des peines de la récidive pour un délit postérieur. — V. *suprà*, v° *Amnistie*, n. 340 et s.

509. — Les amnisties les plus récentes, en matière de délits forestiers, résultent du décret du 15 janv. 1852, du décret du 16 mars 1856, et enfin de la loi du 19 juill. 1889. — Pour les amnisties forestières antérieures, V. Meaume, *Commentaire*, t. 2, n. 1128.

510. — On doit assimiler à une amnistie, quant à ses effets, l'art. 2 du traité de Francfort du 10 mai 1871, portant qu'aucun habitant des territoires cédés à l'Allemagne ne peut être poursuivi ni inquiété à raison de ses actes politiques ou militaires pendant la guerre. La vente de coupes dans les forêts domaniales par l'autorité allemande constitue un acte politique; par suite, un habitant des pays annexés qui s'est rendu adjudicataire d'une de ces coupes pendant la guerre franco-allemande ne peut être valablement poursuivi. — Nancy, 12 nov. 1873, Signol, [*Rép. for.*, 5.403]

511. — La plupart des amnisties ne sont pas pures et simples, mais exceptent certaines catégories de délinquants (V. *suprà*, v° *Amnistie*, n. 279 et s.). C'est aux tribunaux correctionnels qu'il appartient d'appliquer les ordonnances, lois ou décrets d'amnistie, en déclarant si les personnes qui s'en réclament doivent en bénéficier. — Cass., 26 oct. 1821, Milieu, [S. et P. chr.] — Mais l'amnistie une fois accordée ne pourrait plus être étendue ou restreinte suivant la volonté du pouvoir (dans l'espèce, le souverain) de qui elle émane. — V. en sens contraire, Cass., 8 mars 1811, Labatut, [P. chr.]

512. — L'ordonnance du 28 mai 1825 et le décret du 15 janv. 1852 ont excepté de l'amnistie les adjudicataires de coupes poursuivis pour malversation et abus dans l'exploitation de leurs coupes. Il a été jugé qu'il fallait comprendre dans cette exception l'adjudicataire qui n'avait pas vidé sa coupe dans les délais fixés. — Cass., 4 août 1827, Bouchard, [S. et P. chr.] — Et qu'il fallait entendre par abus et malversation non seulement les délits dont les adjudicataires étaient personnellement les auteurs, mais encore ceux dont ils étaient simplement responsables, faute de les avoir fait constater conformément à l'art. 45, C. for. — Cass., 14 août 1852, Prat, [D. 52.5.21]; — 18 nov. 1852, Tuffery, [*Ibid.*]

513. — Les amnisties de 1856 et 1889 se sont appliquées au

contraire à tous délits et contraventions commis en matière forestière. La généralité de ces termes n'a pas permis d'en refuser le bénéfice aux adjudicataires, pour les délits spéciaux qu'ils avaient commis ou dont ils étaient responsables. Il est également certain que, dans tous les cas, l'amnistie profite, de plein droit, aux complices des faits amnistiés. — V. *suprà*, v° *Amnistie*, n 297.

514. — Quoique l'amnistie s'applique à tous les faits commis antérieurement à sa publication, cependant, s'il s'agit de délits successifs ou permanents, de pareils délits, bien que commencés antérieurement à l'amnistie, ne sont pas couverts par elle s'ils se continuent ensuite : ainsi pour le délit de construction à distance prohibée des forêts (V. *infrà*, v° *Forêts*); pareillement en matière de défrichement, si le défrichement, commencé avant l'amnistie, a été achevé depuis. — Cass., 20 oct. 1832, Jouy, [S. 33.1.653, P. chr.]

515. — L'amnistie établit en faveur des personnes auxquelles elle s'applique une exception péremptoire qui peut être proposée en tout état de cause, même pour la première fois devant la Cour de cassation. Lorsque le fait qui a motivé la condamnation est couvert par une amnistie, le condamné qui a formé le pourvoi a droit à la restitution de l'amende qu'il a consignée. — Cass. crim., 22 janv. 1870, Gayraud, [S. 70.1.324, P. 70.809, D. 70. 1.283] — S'il n'y a pas de partie civile en cause, la Cour de cassation ne prononce aucun renvoi en annulant l'arrêt de condamnation; sinon, elle renvoie devant celle des juridictions de répression qui serait compétente, si le délit n'était pas couvert. — Cass., 27 nov. 1869, Poupier, [S. 70.1.326, P. 70.812, D. 70. 1.139] — Sur les conséquences de l'amnistie au point de vue des réparations civiles, V. *suprà*, v° *Amnistie*, n. 350 et s.

516. — V. *Transaction.* — D'après la loi du 18 juin 1859, modificative de l'art. 159, C. for., « l'administration des forêts est autorisée à transiger, avant jugement définitif, sur la poursuite des délits et des contraventions en matière forestière, commis dans les bois soumis au régime forestier; après jugement définitif, la transaction ne peut porter que sur les peines et réparations pécuniaires ». Il y a donc deux espèces de transactions forestières : celle qui est accordée avant jugement définitif, et qui a pour effet d'éteindre l'action publique; celle qui intervient après jugement définitif, et qui dispense seulement le condamné de subir la peine pécuniaire. — V. *infrà*, n. 964 et s.

517. — Avant 1859, l'administration forestière pouvait seulement user du désistement et de l'abandon de poursuites. La faculté de désistement, reconnue aux agents forestiers par l'art. 183, C. for., au sujet des appels interjetés, et subordonnée à une autorisation spéciale du chef de l'administration, était généralement admise, dans les mêmes conditions, en première instance. Elle constituait un privilège exclusif pour les agents forestiers que ne partageait pas le ministère public. On discutait alors la question de savoir si le désistement de l'administration forestière devait être considéré comme une cause d'extinction de l'action, ou seulement comme une renonciation à la procédure déjà engagée.

518. — Actuellement, on doit admettre que le désistement ne constitue qu'une variété de la transaction; il appartient donc aux agents forestiers en tout état de cause; il produit certainement l'extinction de l'action ; toutefois, en appel, il nécessite toujours une décision spéciale du chef de l'administration (C. for., art. 183).

519. — Quant à l'abandon de poursuites qui peut, après comme avant 1859, faire l'objet d'une décision administrative, notamment au sujet des délits pour lesquels l'administration forestière ne peut transiger, on ne saurait lui reconnaître le pouvoir d'éteindre l'action publique. — Pour les règles d'instruction de ces affaires, V. Circ. adm. for., 12 mai 1854, n. 734, anc. sér.; Circ. 12 mars 1861, n. 801, *id.*

520. — La loi de 1859 donne aux agents forestiers le droit de transiger au sujet de tous les délits qu'ils ont qualité pour poursuivre, à la condition que ces délits aient été commis dans des bois soumis au régime forestier. Donc ils ne peuvent transiger au sujet des délits de défrichement commis dans les bois des particuliers (C. for., art. 219 et s.). — Av. Cons. d'Et., 26 nov. 1860.

521. — Mais le droit de transaction appartient aux agents forestiers pour les délits de chasse, dans les bois soumis au régime, à raison de l'assimilation de ces délits aux délits forestiers, qui résulte de l'arrêté du 28 vend. an V (Av. Cons. d'Et., 26 nov. 1860). — V. *suprà*, v° *Chasse*, n. 1794. — *Contrà*, Metz, 4 juill. 1866. Henrys, [S. 67.2.82, P. 67.438] — Trib. Vesoul, 7 nov. 1861, Cheviet, [J. *Le Droit*. 21 nov. 1861]

522. — Les autorités qui ont qualité pour statuer en matière de transaction et les formes à suivre ont été déterminées successivement par le décret du 21 déc. 1859, puis par celui du 22 déc. 1879 (V. Circ. min. 5 déc. 1850 et 30 janv. 1869 ; Circ. adm. for., 12 mars 1861, n. 801 ; 13 janv. 1862, n. 813 ; Circ. 22 janv. 1880, n. 262, nouv. série).

523. — La distinction faite par le décret de 1859 entre les délits d'adjudicataires et les délits communs est maintenant effacée. Dans tous les cas, le conservateur des forêts autorise la transaction, lorsque les condamnations encourues ou prononcées ne dépassent pas 1,000 fr. ; jusqu'à 2,000 fr., la transaction est accordée par le chef de l'administration forestière ; au-dessus de 2,000 fr., par le ministre de l'Agriculture.

524. — Il n'y a pas à distinguer non plus suivant que le délit a été commis dans une forêt domaniale ou communale. La transaction est valablement accordée par l'administration forestière, pour délits commis dans les bois des communes ou des établissements publics, sans qu'il soit nécessaire de consulter les conseils municipaux ou les commissions administratives.

525. — Quant aux conditions auxquelles est subordonné l'exercice du droit de transaction, en principe l'administration est libre de les fixer comme elle le juge convenable. Le chiffre de la transaction peut donc descendre aussi bas que possible. Les agents forestiers ne sont pas non plus obligés d'attendre une demande du délinquant ; ils peuvent lui proposer une transaction, même en l'absence de toute demande.

526. — Les instructions administratives (Circ. 31 janv. 1860) distinguent entre les transactions avant signification et celles après signification du procès-verbal. Les unes et les autres produisent le même effet au point de vue de l'extinction de l'action. On transige avant signification ou citation les infractions minimes, pour lesquelles on évite ainsi des frais, et c'est un moyen pratique d'accorder des conditions plus douces, attendu qu'il est prescrit aux conservateurs de toujours réserver les frais, considérés comme des avances du Trésor.

527. — D'après l'arrêté ministériel du 30 janv. 1860, art. 4, est réputée non-avenue toute offre de transaction faite avant la signification du procès-verbal, lorsque cette offre n'aura pas été acceptée et la transaction exécutée dans les trente jours qui suivent la décision du conservateur. Cette disposition a été étendue à toutes les transactions avant jugement qui sont de la compétence du ministre et du directeur des forêts (Circ. 13 janv. 1862, n. 813).

528. — Pour que la transaction accordée par l'administration forestière produise ses effets, il faut qu'elle ait été acceptée par le délinquant, et la preuve de cette acceptation résulte des circonstances. Jugé que si une transaction, approuvée par le conservateur, n'a pas été acceptée par le délinquant, celui-ci ne peut s'en prévaloir pour repousser les poursuites dirigées contre lui. — Nîmes, 11 févr. 1875, Paradis et Bourillon, [*Rép. for.*, 7.161]

529. — La transaction consentie par l'administration, acceptée par le prévenu et exécutée par lui, éteignant l'action publique, il y a lieu en conséquence d'annuler la citation qui serait ultérieurement donnée et le jugement de condamnation qui l'aurait suivie. — Caen, 7 avr. 1869, Hache, [D. 69.2.116]

§ 2. *Action civile.*

1° *Action civile jointe à l'action publique.*

530. — L'art. 159, C. for., qui mentionne les poursuites *en réparation* de tous délits forestiers, comprend dans ce terme général l'action civile née de ces délits aussi bien que l'action publique. Pour l'une et pour l'autre de ces actions, les agents forestiers ont donc qualité.

531. — En ce qui concerne l'action civile, c'est une dérogation aux règles ordinaires, suivant lesquelles l'État, en matière domaniale, est représenté par le préfet, et non par l'administration forestière. Ces règles demeurent applicables, en matière forestière, lorsque l'action civile n'est la conséquence d'aucun délit. — V. Paris, 28 avr. 1874, Verschaër et Cie, [*Rép. for.*, 6.79]

532. — Le droit de poursuite accordé aux agents forestiers, pour l'action civile née du délit, s'exerce d'abord lorsque le dommage dont la réparation est demandée résulte d'un délit forestier proprement dit, c'est-à-dire d'un délit pour lequel ces agents peuvent exercer l'action publique. Tel est le sens direct de l'art. 159, C. for.

533. — Mais les agents forestiers sont également compétents pour les actions civiles résultant des délits non prévus par les lois forestières : ceux par exemple qui sont prévus et punis par le Code pénal. Ainsi jugé que si le droit général de poursuite, en ce qui concerne l'action publique et l'action civile, ne s'étend pas au delà des délits prévus par les lois forestières ou assimilées aux délits forestiers, l'administration n'en conserve pas moins essentiellement, dans ce dernier cas, le droit de représenter, devant les tribunaux correctionnels, les propriétaires de bois soumis au régime forestier, et de demander pour eux, comme toute autre partie civile, la réparation du dommage causé, sauf au ministère public à exercer son droit de requérir l'application de la peine. — Cass., 4 janv. 1855, Munsch, [S. 55.1 223, P. 55.1.367] — Nancy, 19 févr. 1856, Même affaire, [*Bull. for.*, 7.67]

534. — L'administration forestière, pour les actions civiles résultant d'un délit non prévu par le Code forestier, a donc en principe tous les droits d'une partie civile ordinaire. Par suite, elle peut se constituer partie civile par les moyens du droit commun, et notamment par voie de citation directe (C. instr. crim., art. 182). Mais à la différence des autres parties civiles, elle n'a pas l'option entre les deux juridictions, civile ou répressive, qui résulte de l'art. 3, C. instr. crim. (V. *suprà*, v° *Action civile*, n. 326 et s.) ; en vertu de l'art. 171, C. for., elle ne peut exercer l'action civile née d'un délit que devant les tribunaux correctionnels, alors du moins que l'action publique n'est pas encore éteinte. — Pour le cas où cette action a cessé de pouvoir être exercée, V. *infrà*, n. 549 et s.

535. — L'assimilation des agents forestiers aux autres parties civiles est notamment certaine en ce qui concerne les frais et dépens, ainsi que les dommages-intérêts, lorsqu'ils succombent dans leur action. Comme toute partie civile, l'administration des forêts, lors même qu'elle aurait gain de cause, est personnellement tenue des frais, sauf son recours contre les prévenus, en cas de condamnation, et contre les personnes civilement responsables (art. 157-158, Tarif criminel, 18 juin 1811). — V. *infrà*, n. 737 et s.

536. — En cas de perte du procès dans lequel ses agents se sont constitués parties civiles, l'administration forestière supporte définitivement les frais et dépens de l'instance, que les poursuites aient été exercées à sa requête, ou à celle du ministère public. — Cass., 29 oct. 1824, Blanc, [P. chr.] ; — 2 avr. 1836, Hubert, [S. 36.1.656, P. chr.] — Nancy, 6 nov., 1845, Godet, [P. 46.2.585, D. 46.2.147]

537. — Quant aux dommages-intérêts récursoires, l'administration forestière qui perd son procès peut s'y voir condamnée envers le prévenu, comme toute partie civile, c'est-à-dire s'il est prouvé que la poursuite a été injustement intentée, que les agents ont agi par un esprit évident de vexation. — Cass., 7 janv. 1832, Latrille, [S. 32.1.258, P. chr.] — Caen, 20 juill. 1866, Chétif, [*Rép. for.*, 4.139]

2° *Action civile exercée séparément de l'action publique.*

538. — L'action civile née du délit peut se trouver intentée séparément de l'action publique lorsque la personne lésée, exerçant le droit d'option que lui confère l'art. 3, C. instr. crim., a choisi pour cette action le tribunal civil (V. *suprà*, v° *Action civile*, n. 543 et s.). Cette hypothèse n'est pas à considérer en ce qui concerne l'administration forestière (V. *suprà*, n. 534). Mais la séparation peut aussi provenir de ce que la poursuite a été intentée par le ministère public sans le concours de la personne lésée ; ou de ce que, l'action publique étant éteinte, l'action civile lui survit cependant.

539. — Lorsqu'un délit de droit commun (dévastation, C. pén., art. 444), dommageable au sol forestier, et commis dans une forêt de l'État, a été poursuivi à la requête du ministère public seul, et qu'il est intervenu, quant à l'application de la peine, un jugement définitif de condamnation, l'administration forestière n'est plus recevable à intenter devant le tribunal correctionnel une action en dommages-intérêts. — Trib. corr. Largentière, 16 mars 1888, Masclaud, [*Rép. for.*, 89.55]

540. — En général, l'action civile née du délit s'éteint en même temps que l'action publique, sauf exceptions qui se présentent aussi bien pour les matières forestières que pour celles du droit commun. Ainsi, en ce qui concerne la prescription (C. instr. crim., art. 637, 638), l'action civile née du délit est en principe soumise à la même prescription que l'action publique, soit qu'elle ait été exercée séparément devant la juridiction civile, soit qu'elle se trouve portée simultanément devant le tribunal correctionnel. — Chambéry, 13 juin 1885, Lydrel, [S. 87.2.206, P. 87.1.1104, D. 87.2.15] — V. *suprà*, v° *Action civile*, n. 891 et s.

541. — Mais l'action civile peut survivre à l'action publique éteinte par prescription, lorsqu'en dehors du fait délictueux elle a son principe dans un contrat ou dans une disposition du droit civil : on peut citer à titre d'exemple l'action qui compète à une commune pour obtenir réparation des dommages causés par suite de fouilles et d'extraction exécutées par un particulier sous le sol d'un chemin vicinal ou rural. — Cass., 11 juill. 1892, Bertillot, [S. et P. 93.1.39]

542. — Le jugement de police correctionnelle qui, sur la poursuite de l'administration forestière, a relaxé un adjudicataire de coupe prévenu d'avoir abattu des arbres réservés, ne peut être, comme établissant l'autorité de la chose jugée, opposé à l'action civile intentée, au nom de la commune propriétaire, agissant en revendication des bois ainsi enlevés. — Cass., 6 févr. 1837, Gendarme, [S. 37.1.647, P. 37.2.262]

543. — Si, aux termes de l'art. 2, C. instr. crim., l'action publique s'éteint par la mort du prévenu (V. *suprà*, n. 502 et s.), cette disposition n'a trait qu'à l'application de la peine; l'action civile subsiste contre les héritiers du délinquant et n'est prescriptible contre eux que dans les conditions des art. 637, 638, C. instr. crim. — Cass., 4 déc. 1877, Fayolle, [S. 78.1.419, P. 78.1084] — V. *suprà*, v° *Action civile*, n. 855.

544. — Les ordonnances, décrets ou lois d'amnistie en matière forestière font ordinairement réserve expresse des droits des tiers. Mais cette réserve ne serait pas indispensable. Il est certain que l'amnistie n'a d'effet que sur l'action publique et qu'elle laisse entière l'action civile. — Cass., 21 juin 1851, Labarthe, [S. 53.1.113, P. 53.1.113] — Bordeaux, 18 févr. 1852, Labarthe, [*Ibid.*] — Grenoble, 6 janv. 1870, Roguin, [D. 72.2.187] — Pau, 22 nov. 1890, Oyhanart, [*Rép. for.*, 91.34] — V. *suprà*, v° *Action civile*, n. 855.

545. — Quant à la transaction, elle est habituellement accordée par les agents forestiers sans restriction, ni réserve, et, par conséquent, elle produit l'extinction aussi bien de l'action civile que de l'action publique. Il pourrait cependant en être différemment; spécialement, en matière de chasse dans une forêt louée, la transaction accordée par l'administration forestière au délinquant ne peut avoir effet sur l'action en dommages-intérêts appartenant à l'adjudicataire.

546. — Dans les cas où, l'action publique étant éteinte, l'action civile subsiste, quels sont les tribunaux compétents pour connaître de cette action civile? Il convient de distinguer si le tribunal répressif se trouvait déjà saisi au moment où s'est produite l'extinction de l'action publique, ou bien si cette extinction a eu lieu alors qu'aucun tribunal répressif n'était encore saisi.

547. — Dans le premier cas, on décide que le tribunal répressif a toujours compétence pour connaître des conséquences civiles du fait délictueux dont il a été saisi, alors même qu'il ne pourrait plus prononcer aucune peine. — Cass., 9 févr. 1849, Léoutre, [S. 49.1.240, P. 49.2.125, D 49.1.125]; — 27 nov. 1859, Poupier, [*Rép. for.*, 5.32] — V. *suprà*, v° *Action civile*, n. 490 et s.

548. — ... Spécialement, que si le prévenu, cité devant la juridiction répressive par l'administration forestière, est acquitté à raison de la force majeure, le tribunal correctionnel n'en reste pas moins compétent pour statuer sur les conclusions civiles, à fin de restitution, prises par cette administration. — Amiens, 18 janv. 1873, Roche, [S. 73.2.73, P. 73.334] — Besançon, 15 déc. 1875, Raspiller, [*Rép. for.*, 7.22]

549. — Lors, au contraire, que le tribunal répressif n'était pas encore saisi au moment où s'est produite la cause d'extinction de l'action publique, l'action civile, demeurée ainsi dégagée de tout élément pénal, ne peut plus être portée que devant un tribunal civil. Il en est ainsi pour les délits commis dans les bois des particuliers, poursuivis à la requête des propriétaires.

550. — Mais lorsqu'il s'agit de délits forestiers poursuivis, dans les mêmes circonstances, à la requête de l'administration des forêts, un premier système, qui pendant longtemps a été accepté sans contradiction, admet quand même la compétence du tribunal correctionnel, par ce motif que l'art. 171, C. for., donne aux agents forestiers le droit de saisir ce tribunal pour toutes les actions qu'ils exercent en réparation de délits forestiers. — Meaume, *Commentaire*, t. 2, sur l'art. 171, p. 700.

551. — La question a été jugée dans ce sens, notamment en cas d'amnistie. — Bourges, 14 juill. 1831, Souvigny, [S. 32.2.76, P. chr.] — Grenoble, 6 janv. 1870, précité. — Chambéry, 7 nov. 1889, Albert, [*Rép. for.*, 90.109] — Bastia, 18 déc. 1889, Lautier, [*Ibid.*] — Alger, 3 janv. 1890, Bachir-ben-Ali, [*Ibid.*] — Trib. Die, 13 août 1889, Rambaud, [*Rép. for.*, 90.157] — Trib. Avesnes, 23 août 1889, Dehore, [*Rép. for.*, 90.157] — Trib. Nantua, 30 août 1889, Renevier (inédit).

552. — Et, par voie de conséquence, il a été décidé que les condamnations civiles devaient alors être réglées suivant les principes de la loi forestière : tels les dommages-intérêts d'après l'art. 202, C. for. — Pau, 22 nov. 1890, précité.

553. — D'après un second système, l'art. 171, C. for., n'a pas eu pour but d'apporter aucune exception aux principes qui régissent l'exercice des actions publique et civile; il a seulement édicté une règle de compétence attribuant spécialement aux tribunaux correctionnels la connaissance des simples contraventions, lorsquelles sont poursuivies par les agents forestiers. L'administration ne saurait donc y puiser le droit exceptionnel d'exercer l'action civile divisément de l'action publique. — Cass., 9 mai 1879, Mariani, [S. 80.1.189, P. 80.410, D. 83.1.183] — *Contra :* Meaume, *Commentaire*, t. 2, n. 1119 et s.

554. — Il résulte de ce second système, spécialement au cas où l'action publique est éteinte par l'amnistie, que les agents forestiers ne peuvent plus, après cette extinction, réclamer les réparations civiles. — V. *Dissertation*, *Rép. for.*, 1889, p. 117.

555. — Mais si en vertu de ce système les agents forestiers ne peuvent pas exercer séparément l'action publique et l'action civile née d'un *délit*, cela ne veut pas dire qu'ils ne puissent saisir les tribunaux correctionnels que dans le cas où une peine doit ou peut être prononcée. Ce serait leur dénier le droit d'agir en réparation toutes les fois que le fait dommageable ne tombe sous le coup d'aucun texte de la loi pénale, ce qui est inadmissible. Jugé que le fait dommageable, du moment où il a été commis en forêt, tombe au moins sous l'application de l'art. 198, C. for., et que ce texte suffit pour donner aux agents forestiers le droit de poursuivre devant les tribunaux correctionnels. — Cass., 30 sept. 1836, David, [S. 37.1.431, P. 37.1.241] — V. *infrà*, n. 828.

556. — ... Spécialement, que si un usager dans une forêt de l'Etat néglige d'employer dans le délai légal de deux ans les bois de construction qui lui ont été délivrés, l'action en validité de la saisie de ces bois et en revendication au profit de l'Etat doit être portée par l'administration forestière devant le tribunal correctionnel, encore bien que la loi ne prononce dans ce cas aucune autre peine contre l'usager. — Metz, 15 nov. 1837, Didlinger; — 12 juin 1867, Mayer, [S. 68.2.179, P. 68.721, D. 67.2.164] — *Sic*, Meaume, *Commentaire*, t. 1, n. 695. — V. *infrà*, v° *Usages forestiers*.

557. — ... Que l'action en responsabilité exercée contre les gardes de l'administration des forêts, pour n'avoir pas dûment constaté les délits commis dans leurs triages (C. for., art. 6), peut être portée devant les tribunaux correctionnels, bien que dans ce cas les gardes ne soient pas à proprement parler passibles d'une peine, mais plutôt d'une réparation civile. — Cass. (règl. de juges), 30 juill. 1829, Joyeux, [S et P. chr.]; — 4 mai 1832, Joyeux, [cité par Meaume, *Comm.*, t. 1, n. 30] — Metz, 29 juin 1836, Bénédict, [cité par Meaume, *Comm.*, p. 365] — V. *infrà*, v° *Gardes forestiers*.

§ 3. *Exercice des actions publique et civile par les agents forestiers.*

1° *Citation.*

558. — C'est par la citation que l'agent forestier appelle en cause les personnes punissables et saisit les tribunaux compétents. Le Code forestier ne contient sur cette matière d'autre disposition que celle de l'art. 172, concernant la copie du procès-verbal. Pour tout le reste on doit appliquer le droit commun, et notamment les art. 182 à 184, C. instr. crim. — V. *suprà*, v° *Citation*, n. 36 et s.

559. — Quant au Code de procédure civile, ses dispositions ne doivent pas être transportées dans les matières correctionnelles, et par conséquent en matière forestière (V. *suprà*, v° *Citation*, n. 37). On ne doit emprunter notamment à l'art. 61, C. proc. civ., que ses parties essentielles et constitutives de l'acte. Ainsi jugé, pour la désignation des prévenus, que peu importe l'omission du prénom, pourvu que le prévenu ait eu effectivement connaissance de l'action intentée contre lui et du fait qui lui est imputé. — Montpellier, 2 mars 1846, Vialla, [*Bull. for.*, 3.221] — V. *suprà*, v° *Citation*, n 50, 53 et s.

560. — Pareillement, l'élection de domicile mentionnée à l'art. 61, C. proc. civ., et à l'art. 183, C. instr. crim., n'est pas nécessaire, en ce sens que son absence dans une citation pour délit forestier ne produit pas la nullité. — Riom, 30 juin 1841, Tardif, [*Bull. for.*, 1.58]

561. — La citation doit énoncer les faits (C. instr. crim., art. 183). Cette énonciation résulte habituellement, en matière forestière, de la copie du procès-verbal (V. *infrà*, n. 565 et s.); mais il ne faut pas confondre avec cet énoncé de faits, toujours nécessaire, la qualification de l'acte incriminé et les conclusions de l'agent forestier qui exerce la poursuite. L'agent peut ne faire aucune qualification et les conclusions, qui d'ailleurs ne lient jamais le tribunal, ne sont pas nécessairement contenues dans la citation. — V. *suprà*, v° *Citation*, n. 61 et s.

562. — Lorsque le véritable auteur d'un délit forestier est traduit par erreur à titre de civilement responsable devant le tribunal correctionnel, il appartient à ce tribunal de rectifier l'erreur commise dans la citation et de prononcer contre le délinquant les peines édictées par la loi, alors même que l'auteur présumé n'aurait pas été mis en cause. — Chambéry, 18 avr. 1861, Amildani, [*Rép. for.*, 1.54] — V. aussi Orléans, 9 avr. 1877, Brigand, [*Rép. for.*, 7.278]

563. — Le tribunal correctionnel est valablement saisi lorsque le procès-verbal a été notifié au délinquant « pour se voir condamner aux peines portées par la loi ». — Cass., 21 août 1852, Duffié, [S. 53.1.785, P. 52.2.625, D. 52.5.87] — Jugé de même que lorsque les agents forestiers, en concluant à la punition d'un fait d'introduction de bestiaux en forêt, citent une loi non applicable au délit, les juges ne sont pas moins régulièrement saisis et ne peuvent se dispenser d'appliquer la peine légale, sous le prétexte qu'il n'y aurait pas eu de conclusions prises à cet égard. — Cass., 19 févr. 1825, Burleveaux, [S. et P. chr.]

564. — Mais tout au moins faut-il que la citation contienne l'expression de l'intention qu'a la partie poursuivante de réclamer réparation pour l'infraction constatée. Ainsi, le tribunal correctionnel ne serait pas valablement saisi de la connaissance d'une contravention forestière par la citation donnée à la requête du prévenu afin d'obtenir mainlevée d'une saisie de bois pratiquée par l'administration forestière. — Cass., 1er déc. 1827, Durans, [S. et P. chr.]

565. — L'art. 172, C. for., exige que l'acte de citation contienne la copie du procès-verbal et de l'acte d'affirmation. Cette prescription est générale; elle s'applique au cas où la citation est donnée à la requête du ministère public, poursuivant d'office, comme au cas où la poursuite aurait lieu soit à la requête de l'administration forestière, soit à celle d'un particulier partie civile. — Cass., 4 déc. 1828, Perret, [S. et P. chr.] — Nîmes, 16 déc. 1841, Perrier, [P. 42.2.473]

566. — L'obligation imposée par l'art. 172 ne peut être suppléée par la mention que la citation est faite pour voir statuer sur un procès-verbal déjà signifié avec une précédente assignation annulée comme donnée devant un juge incompétent. Cette première assignation peut bien servir à interrompre la prescription, mais elle ne saurait relever la citation qui l'a suivie des vices de forme dont elle est entachée. — Nancy, 6 nov. 1845, Godet, [P. 46.2.585, D. 46.2.146]

567. — Mais l'art. 172 suppose évidemment qu'il y a eu procès-verbal dressé. En l'absence du procès-verbal, la citation est valable du moment où elle fait connaître d'une manière précise l'objet de la prévention. — Trib. Foix, 29 août 1851, Monié, [*Bull. for.*, 5.481]

568. — Lorsque la poursuite n'est pas fondée uniquement sur le procès-verbal, mais que le ministère public l'exerce après une instruction criminelle faite contradictoirement avec le prévenu, il suffit que la citation contienne copie du dispositif de l'ordonnance de mise en prévention; la copie du procès-verbal n'est plus nécessaire. — Orléans, 25 avr. 1853, Regnard, [S. 54.2.497, P. 53.1.092, D. 54.5.391] — Paris, 31 août 1871, Letulle, [*Rép. for.*, 5.105] — V. Meaume, *Commentaire*, t. 2, n. 1210.

569. — Lorsque le même délit forestier est constaté par deux procès-verbaux de dates différentes, il n'est pas nécessaire que ces deux procès-verbaux se trouvent joints à la citation. Il suffit de signifier l'un d'eux, le dernier, par exemple, s'il contient une mention complète du fait, objet des poursuites. — Cass., 1er mai 1830, Fauget, [S. et P. chr.]; — 12 sept. 1846, Bouvier, [P. 47. 1.391, D. 46.4.304]

570. — L'obligation imposée par l'art. 172 ne s'applique d'ailleurs qu'à la citation introductive de l'instance et non à celles qui pourraient être délivrées postérieurement. — Cass., 24 sept. 1835, Joye, [P. chr.]

571. — D'après le texte même de l'art. 172, la copie doit comprendre le procès-verbal et l'acte d'affirmation. Toutefois, ce texte suppose un procès-verbal sujet à l'affirmation. Le procès-verbal dressé par un agent forestier étant dispensé de cette formalité (V. *suprà*, n. 350), la citation donnée à la suite de ce procès-verbal ne peut être annulée par le motif qu'elle ne contient pas copie de l'acte d'affirmation. — Cass., 28 févr. 1834, Calamun, [P. chr.]

572. — D'ailleurs, la copie doit être complète en ce sens qu'elle doit reproduire toutes les énonciations du procès-verbal. Ainsi la citation serait nulle si la date du délit était différente de celle énoncée dans l'original. — Cass., 17 févr. 1844, Rigot, [S. 45.1.121; *Bull. for.*, 2.418]

573. — Le procès-verbal n'étant complet qu'avec la signature des gardes rédacteurs (V. *suprà*, n. 333), il a été jugé que la citation est nulle si la copie du procès-verbal ne contient pas mention de cette signature. — Cass., 6 mai 1830, Nicolaï, [S. et P. chr.]

574. — Mais aucun texte n'exige que les copies du procès-verbal et de l'acte d'affirmation soient certifiées conformes à l'original par l'agent forestier qui les a signifiées. — Cass., 6 mars 1834, Sarrat, [P. chr.]; — 12 juin 1834, Ponchet, [P. chr.] — V. Meaume, *Comment.*, t. 2, n. 1227. — Il n'est pas non plus nécessaire, à peine de nullité, que la citation contienne l'énonciation du domicile du garde qui l'a signifiée. — Cass., 5 mai 1809, Berzano, [P. chr.]

575. — Jugé que la copie du procès-verbal et de l'acte d'affirmation tenant lieu au prévenu des originaux qui ne lui sont pas communiqués, cette copie doit contenir tout ce qui, dans les originaux, est nécessaire pour en assurer la validité : ainsi est nulle la copie qui ne contient ni la signature des gardes comparaissant dans l'acte d'affirmation, ni celle du fonctionnaire qui a reçu cet acte. — Grenoble, 18 déc. 1846, Troille, [P. 47.2. 751] — V. Meaume, *Comment.*, t. 2, n. 1221.

576. — *Quid*, de la mention de l'enregistrement du procès-verbal? Dans un premier système, on pose en principe que la copie doit contenir tous les éléments constitutifs de la validité du procès-verbal. — Cass., 8 mars 1833, Lassoubre, [P. chr.] — La conséquence de ce système serait que la mention de l'enregistrement ne peut être omise, l'absence ou l'irrégularité de cette formalité produisant la nullité du procès-verbal. — V. *suprà*, n. 353 et s.

577. — Mais on a fait remarquer, et suivant nous avec raison, que le texte de l'art. 172 ne parle que de l'affirmation; les nullités étant de droit étroit, l'omission de la mention de l'enregistrement dans la copie du procès-verbal ne peut donc être, pour la citation, une cause de nullité. — Cass., 7 mai 1835, Vieillard, [P. chr.]; — 13 févr. 1847, Baronnet, [S. 47.1.038, P. 47.4.276, D. 47.1.384] — Sic, Meaume, t. 2, n. 1223.

578. — D'après l'art. 184, C. instr. crim., il doit y avoir au moins un délai de trois jours, outre un jour par trois myriamètres, entre la citation et le jugement (V. *suprà*, v° *Citation*, n. 125 et s.). Ce délai minimum doit être observé en matière forestière. Mais ni l'art. 184 ni aucun autre texte ne fixent de maximum. En conséquence, une citation donnée à un très-long délai (par exemple du 18 janvier pour comparaître le 30 novembre) serait néanmoins valable. Il est, en effet, loisible au prévenu d'abréger cette longueur exagérée en sommant l'administration des forêts de venir à l'audience aussitôt après l'expiration du délai de trois jours. — Orléans, 26 déc. 1842, Mathieu, [P. chr.]

579. — L'art. 173, C. for., autorise les gardes de l'administration à faire « toutes citations et signification d'exploits dans les poursuites exercées au nom de cette administration ». Les gardes qui ont, d'après ce texte, qualité pour instrumenter, sont les préposés domaniaux, communaux ou mixtes, à l'exclusion des gardes particuliers. Ils peuvent valablement signifier dans l'étendue du territoire où s'exercent leurs fonctions d'officiers de police judiciaire, c'est-à-dire l'arrondissement devant le tribunal duquel ils ont prêté serment (Arg. art. 160, C. for.).

580. — Quoique les citations en matière forestière soient habituellement faites par les gardes, ces fonctions d'officiers ministériels ne leur sont point conférées cependant d'une manière exclusive par l'art. 173. Concurremment, les huissiers peuvent aussi instrumenter, par exemple pour les poursuites qui seraient intentées sur l'initiative du ministère public, ou dans des localités à proximité desquelles ne se trouveraient pas des gardes de l'administration.

581. — Lorsque les gardes forestiers remplissent les fonctions d'officiers ministériels, ils sont soumis aux mêmes obligations que les huissiers, et sous les mêmes sanctions. C'est ainsi qu'ils sont soumis, à peine du rejet de la taxe et d'une amende de 25 fr., à l'obligation d'écrire lisiblement et sans abréviations, de ne pas dépasser le nombre de 30 lignes à la page et 30 syllabes à la ligne, etc. (Décr. 29 août 1813). — Puton, *Législation forestière*, p. 262.

582. — Les gardes forestiers devant, en vertu de l'art. 26 de l'ordonnance réglementaire, mentionner sur leur « registre d'ordre » toutes les significations et citations dont ils auront été chargés, ce registre leur tient lieu du « répertoire » exigé des huissiers. — Puton, *loc. cit.*

583. — D'après l'art. 173, C. for., la rétribution pour les citations et significations des gardes est taxée « comme pour les actes faits par les huissiers des juges de paix. » Cette taxe est faite suivant les dispositions du décret du 18 juin 1811 et la décision ministérielle du 7 mars 1834 (Meaume, *Commentaire*, t. 3, p. 327). Toutefois, le taux du droit d'enregistrement, qui était de 1 fr. 50 d'après la loi du 28 févr. 1872, a été ramené à 1 fr. par l'art. 22 de la loi du 28 avr. 1893.

584. — Dans la pratique de l'administration forestière, les écritures concernant les citations sont faites dans le bureau de l'inspecteur, et le garde n'a plus qu'à remplir le *parlant à* (Puton, *op. cit.*, p. 262). En conséquence, les gardes ne bénéficient pas de la totalité des sommes dues aux huissiers. Il est attribué à chaque préposé 30 cent. par citation, sans que le total de la somme allouée puisse dépasser 200 fr. par an; sauf indemnités supplémentaires en cas de déplacements exceptionnels (Déc. min. 7 mars 1834 et 27 févr. 1886).

585. — Bien que les dispositions du Code de procédure civile ne soient pas en principe applicables aux citations en matière répressive (V. *suprà*, n. 559), cependant les formalités substantielles de l'art. 61, C. proc. civ., doivent être suivies, et leur omission entraînerait la nullité de la citation (Meaume, *Commentaire*, t. 2, n. 1206). Ainsi, la citation non datée est nulle, lorsqu'aucune indication de l'exploit ne permet de combler cette lacune et de préciser le jour de la notification. Spécialement, l'omission sur la copie de la désignation du mois entraîne la nullité de la citation, alors même que cette désignation se trouverait sur l'original. — Trib. Loudun, 28 mars 1885, Rousseau, [*Rép. for.*, 11.359] — V. *suprà*, v° *Citation*, n. 41 et s.

586. — La citation doit être faite à personne ou à domicile; elle est nulle si elle n'a pas été signifiée à la personne du prévenu, ou à son domicile lorsque ce domicile était connu. — Cass., 5 vent. an VII, Roy, [S. et P. chr.] — La citation dont la copie a été remise à un voisin qui n'a pas signé l'original est insuffisante pour prouver que cette copie est parvenue en temps utile, et doit être déclarée nulle. — Cass., 15 janv. 1830, Millelire, [P. chr.] — Chacun des prévenus doit recevoir une copie de la citation, quand même tous habiteraient la même maison; sans quoi celui auquel copie n'a pas été remise n'est pas réputé avoir connaissance de la signification. Toutes ces formalités doivent être considérées comme substantielles. — V. Meaume, *Commentaire*, n. 1206. — V. *suprà*, v° *Citation*, n. 97 et s.

587. — Jugé, au contraire, que la citation correctionnelle donnée à une commune en la personne de son maire, pour des faits dont le Code forestier rend la commune responsable, n'est pas nulle pour défaut de visa de l'original par la personne à laquelle copie a été remise au domicile de ce magistrat, alors d'ailleurs qu'il n'est pas contesté que cette copie ait été transmise en temps utile. — Metz, 21 janv. 1852, Commune de Rozerieulles, [P. 53.2.607, D. 52.2.157]

588. — La citation délivrée au prévenu et à son père, civilement responsable, n'est pas nulle parce que les mots *qu'il n'en ignore* ont été laissés au singulier et parce que l'adjoint a simplement signé l'original, au lieu de le *viser*, comme l'indique l'art. 68, C. proc. civ. — Bien qu'une citation donnée au père ne spécifie pas qu'il est assigné comme civilement responsable, cette qualité résulte suffisamment de la copie du procès-verbal qui lui est délivrée conformément à l'art. 172, C. for., et cette omission n'entraîne pas la nullité de l'assignation. — Orléans, 9 avr. 1877, Brigand, [*Rép. for.*, 7.278, avec une note de M. Puton]

589. — A la différence des nullités des procès-verbaux, celles résultant pour les citations de l'inobservation des règles du Code de procédure civile, du Code d'instruction criminelle ou du Code forestier, ne sont pas d'ordre public. En conséquence, elles ne peuvent être suppléées d'office par le tribunal, à défaut de la partie intéressée. — Cass., 16 juill. 1846, Ponsonnaille, [*Bull. for.*, 3.404]

590. — Pour la nullité résultant de l'inobservation de l'art. 172, C. for., la Cour de cassation avait cependant jugé que l'obligation de donner copie du procès-verbal constituant une formalité substantielle, la nullité produite par le défaut de cette copie ne se couvre pas par la comparution du prévenu, ni par des défenses au fond. — Cass., 26 mai 1832, Hernier, [S. 32.1.780, P. chr.] — Même date, François, [S. et P. *Ibid.*] — Mais la Cour de cassation est revenue sur cette décision en admettant que, dans ces circonstances, la nullité doit être proposée avant toute défense au fond, et qu'elle ne peut par conséquent être invoquée pour la première fois en appel. — Cass., 5 mars 1836, Buffet, [S. 37.1.838, P. 37.2.362]; — 12 avr. 1839, Bagelat, [P. 39.2.668]; — 21 mars 1851, Quevastre, [S. 51.1.704, P. 52.1.124, D. 51.5.279] — V. Meaume, *Commentaire*, t. 2, n. 1217.

591. — N'est pas contraire à ce système un arrêt permettant d'invoquer pour la première fois en appel la nullité de la citation fondée sur ce que la copie du procès-verbal signifiée au prévenu donne une autre date différente de celle énoncée dans l'original. — Cass., 17 févr. 1844, Rigot, [S. 45.1.121] — Dans cette espèce, il était établi que la différence entre les deux dates n'avait pu être connue auparavant du prévenu.

592. — La comparution volontaire du prévenu devant le tribunal correctionnel couvre les irrégularités de la citation et le rend non-recevable à exciper de ces irrégularités. Ainsi pour le défaut de date de la citation. — Cass., 30 janv. 1846, Combes, [S. 46.1.399, P. 46.1.718, D. 46.1.101] — De même lorsque, sur la copie laissée au prévenu, la date et le *parlant à* ont été remplis au crayon, le fait de la comparution démontrant bien que le prévenu a été dûment averti en temps utile. — Cass., 23 juill. 1857, Lefanguais, [*Bull. for.*, 7.291] — V. *suprà*, v° *Citation*, n. 110.

2° Instruction orale.

593. — Les débats à l'audience ont lieu pour les affaires forestières dans les mêmes formes et suivant les mêmes règles que pour les autres affaires correctionnelles. A cet égard, l'art. 174, C. for., doit être complété par l'art. 190, C. instr. crim., qui reste le droit commun de la matière. Sauf la présence de l'agent forestier et le rôle qui lui est imparti, l'audience forestière se déroulera donc absolument de la même manière que les autres audiences du tribunal correctionnel.

594. — D'après l'art. 174, C. for., les agents forestiers ont le droit d'exposer l'affaire devant le tribunal et sont entendus à l'appui de leurs conclusions. Ce texte ne fait qu'affirmer, pour les agents forestiers, un droit qui leur est déjà reconnu par l'art. 190, C. instr. crim. L'art. 185 de l'ordonnance réglementaire ajoute que l'agent forestier chargé de la poursuite aura une place particulière à l'audience, à la suite du parquet; il y assistera en uniforme et se tiendra découvert. La place ainsi donnée à l'agent forestier est la conséquence du rôle de ministère public qui lui appartient.

595. — L'ordre de l'audience, tel qu'il est réglé par l'art. 190, C. instr. crim., doit être suivi dans les affaires forestières, sauf la faculté qu'a le tribunal d'intervertir cet ordre, à la condition de respecter les droits de la défense.

596. — Conformément à l'art. 185, C. instr. crim., lorsque le délit n'entraînera pas la peine d'emprisonnement, le tribunal pourra admettre que le prévenu comparaisse par mandataire, mais il pourra aussi ordonner sa comparution en personne, sinon l'affaire sera jugée par défaut (V. *suprà*, v° *Défense-défenseur*, n. 380 et s.). Ce mandataire sera généralement un avoué. Sinon, la partie civile ou le ministère public peuvent s'opposer à l'audition d'un mandataire verbal se présentant pour l'inculpé. — Cass., 23 févr. 1877, Pelletier, [*Rép. for.*, 9.109] — Jugé qu'une fille, prévenue de complicité d'un vol de bois, ne peut se faire valablement représenter à l'audience par un individu habitant avec elle, même muni d'une procuration timbrée et enregistrée. — Grenoble, 13 nov. 1874, Berbet, [*Rép. for.*, 6.271]

597. — L'exposé de l'affaire, qui appartient à l'agent forestier au début de l'instruction orale, d'après l'art. 190, C. instr. crim., se confond le plus souvent avec la lecture du procès-verbal qui, pour la plupart des délits forestiers, sert de base aux poursuites. C'est seulement lorsque le procès-verbal est incomplet ou lorsqu'il n'a pas été dressé, qu'une explication des faits de la cause peut être nécessaire. Elle précède alors l'audition des témoins produits par l'administration forestière, auxquels se joint, s'il y a lieu, la production des objets saisis et autres pièces de conviction.

598. — L'audition des témoins à décharge ne peut être permise que si le procès-verbal fait foi seulement jusqu'à preuve contraire. Elle est suivie de l'interrogatoire du prévenu, puis de la défense du prévenu et des personnes civilement responsables. A ce moment, l'art. 190, C. instr. crim., mentionne les conclusions du ministère public et la clôture de l'instruction orale, après que le prévenu a été mis à même de prendre la parole le dernier.

599. — A quel moment l'agent forestier doit-il déposer ses conclusions et présenter ses observations à l'appui des conclusions déposées? Les conclusions sont habituellement prises dès le début de l'audience et inscrites à la suite du procès-verbal. Mais elles ne lient pas l'agent forestier, pas plus qu'elles ne lient le tribunal. Elles peuvent donc être changées en tout état de cause, jusqu'à la clôture des débats, au moyen d'autres conclusions rectificatives, additionnelles et subsidiaires.

600. — On avait soutenu cependant que les conclusions de l'agent forestier seraient tardives si elles étaient déposées après que le ministère public a déjà donné les siennes. Mais rien ne limite la faculté de l'agent forestier d'intervenir, comme le ministère public lui-même, jusqu'à la clôture des débats, sauf le respect des droits de la défense, comme il est dit ci-dessus. — Meaume, *Comment.*, t. 2, n. 1245.

601. — La faculté qui appartient à l'administration forestière de rectifier des conclusions précédemment déposées, peut s'exercer en appel, également jusqu'à la clôture des débats devant la cour. — V. Nancy, 9 déc. 1828 (2 arrêts), [cité par Meaume, *Comment.*, t. 2, p. 741] — Chambéry, 18 avr. 1861, Amildani, [*Rép. for.*, 1.54]

602. — Mais conformément aux principes généraux, les conclusions de l'administration doivent, comme celles des parties, être prises avant la clôture des débats. Jugé, en ce sens, que la cour d'appel ne peut s'occuper des conclusions subsidiaires de l'administration forestière, lorsqu'elles sont déposées seulement au moment où la cour délibère en Conseil, après la clôture des débats. — Montpellier, 23 nov. 1840, N..., [D. *Rép.*, v° *Forêts*, n. 545] — V. *suprà*, v⁰ *Conclusions*, n. 72 et s., *Défense-défenseur*, n. 114.

603. — Au surplus, lorsqu'il y a eu erreur commise par l'agent forestier ou le ministère public dans les conclusions déposées, cette erreur peut toujours être relevée d'office par le tribunal, c'est-à-dire sans attendre aucune rectification de la part de la partie poursuivante. Ainsi, lorsqu'un texte de loi pénale a été mal à propos invoqué, le tribunal peut et doit substituer d'office l'article applicable au fait constaté dans le procès-verbal. — Nancy, 24 déc. 1823, Pierron, [D. *Rép.*, v° *Forêts*, n. 546]

604. — De même, le tribunal doit statuer sur tous les délits constatés dans le procès-verbal, encore bien que l'agent forestier n'ait pris de conclusions que relativement à l'un d'eux, et ait omis de le faire pour les autres. — Cass., 21 août 1852, Dufié, [S. 53.1.783, P. 52.2.625, D. 52.5.87]

605. — Ce n'est qu'une application du principe général suivant lequel le tribunal répressif n'est jamais lié par les conclusions des parties en cause. — V. Cass., 5 d c. 1833, Moisson, [P. chr., v° *Forêts*, n. 546]; — 6 févr. 1845, Pecondon, [P. 45.2.26, D. 45.1.154]; — 6 mai 1847, Gendre, [P. 47.2.409, D. 47.4.275] — Chambéry, 28 févr. 1878, Duchaussay, [S. 78.2.196, P. 78.836]

— Paris, 17 mai 1882, Gaudet, [*Rép. for.*, 10.146] — V. *suprà*, *Compétence criminelle*, n. 575 et s.

606. — Jugé dans le même sens, antérieurement à la loi du 18 juin 1859, que le tribunal saisi peut condamner le prévenu alors même que l'agent forestier, par conclusions rectificatives, aurait conclu à l'acquittement. — Grenoble, 13 juill. 1837, Richet, [D. *Rép.*, v° *Forêts*, n. 546] — Il n'en serait plus de même aujourd'hui, le désistement de l'agent forestier équivalent à une transaction avant jugement et ayant pour effet de dessaisir le tribunal. — V. *infrà*, n. 972 et s.

3° Incidents de l'instruction orale : exceptions en général : exceptions préjudicielles.

607. — Les incidents qui peuvent survenir au cours d'une instance forestière ont, comme en droit commun, des effets différents suivant leur nature. Les uns, notamment, n'obligent pas le tribunal à surseoir; d'autres, au contraire, suspendent nécessairement le cours de l'instruction orale.

608. — Parmi les premiers, figurent les demandes tendant à obtenir une remise de cause : le tribunal apprécie souverainement si cette remise est utile pour l'instruction de l'affaire. Il en est de même des demandes ayant pour objet la disjonction d'instances, lorsque des prévenus, poursuivis pour des infractions commises en même temps, soutiennent qu'il n'y a pas connexité entre les faits donnant lieu aux poursuites. — V. Paris, 2 déc. 1875, Marchebout, [S. 77.2.116, P. 77.482]

609. — La plupart des incidents proviennent d'exceptions soulevées par les parties en cause. De ces exceptions, les unes peuvent être proposées en tout état de cause, les autres doivent l'être *in limine litis*. Ainsi les nullités de citation sont couvertes lorsque le débat a été accepté sur le fond (V. *suprà*, n. 592); au contraire, les nullités des procès-verbaux peuvent toujours être valablement opposées. — V. *suprà*, n. 364.

610. — D'autres incidents obligent le tribunal à prononcer un sursis. Ainsi en est-il de l'inscription de faux, lorsqu'elle a été régulièrement formée (V. *suprà*, n. 415 et s.); et de l'exception préjudicielle de propriété, qui fait l'objet de l'art. 182, C. for.

611. — En général, dit Meaume (*Commentaire*, t. 2, n. 1289), on entend par question préjudicielle celle dont la décision préalable est nécessaire pour qu'il puisse être statué sur le fond, parce que la solution de cette question incidente peut rendre inutile l'examen du fond du procès. Mais l'exception dont traite l'art. 182, C. for., est autre chose qu'une question préalable ordinaire : elle présente cette particularité que le juge de l'exception est autre que celui du fond. D'où la nécessité d'un renvoi devant un autre tribunal que celui qui a été saisi, afin de faire décider au préalable l'exception proposée.

612. — Cette exception préjudicielle est celle à laquelle on appliquait autrefois la formule : *Feci, sed jure feci* (Meaume, *loc. cit.*). Le prévenu se reconnaît l'auteur de l'acte incriminé, mais il se prétend en droit d'agir comme il l'a fait, soit parce qu'il est propriétaire du terrain sur lequel l'acte a été constaté, soit pour un autre motif légal qui supprime tout caractère délictueux.

613. — L'exception préjudicielle est une défense au fond, qui est recevable pour la première fois en appel. — Cass., 10 avr. 1807, Scarone, [P. chr.] — Dijon, 26 juill. 1871, Ballard, [D. 75.2.202] — L'art. 182, C. for., qui traite de l'exception préjudicielle de propriété, est la seule disposition légale qui existe sur la matière. En conséquence, on s'est demandé s'il doit être appliqué non seulement en matière forestière, mais lors même qu'il s'agit de délits ou contraventions commis en dehors des bois et forêts — V. pour l'affirmative : Cass., 26 déc. 1846, Mironneau, [S. 47.1.236, P. 47.1.526, D. 47.1.158] — Angers, 23 mars 1847, Même affaire, [S. 47.2.306, P. 47.2.150, D. 52.5.462] — *Contra* : Cass., 12 août 1837, Beauquesne et Tailhan, [S. 37.1.1021, P. 37.2.478] — V. *infrà*, v° *Questions préjudicielles*.

614. — Les dispositions de l'art. 182, C. for., ont été calquées sur une note rédigée en 1813 par le président Barris pour servir de base à la jurisprudence de la Cour de cassation. On peut donc se référer à cette note pour l'interprétation du texte législatif. — V. Délibération de la section criminelle de la Cour de cassation rédigée par le président Barris rapportée sous Cass., 2 déc. 1813, Courbé, [P. chr.]

615. — I. *Fondement de l'exception préjudicielle de l'art. 182, C. for.* — Les dispositions de l'art. 182, C. for., relatives à l'exception préjudicielle de propriété, ne s'appliquent qu'aux droits de propriété immobilière et aux droits réels immobiliers. — Cass., 14 sept. 1855, Loos, [S. 55.1.851, P. 56.1.221, D. 55.1.445]; — 4 juill. 1856, Delafraye, [*Bull. for.*, 7.132] — Une servitude de passage a ce caractère. — Cass., 11 nov. 1836, Fournier et Parisot, [P. 37.1.235] — De même en est-il d'un droit d'usage forestier, lorsque la question dépend uniquement de l'existence de ce droit, et non de ses conditions d'exercice (défensabilité, etc.). — Cass., 17 juin 1842, Descaffre, [*Bull. for.*, 2.36]; — 19 juill. 1845, Commune de Beaudéan, [*Bull. for.*, 3.27] — Rennes, 11 févr. 1864, Commune de Saint-Péan, [*Rép. for.*, 2.288] — V. *infrà*, n. 625 et s.

616. — Mais il n'y a pas lieu d'accueillir comme préjudicielle l'exception fondée sur le caractère de *res nullius* d'un cours d'eau : ainsi, en cas de coupe d'arbres dans le lit ou sur la rive d'un torrent traversant une forêt communale. — Aix, 15 juill. 1881, Aime, [*Rép. for.*, 9.338]

617. — Pareillement, le renvoi à fins civiles prévu par l'art. 182, C. for., ne peut être demandé pour faire décider si un bois est soumis ou non au régime forestier. — Grenoble, 31 mars 1876, Commune de Thodure, [*Rép. for.*, 7.148]

618. — Si le prévenu prétend être propriétaire, non du sol sur lequel le délit prétendu a été commis, mais seulement des objets qu'il a enlevés, il n'y a pas exception préjudicielle, au sens de l'art. 182, C. for. (Meaume, *Comment.*, t. 2, n. 1296). Ainsi jugé, pour des arbres que le prévenu prétend avoir achetés, soit par adjudication, soit par acte sous seing privé, la question de savoir si certains arbres font partie de la coupe vendue ne constituant pas une question de propriété immobilière, et pouvant être résolue par le tribunal correctionnel. — Cass., 4 août 1881, Lenoble, [S. 84.1.175, P. 84.1.404, D. 82.1.186] — Orléans, 25 avr. 1853, Reynard, [S. 54.2.497, P. 53.1.692, D. 54.5.393] — Poitiers, 12 déc. 1890, Déjoux et Poguet, [*Rép. for.*, 91.41]

619. — Les tribunaux correctionnels sont de même compétents pour statuer sur le point de savoir si l'existence d'une pêcherie est en opposition avec les lois de police. Il n'y aurait lieu à sursis et à renvoi devant la juridiction civile qu'autant qu'il s'élèverait des contestations relativement à la propriété du terrain sur lequel la pêcherie est établie. — Cass., 19 juill. 1856, Messager, [S. 56.1.760, P. 57.659, D. 60.1.244]

620. — L'exception tirée d'un contrat de bail n'est pas non plus préjudicielle, au sens de l'art. 182, C. for., car elle n'est pas fondée sur un droit réel. — Cass., 25 mars 1882, Friard, [S. 85.1.138, P. 85.1.296, D. 82.1.275] — Ainsi, en cas de bail d'un droit de chasse. — Cass., 8 janv. 1853, [*Bull. for.*, 6.12]; — 12 mai 1853, de Ruzé, [*Bull. for.*, 6.51] — De même, pour délit d'introduction d'animaux en forêt, lorsque le propriétaire des animaux, poursuivi devant le tribunal correctionnel, se défend en alléguant qu'il aurait cédé ces animaux à titre de cheptel; le tribunal répressif statue valablement sur cette exception. — Cass., 14 févr. 1862, Dussard, [S. 62.1.999, P. 62.908, D. 66.1.366] — V. pourtant Cass., 9 juin 1848, Grimaldi, [P. 49.2.50]

621. — En cas de prévention de délit forestier commis sur un terrain dépendant d'un bois communal, l'exception proposée par le prévenu et tirée d'un bail administratif consenti à son profit, ne constitue pas non plus une exception fondée sur un droit réel, dont la connaissance appartient à la juridiction civile, conformément à l'art. 182, C. for.; le tribunal correctionnel doit donc statuer lui-même sur l'exception. — Metz, 27 avr. 1864, Muller, [*Rép. for.*, 2.201]

622. — II. *Conditions auxquelles est subordonnée l'admission de l'exception préjudicielle.* — *a) Caractère de pertinence du droit allégué.* — L'exception préjudicielle de propriété invoquée par un prévenu doit être admise lorsqu'elle est de nature, si elle est ultérieurement justifiée, à enlever au fait incriminé le caractère de délit. Il appartient au tribunal correctionnel de statuer sur la pertinence et l'admissibilité de l'exception proposée. — Cass., 14 déc. 1848, Darrouxès, etc., [*Bull. for.*, 4.494] — Ainsi, quand le titre de propriété sur lequel se fonde l'exception ne s'applique pas au terrain sur lequel le délit a été commis, le tribunal répressif peut apprécier ce défaut de pertinence et passer outre au jugement sur le fond. — Cass., 19 juill. 1878, Philippe, [S. 81.1.47, P. 81.75]

623. — Lorsque les habitants d'une commune sont prévenus d'avoir coupé du bois dans une forêt dont la propriété est revendiquée par cette commune contre l'Etat, le tribunal correctionnel ne peut surseoir à statuer sur la prévention jusqu'à ce que l'action en revendication ait été vidée par la juridiction compétente, attendu qu'en supposant que la propriété de la forêt fût attribuée en définitive à la commune, le délit forestier n'en subsisterait pas moins. — Cass., 9 juin 1848, Gaspari et autres, [*Bull. for.*, 4.399]; — 7 juill. 1840, Stretta, [S. 49.1.780, P. 50.2.305, D. 49.1.248]; — 18 janv. 1850, Sandreschi, [P. 53.1.68, D. 59.1.299]; — 25 janv. 1850, Sialelli, [P. 53.1.68, D. 50.1.300]

624. — Généralement pour tous délits commis dans une forêt communale, le délinquant ne peut opposer le droit de propriété de la commune, et même le maire ne saurait être admis à intervenir pour prendre le fait et cause du prévenu : l'exception ne faisant pas disparaître le délit, il n'y a pas lieu à surseoir pour renvoyer à fins civiles. — Cass., 3 août 1827, Lacuquerin, [P. chr.]; — 23 janv.-10 déc. 1829, Commune de Marmagne, [P. chr.]; — 16 janv. 1836, Delaroche, [P. chr.]; — 10 juin 1847, Berfini, [P. 47.2.595, D. 47.4.404]; — 21 juin 1851, Labarthe et Lassus, [P. 53.1.113] — Bordeaux, 18 févr. 1852, Mêmes parties, [*Ibid.*] — V. cep. *infrà*, n. 637.

625. — Le prévenu d'enlèvement de matériaux dans une forêt, contre la volonté du propriétaire, ne peut invoquer, comme exception préjudicielle, la validité de la cession que des usagers lui auraient fait de leur droit, attendu d'une part que ce droit est incessible, d'autre part qu'il ne peut être exercé sans délit que dans les conditions de l'art. 144, C. for. — Cass., 25 juill. 1844, Roussel, [P. 44.2.620]

626. — Celui qui a pris du bois sans délivrance dans la forêt d'autrui ne peut valablement exciper d'un droit d'usage qui lui appartiendrait sur cette forêt et demander un sursis pour que les juges compétents apprécient l'étendue de ce droit, parce qu'en supposant l'existence de l'usage, le fait de se servir sans délivrance constitue un délit. — Cass., 18 déc. 1840, Poitrinales, etc., [P. 41.2.457]

627. — Même solution lorsque les habitants d'une commune usagère, ayant introduit du bétail en forêt dans des cantons que l'administration n'a pas déclarés défensables, argue de son droit d'usage à titre d'exception préjudicielle pour obtenir un sursis et un renvoi devant les tribunaux civils, une exception de ce genre n'étant pas de nature à faire disparaître le délit. — Cass., 5 juill. 1834, Commune de Marchiennes, [S. 35.1.138, P. chr.] — Toulouse, 8 févr. 1862, Commune de Garanon, [*Rép. for.*, 1.182] — Dijon, 26 juill. 1871, Mallard, [*Rép. for.*, 7.85] — Lyon, 25 juill. 1872, Escoffier et autres, [*Rép. for.*, 5.210] — V. aussi Cass., 12 avr. 1822, Nongé, [S. et P. chr.]

628. — Et comme conséquence d'une autre règle de police imposée aux usagers (C. for., art. 72), lorsque des habitants d'une commune sont prévenus d'avoir fait paître dans une forêt domaniale leurs bestiaux à garde séparée, le tribunal correctionnel ne peut surseoir au jugement jusqu'à la décision d'une instance engagée devant le tribunal civil relativement au droit d'usage, dont la confirmation ne ferait pas disparaître le délit. — Cass., 18 févr. 1820, Bouillon, [S. et P. chr.]

629. — L'existence d'un droit de passage ne peut être opposée à titre d'exception préjudicielle à l'occasion de poursuites intentées pour comblement de fossé. — Cass., 27 nov. 1823, Rich, [P. chr.] — De même, le prévenu de déplacement de bornes ne peut être admis à opposer l'exception préjudicielle résultant de ce qu'il aurait possédé utilement au delà de ces bornes. — Limoges, 15 nov. 1856, Muret de Bord, [*Bull. for.*, 7.158] — De même encore le délinquant poursuivi pour passage sur terrain d'autrui avec bris de clôture ne peut prétendre avoir simplement usé d'une servitude. — Trib. Mayenne, 1er déc. 1873, Denancé, [*Rép. for.*, 6.68]

630. — Un entrepreneur de travaux publics qui a extrait des matériaux d'un bois soumis au régime forestier sans avoir rempli les formalités des art. 145, C. for., et 170 de l'ordonnance réglementaire, ne peut élever une exception préjudicielle fondée sur ce que le canton où il a fait ses extractions lui avait été désigné dans le devis de son entreprise. Cette désignation n'étant pas suffisante, le délit de l'art. 144, C. for., n'en aurait pas moins été commis. — Cass., 24 avr. 1847, Béguery et Moreau, [P. 47.2.351]; — 10 sept. 1847, Mazier et Debeaupuits, [P. 48.2.62]

631. — Lorsqu'un terrain présumé communal a été reboisé en exécution d'un décret déclaratif d'utilité publique, un tiers poursuivi pour délit commis dans ce terrain ne peut valablement opposer l'exception préjudicielle en s'en prétendant propriétaire, attendu que l'accomplissement des formalités de la loi du 28 juill. 1860 a pour effet de soumettre de plein droit le terrain au régime forestier. — Montpellier, 23 nov. 1868, Gayraud, [*Rép. for.*, 4. 213] — De même pour une parcelle comprise dans un périmètre de restauration constitué conformément à la loi du 4 avr. 1882. — Trib. Die, 22 janv. 1885, Mancip, [*Rép. for.*, 11.225]

632. — *b) Caractère personnel du droit dont excipe le prévenu.* — Le prévenu n'est pas recevable à élever l'exception préjudicielle si le droit qu'il invoque ne lui est pas personnel, s'il invoque le droit prétendu d'un tiers. Cette condition, inscrite dans le texte de l'art. 182, est affirmée par une jurisprudence constante. — Cass., 7 juill. 1849, Stretta, précité; — 11 juill. 1851, Angelini, [*Bull. for.*, 6.298]; — 25 janv. 1855, Rossi, [S. 55.1.320, P. 55.2.168]; — 11 janv. 1862, Luet, [*Rép. for.*, 3.86]; — 29 déc. 1865, Brun. [*Ibid.*] — V. aussi Cass., 24 juill. 1863, Migliaciaro, [*Rép. for.*, 2.165] — Meaume, *Commentaire*, n. 1294.

633. — En conséquence, l'exception tirée par le prévenu de ce que la forêt dans laquelle a eu lieu le fait incriminé serait la propriété d'un tiers, reste de la compétence du tribunal correctionnel. — Chambéry, 22 août 1861, Laperrousaz, [*Rép. for.*, 1.114] — Limoges, 25 nov. 1876, Longueville, [*Rép. for.*, 9.53]

634. — Application de ce principe a été faite en cas de délit de dépaissance, lorsque le prévenu soutient que le terrain sur lequel les bestiaux ont été trouvés est un chemin public, l'administration forestière ou le propriétaire de la forêt prétendant que ce n'est qu'un chemin de vidange, faisant partie de cette forêt; dans ce cas, en effet, le prévenu n'excipe d'aucun droit qui lui soit personnel. — Dijon, 17 déc. 1845. Grandjanin et Grandchère, [*Bull. for.*, 3.153] — Colmar, 30 déc. 1862, Souquet, [*Rép. for.*, 2.12] — Paris, 13 août 1868, de Talhouët-Roy, [S. 69.2.73, P. 69.344] — Nancy, 16 mars 1892, Thouvenot, [*Rép. for.*, 92.151]

635. — Les individus poursuivis pour délit forestier ne peuvent fonder une exception préjudicielle sur ce que la forêt où le délit a été commis est la propriété de la commune dont ils font partie. — Cass., 12 juill. 1816, Blanc, [S. et P. chr.]; — 25 juill. 1851, Delage, [*Bull. for.*, 7.113] — ... Ou sur la qualité d'usagère qu'aurait cette commune sur la forêt. — Cass., 6 févr. 1845, Domenge, [P. 45.2.26, D. 45.1.154] — Limoges, 25 juin 1872, Escoffier, [*Rép. for.*, 5.210] — De plus, nous l'avons vu, dans l'un et l'autre de ces cas, l'exception est irrecevable comme ne faisant pas disparaître le délit. — V. *suprà*, n. 623 et s.

636. — Le résultat serait différent si le tiers auquel appartient le droit prétendu intervenait dans l'instance et prenait le fait et cause du prévenu. La question est toutefois controversée. Jugé que l'intervention de ce tiers est recevable et oblige le tribunal répressif à surseoir pour faire statuer sur l'exception préjudicielle. — Cass., 7 mars 1874, de Tournon, [S. 74.1.185, P. 74.436] — Montpellier, 22 nov. 1875, Galinier, [*Rép. for.*, 7.128] — Limoges, 25 nov. 1876, Longueville, [*Rép. for.*, 9.53] — *Contrà* : Cass., 25 janv. 1855, précité.

637. — La solution est la même si le tiers intervenant, au lieu d'être un particulier, est une commune, comparaissant par ses représentants légaux, le maire ou un habitant régulièrement autorisé par le conseil de préfecture. — Cass., 19 juill. 1845, Commune de Baudéan, [*Bull. for.*, 3.61] — Bastia, 29 déc. 1848, Giovannoni, [P. 49.2.52, D. 49.2.28] — Limoges, 21 nov. 1851, Sainthorrent, [*Bull. for.*, 6.319] — Rennes, 22 déc. 1880, Levesque, [*Rép. for.*, 9.292] — *Contrà* : Cass., 18 janv. 1850, Sandreschi, [P. 53.1.68, D. 50.1.299]; — 25 janv. 1850, Biolelli, [*Ibid.*]; — 13 sept. 1850, Marcelli, [*Ibid.*] — V. cep. *suprà*, n. 624.

638. — *c) Commencement de preuve à fournir par l'excipant.* — La simple allégation du droit serait insuffisante; l'art. 182 exige que l'excipant appuie sa prétention sur un commencement de preuve : titre apparent ou faits de possession équivalents. Sinon l'exception préjudicielle ne saurait être admise. — Cass., 23 avr. 1824, Maisonave, [P. chr.] — Le tribunal apprécie souverainement la valeur des titres produits et des faits articulés, et au cas où il déciderait qu'ils n'ont aucun caractère sérieux, cette décision est à l'abri de la censure de la Cour de cassation. — Cass., 31 mai 1844, de Monti, [*Bull. for.*, 2.398]

639. — Les titres ou les faits possessoires doivent être de nature à faire présumer l'existence du droit; s'ils sont directement contraires à cette présomption, l'exception ne peut être admise. Ainsi en serait-il d'un titre invoqué comme établissant la propriété par suite d'un *cantonnement*, qui ne serait autre qu'un acte *d'aménagement*, n'ayant pas l'effet de transférer la

propriété. — Cass., 5 juill. 1844, Delamotte, [P. 44.2.618]

640. — D'ailleurs, la loi ne spécifie nullement la nature du titre; il suffit qu'il tende à prouver l'existence de la propriété ou du droit réel : tel est le sens du mot *apparent*, dans l'art. 182, C. for. — Cass., 25 janv. 1855, Follacci, [P. 55.2.266]

641. — Ce titre peut consister dans l'acte de cession d'un droit de *bandite* par la commune, au profit des auteurs de l'excipant. Ce droit, analogue à la superficie, constitue un fondement suffisant pour l'exception préjudicielle. Le tribunal correctionnel méconnaît donc l'art. 182, C. for., s'il retient la cause et nomme un expert pour appliquer le titre, au lieu de renvoyer le prévenu à fins civiles. — Aix, 17 oct. 1889, Sassi, [*Rép. for.*, 90.133]

642. — Un jugement au possessoire qui n'a force de chose jugée envers aucune des parties, peut être cependant considéré comme un titre apparent à l'appui de l'exception préjudicielle soulevée par le prévenu, et obliger le tribunal correctionnel à surseoir. — Cass., 22 mai 1885, Arnal et Casimir, [S. 87.1. 36, P. 88.58] — V. aussi Cass., 24 déc. 1858, Albertini, [P. 59. 602]

643. — Mais une simple litispendance résultant d'une instance civile antérieure ne saurait tenir lieu à l'excipant du titre apparent. — Cass., 19 août 1864, Verdier, [*Rép. for.*, 3.8] — ... Non plus que l'acte de partage d'un bois communal entre des habitants de la commune, un partage de ce genre ne pouvant produire aucun effet. — Bourges, 3 août 1854, Cornu, [*Bull. for.*, 7.136]

644. — Le tribunal correctionnel apprécie souverainement la valeur des faits possessoires et décide s'ils sont suffisants pour équivaloir à titre. — Cass., 5 janv. 1853, Villotte, [*Bull. for.*, 7.8]; — 25 janv. 1861, Vilcoq, [*Rép. for.*, 1.30] — Lyon, 3 juin 1879, Cottin, [*Rép. for.*, 8.297] — V. aussi Cass., 29 juin 1866, Casanova et Orsati, [*Rép. for.*, 4.283]

645. — La possession suffisante pour fonder l'exception préjudicielle doit être constante, irrécusable, et ne saurait résulter d'un fait accidentel (Meaume, *Commentaire*, n. 1295). Est-ce nécessairement la possession annale? Rien dans le texte de l'art. 182 n'indique qu'une telle possession soit indispensable. Toutefois, c'est à la possession annale *animo domini* que se réfèrent ordinairement les arrêts qui traitent de la matière. — Cass., 7 janv. 1832, Bannerot, [P. chr.]; — 11 avr. 1846, Beziade, [*Bull. for.*, 3.268]; — 18 mai 1848, Viste, [P. 50.1.338]

646. — Il est très-fréquent, en effet, que celui qui excipe de la possession dans le cas de l'art. 182, C. for., offre à l'appui de son exception une sentence au possessoire reconnaissant sa possession annale *animo domini*. Curasson fait remarquer que l'action correctionnelle peut ne servir qu'à masquer une prétention à la propriété. Celui contre qui un procès-verbal de délit a été dressé a intérêt à agir immédiatement au possessoire en considérant ce procès-verbal comme un trouble de possession; en cas de poursuites subséquentes, il se prévaudra de la sentence obtenue, et c'est seulement si les poursuites ont devancé le jugement qu'il alléguera les faits de possession qui lui auront servi à l'obtenir. — Curasson, *Code forestier*, t. 2, p. 101 et s.; Meaume, *Commentaire*, t. 2, p. 816, note 1.

647. — III. *Jugement sur l'exception.* — *a) Pouvoir du tribunal répressif.* — D'après l'art. 182, C. for., le tribunal répressif apprécie la pertinence et l'admissibilité des moyens allégués par l'excipant (V. *suprà*, n. 622 et s.). Il peut déclarer que les titres ou les faits possessoires ne s'appliquent pas au terrain en question; mais cette faculté doit avoir ses limites, sans quoi elle entraînerait l'examen de questions qui sont exclusivement de la compétence des tribunaux civils. L'appréciation du tribunal répressif ne doit donc pas comporter de débat ni de discussion sur les titres ou la possession; elle permet d'écarter, par exemple, des allégations qui manifestement n'ont aucun rapport avec le fait incriminé. — V. Meaume, *Commentaire*, n. 1295, p. 815.

648. — Si le juge répressif a le droit d'examiner les titres produits par l'inculpé et de vérifier non seulement s'ils se rapportent à l'objet du litige, mais encore s'ils constituent un titre apparent de nature à rendre vraisemblable le droit prétendu, il excède ses pouvoirs et viole les règles de la compétence quand il se livre à l'interprétation des titres produits et discute au fond la portée qu'ils peuvent avoir. — Cass., 14 déc. 1882, Lemaître, [S. 84.1.448, P. 84.1.1091] — V. aussi *suprà*, v° *Compétence criminelle*, n. 396.

649. — Ainsi, le tribunal correctionnel est incompétent pour ordonner préparatoirement une visite à l'effet de vérifier si les arbres abattus sont situés dans la forêt de l'Etat ou sur le terrain de l'excipant. — Bourges, 6 janv. 1825, Delalande, [P. chr.] — Il n'a pas non plus qualité pour ordonner des vérifications se rapportant aux faits de possession allégués. — Cass., 19 août 1843, Deprats, [D. *Rép.*, v° *Question préjudicielle*, n. 149]

650. — Le tribunal répressif ne peut, sous prétexte de l'insuffisance des preuves actuelles de la propriété, ordonner un supplément d'instruction à l'effet de reconnaître si le sol sur lequel a eu lieu le fait incriminé appartient à l'excipant. — Cass., 12 mars 1853, Valenty, [Bull. for., 6.116]

651. — Il ne peut, sans violer l'art. 182, C. for., charger un expert de procéder à la reconnaissance des limites de deux forêts contiguës, alors que rien ne justifie qu'elles soient séparées par des bornes certaines. — Cass., 13 janv. 1865, Casanova, [*Rép. for.*, 3.50] —V. aussi Aix, 17 oct. 1889, Sassi, [*Rép. for.*, 90.133]

652. — Lorsque l'étendue et les limites de deux forêts contiguës sont contestées, le tribunal de répression ne peut, par quelque moyen que ce soit, en déterminer l'étendue et en fixer les limites; il ne peut notamment renvoyer le prévenu en se fondant sur le rapport d'un conseiller commissaire. — Cass., 30 juin 1874, Follacci, [S. 75.1.390, P. 74.1.405] — V. cependant, Chambéry, 28 févr. 1878, Duchaussoy, [*Rép. for.*, 8.144]

653. — *b) Jugement d'admission.* — Lorsque le tribunal répressif admet l'exception préjudicielle, il n'est pas autorisé à se dessaisir, en se déclarant incompétent. — Cass., 16 mars 1822, Delouvée, [P. chr.] —Lyon, 3 juin 1879, Cottin, [*Rép. for.*, 8.297]

654. — L'admission de l'exception préjudicielle entraine seulement le sursis à statuer et le renvoi à la juridiction compétente qui devra être saisie, dans un délai déterminé, de l'existence du droit de propriété ou autre droit réel.

655. — Pendant toute la durée du sursis, l'action publique étant impossible, la prescription se trouve suspendue; elle ne recommence à courir que lorsque le délai fixé est écoulé. — Cass., 1er déc. 1848, Petit, [*Bull. for.*, 4.419]; — 7 mai 1851, Vassayre, [*Bull. for.*, 5.379]; — 20 nov. 1886, Lamiche, [*Rép. for.*, 88.48]; — Nîmes, 30 juill. 1863, Pourcin, [*Rép. for.*, 2.168]

656. — Lorsque la prescription recommence à courir, ce n'est plus la prescription de trois mois, mais celle du droit commun, de trois ans pour un délit, à partir du dernier acte de poursuite. — Montpellier, 1er déc. 1845, Bonafous, [P. 46.1.133] — Paris, 11 déc. 1884, Bouvrain, [*Rép. for.*, 86.168]

657. — Le jugement de renvoi comporte nécessairement la fixation d'un délai, pendant lequel les juges compétents devront être saisis. — Cass., 12 août 1842, Lemoine, [*Bull. for.*, 1.280] — L'omission de ce délai est une cause de nullité du jugement; un ajournement indéfini, sans indication de date, ne satisfait pas à l'art. 182, C. for. — Cass., 11 sept. 1847, Tessier, [P. 48. 2.95]; — 21 déc. 1867, Moufle, [*Rép. for.*, 4.208]

658. — Jugé cependant, mais dans des circonstances spéciales, que le tribunal correctionnel n'est pas tenu de fixer un délai au prévenu pour faire décider la question préjudicielle qu'il soulève, alors qu'il existe déjà à ce sujet une instance pendante entre la commune dont fait partie l'excipant et le propriétaire de la forêt, relativement à l'existence d'un droit d'usage. — Cass., 21 juill. 1865, Lombard, [*Rép. for.*, 3.227]

659. — Le jugement qui surseoit à statuer sur le fond constitue un simple jugement interlocutoire auquel on ne peut attribuer les effets de la chose jugée. En conséquence, lorsque le tribunal a omis de fixer, ainsi que le prescrit l'art. 182, C. for., le délai dans lequel doit être jugée la question de propriété, cette omission peut être réparée par un second jugement. — Cass., 15 juin 1849, Dommanget, [*Bull. for.*, 5.6] — C'est à la partie poursuivante qu'il appartient de demander au tribunal de réparer son omission quant à la fixation du délai. — Nîmes, 30 juill. 1863, Pourcin, [*Rép. for.*, 2.167]; — 2 févr. 1865, Cayrier, [*Rép. for.*, 3.10]

660. — Le délai imparti, d'après l'art. 182, C. for., doit être un *bref délai*; toutefois le texte, à la différence de l'art. 179, par exemple, n'indique aucune limite, soit *maxima*, soit *minima*. Le tribunal est donc souverain appréciateur de l'espace de temps nécessaire à l'excipant pour saisir les juges compétents.

661. — Si l'excipant demande un nouveau sursis, en alléguant que le délai qui lui a été accordé n'était pas suffisant, le tribunal peut-il accorder un supplément de délai? Il a certainement la faculté de *passer outre*, conformément à l'art. 182. Jugé même qu'il ne pourrait accorder un nouveau délai. — Cass., 4

déc. 1857, Collier, [*Bull. for.*, 8.77]; — 5 févr. 1887, Aubertin, [S. 88.1.392, P. 88.1.947, D. 87.1.366] — Montpellier, 22 nov. 1875, Deby, [*Rép. for.*, 7.129]

662. — Il semble toutefois que la décision sur ce point doive être subordonnée aux circonstances. Ainsi jugé que le prévenu qui, dans le délai à lui imparti, a saisi la juridiction civile, et succombé en première instance et en appel, a droit à un nouveau sursis pour se pourvoir en cassation contre l'arrêt de la cour. — Cass., 28 avr. 1860, Rochard, [*Rép. for.*, 2.164]

663. — Si, pendant la durée du sursis, et même pendant l'instance civile, le prévenu commet de nouveaux délits, pareils à ceux qui avaient motivé les poursuites correctionnelles, le sursis prononcé pour les faits antérieurs s'applique aussi aux faits postérieurs. Le juge répressif ne peut donc valablement statuer sur ces nouveaux faits, et il doit nécessairement attendre la solution de l'instance civile. — Cass., 14 août 1823, Dubarret, [P. chr.]; — 21 oct. 1824, Sérouart, [P. chr.]; — 15 mars 1839, Meynier, [P. 44.1.328] — *Sic*, Meaume, *Comment.*, n. 1296.

664. — *c) Obligations résultant, pour le prévenu, du jugement de renvoi.* — Ces obligations consistent à saisir les juges compétents et à justifier de ses diligences dans le délai qui lui a été imparti. Le texte même de l'art. 182 met cette double obligation à la charge de « la partie qui aura élevé la question préjudicielle ». Il semblerait donc qu'une mention à cet effet dans le jugement de renvoi fût inutile. Jugé, toutefois, que le tribunal répressif ne doit pas se borner à déclarer le sursis et à fixer un délai : il doit aussi désigner celle des parties qui doit saisir la juridiction compétente, cette partie d'ailleurs étant nécessairement celle qui a soulevé l'exception. — Cass., 19 févr. 1838, Peytot, [*Bull. for.*, 8.274]; — 11 avr. 1861, Laquerrière, [*Rép. for.*, 1.34]

665. — L'obligation, pour le prévenu, de saisir les juges compétents, est générale, et s'applique aussi bien dans les contestations entre particuliers que dans le cas de poursuites exercées par le ministère public ou par l'administration forestière. — Cass., 26 déc. 1846, Mironneau, [*Bull. for.*, 4.31]; — 20 mai 1853, Roux, [*Bull. for.*, 6.108] — V. aussi Cass., 25 août 1877, Chevalier, [S. 78.1.288, P. 78.704, D. 78.1.142]; — 23 août 1879, Doulus et Chaudron, [*Rép. for.*, 10.271]

666. — Quand le renvoi à fins civiles a été prononcé, le prévenu devient demandeur dans son exception; dès lors, c'est à lui qu'incombe l'obligation de prouver, devant les juges compétents, l'existence des droits qu'il a invoqués. — Cass., 13 août 1853, de Chastellux, [*Bull. for.*, 6.132]; — 21 déc. 1867, Moufle, [*Rép. for.*, 4.208]; — 21 mai 1884, Ondet, [S. 84.1.278, P. 84. 1.678, D. 84.1.446]

667. — Le tribunal compétent doit être saisi par le prévenu dans les formes légales. Ainsi, lorsqu'une des parties est une commune, l'instance doit être précédée de la présentation d'un mémoire au préfet (L. 5 nov. 1790, art. 15, et actuellement L. 5 avr. 1884, art. 124). — Poitiers, 27 juill. 1832, Chesneau, [P. chr.] — Lyon, 10 mai 1878, Fontaine, [*Rép. for.*, 8.88] — *Contrà*, Nîmes, 29 mars 1833, Cabanès, [P. chr.] — V. *suprà*, v° *Autorisation de plaider*, n. 667 et s. — Sur le point de savoir si le mémoire préalable est exigé même pour l'exercice des poursuites en police correctionnelle pour délit forestier, V. *suprà*, v° *Autorisation de plaider*, n. 687 et 688.

668. — L'art. 182 n'exige pas que, dans le délai fixé, le prévenu ait fait reconnaître ses droits par les juges compétents; il suffit qu'il les ait saisis dans ce délai. En conséquence, ce prévenu ne doit pas être frappé de déchéance du moment où, à l'expiration du délai, il prouve qu'il a déposé le mémoire préalable à l'action communale. — Cass., 3 nov. 1842, Bondes, [P. 43.1.459]

669. — Mais au moins faut-il que l'action elle-même ait été intentée dans le délai. Si le prévenu s'est borné à s'adresser au préfet pour demander une délimitation partielle, cet acte ne remplit pas le but indiqué dans le jugement. — Montpellier, 22 nov. 1875, Galinier et Deby, [*Rép. for.*, 7.128] — C'est aussi dans ce sens qu'il faut entendre l'arrêt de Cass., 4 juin 1847, Sidobre, [P. 47.2.596]

670. — C'est au prévenu qu'appartient le choix du juge compétent. La juridiction peut être, suivant les cas, de l'ordre judiciaire ou de l'ordre administratif. Bien que l'art. 182, C. for., ait plus spécialement en vue les litiges qui sont vidés par les tribunaux judiciaires, cependant des règles identiques doivent être suivies, par analogie, devant les juridictions administratives. — V. Cass., 25 févr. 1856, Wattine, [*Bull. for.*, 7.113]

671. — C'est ainsi qu'il y aura lieu de saisir l'autorité administrative (Conseil d'Etat) en interprétation d'un décret prononçant la soumission au régime forestier d'un bois communal. — Cass., 3 mars 1865, Moine, [*Rép. for.*, 3.97] — Grenoble, 14 janv. 1859, Commune d'Embrun, [*Bull. for.*, 8.103] — Le tribunal administratif compétent sera le conseil de préfecture, pour l'interprétation d'un acte de vente domaniale. — Cons. d'Et., 11 janv. 1813, Piquet d'Offémont, [S. chr., P. adm. chr.]

672. — Lorsqu'un délit forestier a été constaté par un procès-verbal de récolement. le tribunal saisi de la poursuite peut surseoir à statuer pour permettre au prévenu de saisir le conseil de préfecture, seul tribunal compétent pour prononcer sur la validité du procès-verbal. — Trib. Grenoble, 12 août 1886, Fiardet. — Cons. préf. Isère, 24 mars 1888 et 23 nov. 1889, [*Rép. for.*, 91.93]

673. — C'est également l'autorité administrative qui devra être saisie lorsqu'un entrepreneur de travaux publics ayant été poursuivi à la requête de l'administration forestière, pour extraction de matériaux dans un bois soumis au régime forestier, il y a lieu d'interpréter les clauses du cahier des charges, dont cet entrepreneur a excipé devant la juridiction répressive. — Cass., 25 févr. 1847, Malval, [P. 47.2.288, D. 47.4.405] — Nancy, 21 févr. 1844, Baptiste et Jouve, [*Bull. for.*, 2.110] — Dans les cas qui précèdent, il ne s'agit plus, il est vrai, d'une exception préjudicielle de propriété, telle que l'entend l'art. 182; mais les raisons de décider sont identiques. — V. *supra*, n. 670.

674. — Au cas le plus fréquent, où la question préjudicielle est du ressort d'un tribunal de l'ordre judiciaire, le prévenu satisfait suffisamment à l'obligation qui lui incombe, en saisissant le juge de paix d'une demande en maintenue possessoire. — Cass., 24 déc. 1858, Albertini, [S. 59.1.875, P. 59.602, D. 59.1.95]; — 22 mai 1863, Pestel, [*Rép. for.*, 2.140] — *Sic.* Meaume, *Commentaire*, n. 1295. — *Contrà*, Nîmes, 6 juill. 1854, Anglegeau, [S. 55.2.65, P. 55.1.555, D. 55.2.233]

675. — Mais la reconnaissance judiciaire de la possession qui a servi de base à une exception préjudicielle ne fait pas obstacle à la continuation des poursuites correctionnelles par le demandeur, lorsqu'il a fait reconnaître au pétitoire son droit de propriété. — Riom, 23 août 1843, Chauchat, [*Bull. for.*, 2.61]

676. — Jugé également que lorsqu'à la suite d'une exception préjudicielle de propriété le prévenu, sur une complainte possessoire par lui intentée, a été maintenu dans la possession de la forêt, la partie civile n'en est pas moins recevable, après que, sur une action pétitoire ultérieurement formée par elle, elle a fait reconnaître son droit de propriété, à reprendre les poursuites correctionnelles jusque-là suspendues. — Cass., 3 août 1844, Chouvy et Chapuy, [*Bull. for.*, 2.420]

677. — Lorsque l'excipant a saisi le tribunal civil et que ce tribunal a reconnu en sa faveur un droit de propriété, le même jugement peut condamner celui qui a choisi à tort la voie correctionnelle à des dommages-intérêts et aux dépens pour les frais faits devant la juridiction civile. — Cass., 2 janv. 1856, Roux, [*Bull. for.*, 7.51]

678. — La seconde obligation qui incombe au prévenu par suite du jugement de renvoi consiste à *justifier de ses diligences* devant le tribunal répressif. Les parties devront donc comparaître à cet effet devant ce tribunal, sur une nouvelle citation donnée soit par le ministère public ou l'agent forestier, soit par la partie civile. — V. Meaume, *Commentaire*, n. 1296. — Montpellier, 28 avr. 1836, Mourgues.-Dissert, [*Bull. for.*, 5.52]

679. — Justifier de ses diligences consiste, pour le prévenu, à prouver qu'il a fait, dans les délais à lui impartis, les actes nécessaires pour arriver au jugement de la question préjudicielle. — Cass., 18 sept 1840, Marmontel, [S. 41.1.664, P. 41.2.435]; — 26 nov. 1840, Couget, [*Ibid.*] — Le tribunal apprécie si le prévenu a suffisamment rempli l'obligation qui lui incombe. Il peut admettre comme suffisante la preuve que l'instance est régulièrement pendante devant la juridiction civile. — Cass., 3 avr. 1857, Demilly, [D. 57.1.264]

680. — Lorsqu'un prévenu n'a pas fait statuer sur son exception préjudicielle dans le délai assigné, il est présumé y avoir renoncé, et le juge doit dès lors statuer sur la contravention, sans avoir égard à ladite exception. — Cass., 28 mars 1873, Cordier, [D. 73.1.446] — Il en est ainsi alors surtout qu'après des remises successives, le prévenu a négligé d'intenter l'action civile. — Cass., 12 févr. 1876, Pagès, [*Rép. for.*, 7.43] — V. *supra*, v° *Compétence criminelle*, n. 390.

681. — IV. *Jugement sur le fond; exécution de ce jugement.* — Le tribunal répressif *passera outre*, c'est-à-dire prononcera sur le délit ou la contravention, après expiration du délai imparti et sur nouvelle citation. Si le prévenu a fait reconnaître son droit devant la juridiction civile, l'infraction s'évanouissant, le tribunal répressif ne pourra que renvoyer définitivement le prévenu des poursuites, en statuant, s'il y a lieu, sur les dommages-intérêts récursoires et dans tous les cas sur les frais de l'instance.

682. — Si le prévenu, bien qu'ayant saisi les juges compétents, n'a pu triompher dans l'instance civile, et qu'il ne puisse faire valoir d'autre moyen de défense, il sera condamné par le tribunal répressif, et l'exécution du jugement aura lieu comme si l'exception préjudicielle n'avait pas été soulevée. Il en sera de même, en ce qui concerne la condamnation, si le prévenu a négligé de saisir le tribunal civil. Toutefois, dans ce cas, « il sera sursis à l'exécution du jugement sous le rapport de l'emprisonnement, s'il était prononcé, et le montant des amendes, restitutions et dommages-intérêts sera versé à la Caisse des dépôts et consignations pour être remis à qui il sera ordonné par le tribunal qui statuera sur le fond du droit » (C. for., art. 182), c'est-à-dire sur la question de propriété.

Section II.
Poursuites à l'occasion des délits commis dans des bois non soumis au régime forestier.

683. — L'art. 190, C. for., renvoie au Code d'instruction criminelle relativement à la compétence des tribunaux; mais ce renvoi ne concerne pas seulement la compétence : d'une manière générale on peut dire que le droit commun est pleinement applicable pour tout ce qui concerne la poursuite des infractions commises dans les bois et forêts qui appartiennent aux particuliers. — V. *infrà*, v° *Forêts*.

684. — I. *Par qui est exercée l'action-publique.* — Il est certain que l'administration forestière n'a pas qualité pour poursuivre la répression des délits et contraventions qui portent atteinte aux bois des particuliers (Meaume, *Comment.*, t. 2, n. 1338). Les agents forestiers n'interviennent qu'au sujet d'infractions à des défenses d'ordre public (V. *suprà*, v° *Défrichement*, n. 143). Dans tous les autres cas, ils sont sans qualité, lors même que les faits leur auraient été expressément dénoncés par les propriétaires. — V. Dijon, 17 févr. 1830, Pacot, [cité par Meaume, *op. cit.*, t. 2, n. 1121]

685. — Le ministère public a compétence pleine et entière pour la poursuite des infractions à la loi forestière commises dans les bois des particuliers, comme pour les délits et contraventions du droit commun. Il tire cette compétence de l'art. 182, C. instr. crim., que le Code forestier n'a pas modifié sous ce rapport. — Meaume, *op. cit.*, t. 2, n. 1338.

686. — En conséquence, le ministère public peut en poursuivre la répression d'office, sans qu'il soit besoin d'attendre une plainte de la partie lésée. — Cass., 29 juill. 1853, Naon, [S. 53.1.786, P. 54.1.28, D. 53.1.238] — Sur les poursuites à exercer d'office au sujet des délits forestiers commis dans les bois des particuliers, V. une circulaire du procureur général à Besançon, du 17 déc. 1859, [*Bull. for.*, 8.470]

687. — II. *Tribunaux compétents.* — La confusion entre délits et contraventions en matière forestière qui résulte, dans les bois soumis au régime, de l'art. 171, C. for., ne peut plus être faite dans les bois des particuliers. Conformément à l'art. 139, C. instr. crim., les juges de paix connaissent exclusivement des contraventions forestières commises dans les bois des particuliers; les délits seuls sont de la compétence des tribunaux correctionnels. — V. Meaume, *Commentaire*, n. 1338 et 1342.

688. — Les infractions forestières qui ne donnent lieu qu'à une amende de 15 fr. et au-dessous, et à cinq jours d'emprisonnement et au-dessous, appartiennent donc à la juridiction des tribunaux de simple police, soit que les poursuites soient dirigées d'office par le ministère public, soit qu'elles aient lieu à la requête des propriétaires particuliers lésés par la contravention. — Cass., 20 juin 1854, Privat, [*Bull. for.*, 6 246] — V. *supra*, v° *Compétence criminelle*, n. 559.

689. — Toutefois, par application de l'art. 192, C. instr. crim., si une contravention forestière avait été à tort qualifiée délit par la citation notifiée à la requête soit du ministère public, soit d'une partie civile, et, à raison de cette fausse qualification, déférée au tribunal correctionnel, ce tribunal serait compétent pour juger, si le ministère public ou la partie civile n'a pas requis le renvoi. Mais ce droit de requérir n'appartient pas au prévenu. — Meaume, *Commentaire*, n. 1342. — V. *suprà*, v° *Compétence criminelle*, n. 610 et s.

690. — Le juge de simple police commet un excès de pouvoir, lorsqu'il statue sur une infraction au Code forestier commise dans un bois de particulier, emportant une amende supérieure à 15 fr. La nullité du jugement peut être prononcée d'office par la Cour de cassation. — Cass., 3 mars 1866, Saux, [*Rép. for.*, 3. 177] — V. *suprà*, v° *Compétence criminelle*, n. 443, 448 et 449.

691. — La compétence ordinaire des tribunaux correctionnels peut d'ailleurs être changée par suite du privilège de juridiction, à l'occasion de délits commis par les gardes des particuliers dans les bois dont ils ont la surveillance. Ces gardes jouissent du privilège de juridiction dans les mêmes conditions que les gardes de l'administration, en vertu de l'art. 483, C. instr. crim. — V. *suprà*, n. 462 et s., et v° *Compétence criminelle*, n. 128 et s.

692. — III. *Modes d'extinction de l'action publique.* — La prescription, la chose jugée, le décès du prévenu, l'amnistie, ont pour effet d'empêcher la répression des délits commis dans les bois des particuliers comme celle des délits commis dans les bois soumis au régime forestier (V. *suprà*, n. 472 et s.). En ce qui concerne notamment la prescription, les délais de l'art. 185, C. for., sont applicables, lorsqu'un procès-verbal a été dressé : trois mois ou six mois, à dater de la clôture, suivant que le nom du délinquant se trouve ou non inscrit dans l'acte. Si aucun procès-verbal n'a été dressé, les délais de prescription sont ceux du droit commun : trois ans pour un délit, un an pour une contravention. — Meaume, *Commentaire*, n. 1343. — V. *suprà*, n. 474.

693. — L'art. 191, C. for., exige que les procès-verbaux dressés par les gardes des particuliers soient remis dans le délai d'un mois, à dater de l'affirmation, au procureur ou au juge de paix, suivant leur compétence respective. Mais il ne s'agit que d'un simple délai d'*ordre*, et l'inobservation de l'art. 191 n'entraîne aucune déchéance. On ne pourrait soutenir que l'action est prescrite par le défaut de remise du procès-verbal dans le mois. — Meaume, *op. cit.*, n. 1343.

694. — La loi du 18 juin 1859, relative à la transaction avant jugement, n'est pas applicable aux délits commis dans les bois des particuliers. La transaction accordée par le propriétaire n'a aucun effet sur l'action publique, quels que soient les termes dans lesquels elle est donnée; elle ne peut s'appliquer qu'aux réparations civiles.

695. — IV. *Exercice de l'action civile née du délit.* — Le propriétaire particulier, lésé par le délit ou la contravention, peut demander au tribunal répressif la réparation du dommage qui lui a été causé (C. instr. crim., art. 145 et 182). Il peut aussi porter son action devant le tribunal civil, s'il préfère la juridiction civile ou si le tribunal répressif a déjà statué sur la poursuite du ministère public.

696. — La personne compétente pour exercer l'action civile née d'un délit est habituellement le propriétaire de la forêt. Toutefois, dans un bois soumis à un droit d'usufruit, cette action ne peut être exercée que par l'usufruitier, et non par le nu-propriétaire, si le délit n'a causé du dommage qu'à la superficie, et non au tréfonds. — Bourges, 13 août 1863, Darpès, [S. 63.2.194, P. 64.58]

697. — Le droit, pour les particuliers, de saisir le tribunal répressif par voie de citation directe, est général et s'applique quelle que soit la nature de l'infraction commise. Leur action ne saurait être repoussée par le motif que les réparations dues ne sont que la conséquence de la peine et qu'elles ne peuvent être prononcées en l'absence de réquisitoire du ministère public. — Cass., 5 mai 1837, Taxil, [S. 40.2.162]

CHAPITRE VI.

CONDAMNATIONS.

SECTION I.
Principes de droit pénal applicables en matière forestière.

§ 1. *Éléments de la culpabilité.*

698. — Les règles du droit commun, concernant la culpabilité, se trouvent gravement modifiées en matière forestière, par

suite des dispositions de la loi spéciale. Et d'abord certains actes qui ne seraient pas punissables, parce qu'ils ne sont autres que des actes préparatoires, tout au plus des tentatives de délits ou de contraventions, sont expressément prévus et punis par la loi forestière. — V. *suprà*, n. 149 et s.

699. — Ainsi le fait de se trouver en forêt avec des instruments propres à couper le bois constitue l'infraction prévue par l'art. 146 (V. *suprà*, n. 150 et s.). De même le fait de remuer des terres, d'extraire des matériaux, est punissable en vertu de l'art. 144, lors même qu'il n'y aurait eu, de la part de l'auteur, aucune pensée d'enlèvement ultérieur. — V. *suprà*, n. 80 et s.

700. — Le principe général qui ressort de l'ensemble du Code forestier est que l'existence seule du fait dommageable suffit pour qu'il y ait condamnation, sans que le juge ait à s'inquiéter ni à tenir compte de l'intention du prévenu. A cet égard les infractions forestières, quelle que soit la peine infligée, sont assimilables aux contraventions du droit commun, pour lesquelles il suffit de prouver l'existence du fait matériel.

701. — Ce caractère se trouve encore plus spécialement affirmé par l'art. 203, C. for., suivant lequel : « les tribunaux ne pourront appliquer aux matières réglées par le présent Code les dispositions de l'art. 463, C. pén. ». Les peines du Code forestier ne peuvent donc être modérées par l'admission de circonstances atténuantes. — Cass., 21 févr. 1828, Aubœuf, [P. chr.]; — 2 mai 1833, Habitants d'Escragnolles, [S. 33.1.792, P. chr.]; — 7 sept. 1833, Gaumier, [P. chr.]; — 12 juin 1834, Pinier, [P. chr.]; — 27 févr. et 21 mars 1840, Jund et Leimlich, [P. 41.1. 16]; — 5 mars 1840, Pallet, [P. 41.1.105]; — 1er avr. 1848, Bille, [P. 48.2.409, D. 48.5.208]; — 21 juin 1851, Labarthe et Lassus, [P. 53.1.113, D. 51.5.276]; — 22 avr. 1852, Graff, [*Bull. for.*, 6. 45] — V. *suprà*, v° *Circonstances aggravantes et atténuantes*, n. 100 et 101.

702. — La loi forestière, enlevant ainsi aux juges l'appréciation des circonstances qui pourront permettre d'atténuer les peines, laisse cette appréciation à l'autorité administrative, qui l'exerce soit avant, soit après le jugement de condamnation. Avant 1859, la décision administrative accordant, avant jugement, à un prévenu remise d'une partie de la peine encourue, ne faisait pas obstacle au pouvoir du tribunal de prononcer la peine intégrale. — Cass., 20 mars 1830, Henry, [S. et P. chr.]; — 2 mai 1833, précité.

703. — Depuis la loi du 18 juin 1859 (V. *suprà*, n. 516 et s.), la transaction avant jugement, accordée par l'administration forestière, produit en réalité des résultats analogues à ceux des circonstances atténuantes qui seraient admises par le juge, mais elle produit cette conséquence spéciale d'éteindre l'action publique et d'enlever au tribunal l'examen de l'infraction commise.

704. — La règle de l'art. 203, C. for., prohibitif des circonstances atténuantes, est générale et absolue. Les tribunaux n'ont donc pas à examiner, pour l'application de la peine, le plus ou moins d'importance du dommage causé à la forêt. Ils ne pourraient même admettre comme excuse la circonstance que le fait délictueux n'a causé à la forêt aucun dommage. — Cass., 24 janv. 1846, Lamy, [P. 47.1.277, D. 46.4.303]; — 1er oct. 1846, Sandet, [P. 47.1.331, D. 46.4.302] — Caen, 22 févr. 1888, Joubin, [S. 89.2.75, P. 89.1.451]

705. — On a déduit de l'art. 203 une conséquence très-importante : la loi forestière défendant de diminuer la peine, par suite de circonstances propres à atténuer la culpabilité de l'agent, il en résulte que l'intention, la bonne ou mauvaise foi du prévenu ne doivent jamais être considérées en matière forestière. Admettre l'excuse de la bonne foi et de l'erreur conduirait à supprimer toute peine, ce qui est *à fortiori* défendu par l'art. 203. D'où ce principe qu'en matière forestière, qu'il s'agisse d'un délit ou d'une contravention, la preuve du fait matériel suffit. — Meaume, *Commentaire*, t. 2, n. 1418; Th. des Chesnes, *Droit pénal forestier*, p. 155. — V. cependant, en sens contraire, Aix, 7 janv. 1835, Vigneron, [S. 35.2.205, P. chr.] — Le Sellyer, *Criminalité*, n. 131.

706. — Telle était déjà la situation avant 1827, par suite des art. 14 et 15 de l'ordonnance de 1669 (tit. 32), qui défendaient aux juges d'arbitrer les amendes, de faire remise ou modération des peines pour quelque cause que ce soit. — Cass., 23 mess. an II, Brière, [S. et P. chr.]; — 30 oct. 1806, Dubois, [S. et P. chr.]; — 20 mai 1808, Serans, [S. et P. chr.]; — 6 juin 1817, Chauvet, [S. et P. chr.]; — 24 mai 1821, Imbert, [S. et P. chr.]; — 22 avr. 1824, Husson, [S. chr.]; — 23 juin 1827, Borget, [S. et P. chr.]

707. — Ce système était en harmonie avec l'ensemble des dispositions de l'ordonnance de 1669, qui édictait des peines fixes, tarifées proportionnellement à l'importance du dommage causé par le délit, abstraction faite de toutes autres circonstances. Ce mode de tarification est également suivi par le Code forestier, au moins pour les délits les plus importants (V. *suprà*, n. 28), de sorte que, même en l'absence du texte de l'art. 203, il serait possible de déduire de l'ensemble de ces dispositions l'exclusion de l'élément intentionnel en matière de délits forestiers.

708. — Le principe suivant lequel l'intention et la bonne foi ne doivent jamais être considérées en matière forestière est appliqué par une jurisprudence constante. Pour les délits d'adjudicataires : en cas d'inobservation des délais imposés pour la coupe ou la vidange. — Cass., 4 août 1827, Mion et Bouchard, [S. et P. chr.] — ... en cas d'abatage d'un arbre de réserve que l'adjudicataire avait pu croire abandonné à l'exploitation. — Cass., 1er mai 1829, Désirat, [S. et P. chr.] — ... en cas de remplacement, sans autorisation, d'un arbre de réserve par un arbre abandonné. — Orléans, 11 févr. 1850, Jacquelin, [P. 50.1.367, D. 50.2.189]

709. — ... Pour les délits d'usagers : introduction de bestiaux dans des bois non défensables. — Cass., 2 mai 1833, précité. — — Introduction de brebis, moutons et chèvres dans un bois de particulier. — Cass., 31 mars 1848, Chevrier et Olive, [S. 48.1.319, P. 48.1.452, D. 48.4.217] — Vente de portions de bois régulièrement délivrées. — Metz, 5 juin 1833, C..., [P. chr.]

710. — ... Dans des forêts communales : introduction de moutons en vertu d'actes de l'autorité municipale. — Cass. (Ch. réun.), 8 mars 1834, François, [S. 34.1.214, P. chr.] — ... éclaircie et abatage d'arbres en suite d'ordres donnés par le maire. — Cass., 21 juin 1851, précité. — Bordeaux, 18 févr. 1852, Mêmes parties, [P. 53.1.113] — ... enlèvement de terres, comblement de fossés, effectués sous les ordres du maire, en exécution de la délibération d'un conseil municipal. — Paris, 31 août 1871, Letulle, [Rép. for., 5.105] — ... abatage d'arbres par un agent voyer, dans le but d'opérer le tracé d'un chemin vicinal. — Cass., 29 mars 1845, Tocquaine, [S. 45.1.516, P. 45.2.99, D. 45.1.213]; — 6 sept. 1845, Même partie, [Bull. for., 3.16] — Nancy, 9 juill. 1845, Même partie, [P. 48.2.158, D. 46.2.16]

711. — ... Entre propriétaires voisins : coupe de bois dans la forêt limitrophe, alors que les ouvriers ont pu être induits en erreur par la direction des bornes séparatives des deux héritages. — Cass., 12 mai 1843, Chinot et Dricourt, [S. 44.1.158, P. chr.] — V. aussi Chambéry, 7 mai 1874, Pédersin, [Rép. for., 6.86]

712. — Pour enlèvement de bois mort, par des indigents qui croyaient user d'un droit appartenant à tous les voisins. — Cass., 7 mars 1845, Voynaume, [S. 45.1.545, P. 45.2.33, D. 45.1.197]; — 13 avr. 1888, Jolivet, [S. 88.1.440, P. 88.1.1075, D. 88.1.495] — ... pour extraction de menus produits, tels que des truffes. — Amiens, 23 janv. 1861, Poupier, [S. 61.2.160, P. 61.593, D. 61.5.245]

713. — ... Pour introduction en forêt d'instruments propres à couper le bois. — Cass., 25 févr. 1847, Pautard, [P. 47.2.371]; — 11 sept. 1847, Durand, [P. 48.2.35] — ... pour introduction de voiture, brouette, etc., en forêt, en dehors des chemins ordinaires, dans des chemins de vidange dépendant de la forêt. — Cass., 12 févr. 1847, Gillet, [Bull. for., 4.93]; — 23 juill. 1858, Oudin, [S. 59.1.633, P. 59.596, D. 59.1.380] — Amiens, 17 déc. 1857, Massard, [Bull. for., 7.353] — Caen, 22 févr. 1888, précité.

714. — ... Pour l'application de l'art. 158, C. for. : défense d'introduire des bois non marqués sur le chantier des scieries situées à une distance de 2 kil. des forêts. — Nancy, 3 déc. 1861, Remy, [Rép. for., 1.152] — Grenoble, 6 mai 1885, Lagier, [Rép. for., 11.392]

715. — Si le prévenu ne peut, en matière forestière, invoquer sa bonne foi comme excuse, il en est tout autrement du fait justificatif, fondé sur l'absence de volonté, et motivé soit par la force majeure, soit par l'état de démence dans lequel il se trouvait. — V. Meaume, *Commentaire*, n. 1419.

716. — La preuve du fait justificatif est admissible non seulement pour les délits, mais aussi pour les simples contraventions. — Cass., 28 févr. 1861, Maisonneuve, [S. 61.1.671, P. 62.43]

717. — L'excuse tirée de la force majeure, notamment, est admissible nonobstant l'art. 203, C. for.; mais le jugement de relaxe doit relater explicitement les éléments sur lesquels elle se fonde, de manière à mettre la juridiction supérieure en mesure d'en apprécier la valeur. — Cass., 17 mai 1850, Bernard, [Bull. for., 5.161]; — 1er avr. 1854, Claire Dedieu, [Bull. for., 6.221]

718. — La force majeure invoquée par le délinquant peut, nous l'avons dit, être fondée, au cas des art. 147 ou 199, C. for., sur l'impraticabilité d'un chemin public traversant la forêt. — V. *suprà*, n. 164 et s.

719. — L'action d'avoir coupé et enlevé du bois dans la forêt d'autrui peut encore être justifiée par la force majeure, lorsque son auteur a agi sous le coup de réquisition des troupes ennemies, dans la crainte d'un pillage et de tous les dangers qui pouvaient être la conséquence d'un refus. — Cass., 2 déc. 1871, Bratigny, [Rép. for., 5.188] — V. aussi Rouen, 30 janv. 1872, Andrieux, [Rép. for., 156]

720. — Conformément aux principes généraux, l'état de démence du délinquant l'exonère de toute peine (V. *suprà*, v° *Aliéné*) : ainsi pour l'auteur d'un défrichement illicite, s'il était en démence à l'époque du délit. — Riom, 21 juin 1834, Jouve, [S. 35.2.598, P. 35.1.554, D. 36.2.8] — Mais, dans ce cas, le prévenu n'en doit pas moins être condamné à rétablir le sol défriché en nature de bois; cette mesure ordonnée par l'art. 221, C. for., dans l'intérêt public, ne constitue ni une peine, ni même une réparation civile. — Même arrêt.

721. — Mais celui qui, autorisé à faire paître des moutons dans un bois, y introduit en même temps des chèvres, ne peut invoquer la force majeure, en prétendant que les chèvres sont nécessaires pour la conduite d'un troupeau. — Cass., 16 mars 1833, Daunas, [S. 33.1.636, P. chr.]

722. — Une coupe de bois effectuée indûment dans une forêt appartenant à un établissement public ne peut non plus être excusée et le prévenu renvoyé des poursuites, sous le prétexte que cette coupe lui aurait été ordonnée par un garde, aux prescriptions duquel il se serait exactement conformé. — Cass., 13 avr. 1849, Brousson, [P. 50.2.229]

723. — Par la même raison, la force majeure ne pourrait être invoquée pour un abatage d'arbres en forêt, parce que ce fait aurait eu lieu sur l'ordre et la direction du maire et de l'adjoint de la commune. — Cass., 21 juin 1851, Labarthe, Lassus, [P. 53.1.113, D. 51.5.270]

724. — Les agents voyers qui, sans autorisation préalable de l'administration forestière, abattent des arbres dans des bois communaux, dans le but d'opérer le tracé d'un chemin vicinal de grande communication, sont punissables, encore bien qu'ils allèguent n'avoir agi que par les ordres de leurs supérieurs, sauf à eux à mettre en cause les supérieurs dont ils disent avoir exécuté les ordres. — Cass., 29 mars 1845, Tocquaine, [S. 45.1.516, P. 45.2.99, D. 45.1.213] — Nancy, 9 juill. 1845, Même espèce, [P. 45.2.158, D. 46.2.16] — V. toutefois art. 1, L. 29 déc. 1892, sur les *dommages causés à la propriété privée par l'exécution des travaux publics.*

725. — Enfin le délit forestier commis par un fils, fût-ce sur l'ordre de son père, ne saurait être excusé sous le prétexte de l'obéissance qu'un fils doit à son père, et qui ne lui permettrait pas de discuter les ordres qu'il en reçoit. — Cass., 5 mai 1837, Borderie et Zammel, [S. 38.1.285, P. 40.2.314]

726. — Toutefois, l'art. 66, C. pén., est applicable en matière forestière. En conséquence, le mineur de seize ans qui a commis un délit forestier n'est passible d'aucune peine, si le tribunal reconnaît qu'il a agi sans discernement, sauf à condamner aux dommages-intérêts et aux frais les personnes civilement responsables. — Cass., 26 déc. 1845, Belot, [P. 46.1.758]; — 3 juin 1846, Bouvier, [P. 47.1.331] — *Contra*, Metz, 11 mai 1842, Greiner, [Bull. for., 1.195]

727. — L'art. 69, C. pén., s'étend de même aux délits forestiers. Donc le mineur de seize ans qui est reconnu avoir agi avec discernement ne peut être condamné qu'à la moitié de la peine applicable au délit. — Cass., 21 mars 1846, Minet, [P. 46.2.443] — Paris, 14 août 1893, Jacquemaire, [Rép. for., 95.94] — V. Meaume, *Commentaire*, n. 1433. — La moitié de la peine encourue par un majeur constitue dans ce cas un maximum; mais on peut descendre jusqu'au minimum des peines de simple police, même pour des délits forestiers que le Code punit de peines fixes, tels que ceux de l'art. 192, etc.

§ 2. *Personnes punissables et responsables.*

728. — I. *Coauteurs et complices.* — Le droit commun est applicable, en matière forestière, en ce qui concerne les personnes punissables, coauteurs ou complices. Les tribunaux apprécient, d'après la nature de la participation, si les faits relevés à la charge des prévenus constituent l'acte d'un coauteur ou celui d'un complice (V. *suprà*, v° *Complicité*, n. 8 et s.). L'intérêt de la distinction, plus grand qu'en droit commun, consiste en ce que, pour le coauteur, le fait matériel suffit pour entraîner la condamnation (V. *suprà*, n. 705 et s.), tandis qu'il ne peut y avoir complicité que si l'intention mauvaise est prouvée à la charge du complice.

729. — D'une façon générale, il ne suffit pas que plusieurs individus soient compris dans le même procès-verbal ou englobés dans la même poursuite pour que la qualité de coauteurs leur soit attribuée; des infractions relevées en même temps peuvent cependant être distinctes et constituer des délits séparés. — Paris, 2 déc. 1875, Marchebout, [S. 77.2.116, P. 77.482] — Meaume, *Commentaire*, n. 1431, rapportant un arrêt de Metz, 5 juin 1833.

730. — Il a été jugé, à cet égard, qu'un mari, prévenu d'avoir coupé du bois en délit avec sa femme, doit être considéré comme coauteur et non seulement comme civilement responsable de ce fait. — Meaume (*loc. cit.*), mentionnant un arrêt de Nancy, 7 janv. 1824. — ... Que lorsqu'un délit de pâturage est poursuivi, tant contre le pâtre que contre les propriétaires du troupeau, tous doivent être considérés comme coauteurs. — Nîmes, 24 juin 1875, Chauvet, [*Rép. for.*, 7.163] — Trib. Lesparre, 22 déc. 1876, Bordeaux, [*Rép. for.*, 305]

731. — Les conditions de la complicité, en matière forestière, sont celles des art. 60, 62, C. pén.

732. — Lorsqu'un délit de coupe de bois a été commis par des enfants mariés, vivant en communauté avec leurs parents, ceux-ci doivent être considérés comme complices, et non seulement comme civilement responsables, si le bois coupé en délit leur a profité. — Meaume, *loc. cit.*

732 bis. — Jugé que sont punissables comme complices ceux qui ont acheté des gardes, connaissant leur qualité, des bois de laies et tranchées, dont ceux-ci ne peuvent disposer. — Cass., 9 févr. 1811, Goyard, [P. chr.]

733. — ... Que celui au domicile duquel ont été trouvés des bois coupés en délit est présumé, jusqu'à preuve contraire, complice par recel du délit. Cette preuve incombe au prévenu; il doit démontrer qu'il ignorait l'origine frauduleuse des bois. — Cass., 28 juill. 1809, Bohnem, [P. chr.]; — 6 sept. 1811, Prieur, [P. chr.]; — 15 juin 1887, Iglésias, [*Rép. for.*, 14.108]

734. — Le détenteur de bois pris en délit dans une forêt n'est pas par cela seul punissable : il doit être renvoyé de toutes poursuites quand il prouve avoir acheté de bonne foi le bois trouvé chez lui. — Cass., 15 mai 1829, Humbert, [S. et P. chr.] — Mais le fait d'avoir acheté des bois, pendant la nuit, d'individus insolvables, et de les avoir immédiatement cachés dans une écurie, est suffisant pour faire présumer la mauvaise foi et la complicité. — Grenoble, 13 nov. 1874, Perbet, [*Rép. for.*, 6.271]

735. — Bien qu'il y ait délit de la part d'un usager qui vend les bois de chauffage à lui délivrés, en contravention avec l'art 83, C. for., l'acquéreur de ces mêmes bois ne peut être réputé complice du délit, la vente de ce bois, devenu la propriété de l'usager, n'étant prohibée que quant à lui seulement. — Cass., 6 mai 1837, Dion, [S. 38 1.286, P. 38.1.143] — Bourges, 14 févr. 1856, Larue, [*Bull. for.*, 7.142]

736. — L'art. 55, C. pén., est applicable dans les conditions du droit commun : tous les coauteurs d'un délit forestier sont donc tenus solidairement des condamnations prononcées. Cette solidarité est de droit; elle serait donc applicable lors même qu'elle n'aurait pas été formellement prononcée. — Meaume, *loc. cit.* — De même les condamnés comme complices d'un même délit sont solidaires avec les auteurs, tant pour le recouvrement des amendes que pour les réparations civiles encourues. — Cass., 28 juill. 1809, précité; — 6 sept. 1811, précité; — 15 juill. 1887, précité. — *Sic*, Meaume, *Commentaire*, n. 1432.

737. — II. *Personnes responsables.* — Les personnes responsables, c'est-à-dire celles qui peuvent encourir des condamnations à raison du fait d'autrui, sont celles qui se trouvent énumérées à l'art. 206, C. for. Maris responsables des délits forestiers de leurs femmes; pères, mères et tuteurs, de ceux de leurs enfants mineurs et pupilles demeurant avec eux et non mariés; maîtres et commettants, de ceux de leurs ouvriers, voituriers et autres subordonnés. Cette énumération n'est pas ab-

solument la même que celle de l'art. 1384, C. civ., qui constitue d'ailleurs le droit commun de la matière.

738. — Cette responsabilité de l'art. 206, C. for., est en principe, comme celle de l'art. 1384, C. civ., une responsabilité *civile*, c'est-à-dire qu'elle s'étend aux restitutions, dommages-intérêts et frais, mais non aux amendes, qui ont le caractère de peines, en droit forestier comme en droit commun. Il y a cependant à cet égard dans le Code forestier une double exception.

739. — D'abord, la responsabilité des adjudicataires et entrepreneurs de coupes (C. for., art. 45, 46, 82, 103), dans les bois soumis au régime forestier, est une responsabilité *pénale* (V. *infrà*, v° *Forêts, Usages forestiers*). De même, pour les délits des art. 147 et 199, C. for. (introduction en forêt d'animaux, voitures et attelages), les propriétaires des animaux et des voitures sont poursuivables comme les auteurs des délits, sans qu'il soit besoin de prouver leur complicité. — V. *suprà*, n. 133 et s. 158 et s.

740. — De ce que les art. 147 et 199, C. for., permettent de poursuivre comme auteurs principaux les propriétaires des voitures ou des bestiaux trouvés en délit, il résulte, *à fortiori*, la faculté, pour le propriétaire de la forêt, de les poursuivre comme responsables des condamnations encourues par leurs voituriers ou bergers. — Nancy, 18 déc. 1845, Jeanpierre, [P. 46.2.276] — V. Meaume, *Commentaire*, t. 2, n. 1421.

741. — Le mari est responsable des délits de sa femme, contrairement au Code civil, sans que le Code forestier distingue s'il y a réellement vie commune ou non entre les époux. On doit croire toutefois que cette responsabilité cesse, non seulement par suite du divorce, qui rompt les liens du mariage, mais même par la séparation de corps, qui enlève nécessairement au mari tout moyen de s'opposer aux actes de sa femme.

742. — En cas de délit commis par un enfant mineur demeurant avec ses père et mère, le père seul doit être poursuivi comme responsable, et non le père et la mère ensemble. Lorsque le père est absent, la mère peut être poursuivie en vertu de l'art. 206, C. for., et dans ce cas elle peut, sans qu'il soit besoin d'autorisation, défendre à l'action exercée contre elle. — Nancy, 8 mars 1828, [cité par Meaume, *Commentaire*, n. 1424]

743. — L'art. 206, au sujet de la responsabilité des père et mère, ne parle que des enfants *mineurs :* donc le père n'est pas responsable des faits de maraudage de bois commis dans une forêt par son enfant *majeur*, non préposé par lui à cet effet, quoique demeurant avec lui. Ainsi jugé par application de l'art. 7, tit. 32, de l'ordonnance de 1669. — Cass., 23 juin 1826, Duchesne, [P. chr.] — Même raison de décider sous le Code de 1827.

744. — L'art. 206, C. for., ne reproduisant point le texte de l'art. 1384, C. civ., relativement à la responsabilité des instituteurs, il en résulte que le père est responsable des délits commis par son enfant même à l'heure où il le croyait à l'école. — V. Meaume, *Commentaire*, n. 1423, [citant Nancy, 17 juill. 1832]

745. — Lors, au contraire, que l'enfant travaille comme ouvrier chez un patron, c'est ce patron et non le père qui doit être poursuivi comme responsable des délits commis pendant la durée du travail. — Metz, 13 nov. 1833, Lelaurent, [S. 36.2 224, P. chr.]

746. — Lorsque le maître est traduit en police correctionnelle pour avoir donné l'ordre à son domestique de commettre un délit forestier, il ne peut plus être question de responsabilité civile : le maître est alors passible d'une peine, à titre de complice. — Cass., 11 juin 1808, Aubert, [S. et P. chr.] — Meaume, *loc. cit.*

747. — L'art. 206, C. for., à la différence de l'art. 1384, C. civ., place sur la même ligne toutes les personnes responsables et leur impose les mêmes obligations. Il ne distingue pas entre la responsabilité des père et mère, et celle des maîtres et commettants. Les maîtres sont donc responsables même en dehors des fonctions auxquelles leurs domestiques sont employés. Jugé que le maître dont le domestique a écorcé des arbres dans une forêt communale ne peut être affranchi de la responsabilité de ce délit en alléguant seulement que le domestique était préposé à la garde des bestiaux, et que par suite le délit n'a pas été commis par lui dans les fonctions auxquelles son maître l'avait employé. — Cass., 13 janv. 1814, Terrillon, [cité par Meaume, *Commentaire*, n. 1423]

748. — Mais les maîtres, aussi bien que les parents, peuvent écarter la responsabilité en prouvant qu'ils n'ont pu empêcher le fait délictueux. — Cass., 9 janv. 1845, Demourg, [S. 45.1.548, P. 45.1.383, D. 45.1.86]

749. — Jugé que la preuve autorisée par l'art. 1384, § 5, C. civ., et l'art. 206, C. for., résulte suffisamment de ces faits que le délit a été commis la nuit, ou un jour de fête ou tout au moins en dehors des heures de travail de l'atelier; peu importe que l'ouvrier habite un bâtiment appartenant au maître, du moment où il l'occupe à titre de preneur et moyennant un prix de location qui doit lui assurer l'inviolabilité absolue de son domicile. — Nancy, 3 mars 1873, Babel, [inédit]

750. — On ne saurait étendre au delà des termes de l'art. 206, C. for., la liste des personnes responsables. Ainsi, lorsque le propriétaire d'une forêt a vendu à plusieurs particuliers une coupe que ceux-ci ont exploitée pour leur propre compte, on ne peut poursuivre contre lui la responsabilité des délits commis pendant le temps de cette exploitation dans une forêt domaniale limitrophe, sous le prétexte qu'il y a lieu de présumer, dans le silence des procès-verbaux sur les auteurs de ces délits, que les arbres coupés dans la forêt domaniale l'ont été soit par ce propriétaire, soit par ses adjudicataires. — Nancy, 17 nov. 1837, [cité par Meaume, *op. cit.*, n. 1424]

751. — La responsabilité s'applique à toutes les condamnations civiles qui peuvent être prononcées : restitutions, dommages-intérêts et frais. Certains délits forestiers ne comportent ni restitutions, ni dommages-intérêts; dans ce cas, les personnes civilement responsables ne peuvent être condamnées qu'aux frais de l'instance. — Cass., 19 mars 1836, Izoard, [P. chr.]

752. — La solidarité de l'art. 55, C. pén., s'applique aux personnes responsables, en ce qui concerne le recouvrement des condamnations civiles dont répondent ces personnes; comme elle résulte de la loi, cette solidarité n'aurait pas même besoin d'être exprimée par le jugement. — Nancy, 25 déc. 1826, Gérard, [cité par Meaume, *op. cit.*, n. 1423] — Montpellier, 28 déc. 1835, Sicard, [*Ibid.*] — V. *suprà*, n. 736.

753. — On ne peut condamner, devant le tribunal correctionnel, les individus que la loi déclare responsables, qu'autant que les délinquants dont ils répondent ont été mis en cause. C'est une conséquence du principe suivant lequel les tribunaux répressifs ne peuvent statuer sur l'action civile qu'accessoirement à l'action publique. — V. *suprà*, n. 530 et s., et v° *Action civile*, n. 432 et s.

754. — Lorsque la personne responsable comparaît seule, le tribunal correctionnel doit surseoir à statuer sur la responsabilité civile, et fixer un délai pendant lequel on devra mettre en cause les auteurs mêmes du délit. — Cass., 24 déc. 1830, Lebugle, [P. chr.]; — 9 juin 1832, Desvignes, [S. 32.1.744, P. chr.]; — 31 janv. 1833, Eudin, [P. chr.]; — 5 juill. 1833, Held, [P. chr.]; — 25 nov. 1836, de Bock, [S. 37.1.739, P. 37.1.601] — Jugé toutefois que, dans ces circonstances, le tribunal répressif doit se déclarer incompétent, et renvoyer le ministère public et la partie civile à se pourvoir par voie d'action principale devant la juridiction compétente. — Cass., 3 août 1855, Poncelet, [*Bull. for.*, 7.41]

SECTION III.

Peines et réparations civiles.

§ 1. *Condamnations pénales.*

1° *Règles de leur application.*

755. — Les deux peines principales du Code forestier sont l'amende et l'emprisonnement. On a vu (*suprà*, n. 28) que les amendes forestières sont ordinairement proportionnelles au dommage causé, abstraction faite du nombre des auteurs du délit. Il en résulte qu'on ne doit, en général, prononcer qu'une seule amende pour le même délit, et non une amende séparée contre chacun des auteurs : ainsi, pour le délit de l'art. 194. — Orléans, 27 déc. 1842, Decot, [*Bull. for.*, 2.128] — On verra de plus (*infrà*, n. 818 et s.) que les réparations civiles sont liées à l'amende et s'établissent le plus souvent par les mêmes sommes que les amendes elles-mêmes.

756. — Toutefois, l'amende forestière a bien le caractère pénal, et ne saurait être confondue avec celles auxquelles la jurisprudence attribue le caractère de réparations civiles, comme certaines amendes fiscales, celles qui sont infligées en matière de douanes, par exemple, ou de contributions indirectes (V. *suprà*, v° *Amende*, n. 31 et s.). Il en résulte, avons-nous dit (*suprà*, n. 738), que l'amende forestière ne peut être prononcée que contre les auteurs ou complices, et non contre les personnes civilement responsables. L'amende forestière appartient toujours à l'État, même lorsqu'il s'agit d'un délit commis dans des bois de communes ou de particuliers. — V. *suprà*, v° *Amende*, n. 589 et s.

757. — L'État distribue le produit des amendes qui lui appartiennent (forestières ou autres) suivant des règles qui ont varié et dont les plus récentes se trouvent fixées dans la loi de finances du 28 avr. 1893, art. 45; il n'en conserve que 20 p. 0/0; le surplus forme un fond commun partagé, après divers prélèvements, entre les communes du département et le service des enfants assistés.

758. — L'attribution des amendes à l'État, qui est de droit commun, est de plus spécialement ordonnée par l'art. 204, C. for. Jugé que cette attribution est une règle d'ordre public, contre laquelle ne saurait prévaloir une concession que l'État aurait faite anciennement à des usagers. — Metz, 26 févr. 1850, Commune de Vitry, [S. 51.2.257, P. 51.1.5, D. 50.2.124]

759. — Les décimes (actuellement deux décimes et demi, depuis la loi du 31 déc. 1873) s'incorporent avec l'amende, et participent à son caractère pénal. Il en résulte notamment qu'il faut joindre les décimes à l'amende pour l'application de l'art. 177, C. for. (foi due aux procès-verbaux, V. *suprà*, n. 401, 408), et pour déterminer le chiffre de l'amende simple, par application de l'art. 202 (V. *infrà*, n. 833). Le produit des décimes est intégralement retenu par l'État, et ne tombe pas dans le fond commun, en vertu de la loi du 28 avr. 1893.

760. — L'emprisonnement était une peine très-rare, dans le Code forestier de 1827. Depuis la révision de 1859, les cas dans lesquels cette peine peut être prononcée sont beaucoup plus nombreux. Il y a toutefois deux catégories de délits qui ne comportent jamais d'emprisonnement : délits d'adjudicataires (V. *infrà*, v° *Forêts*) et délits d'usagers, en ce qui concerne l'inobservation des règles de police auxquelles est subordonné l'exercice de leur droit (V. *infrà*, v° *Usages forestiers*), sauf contre les pâtres, en cas de récidive, pour les délits des art. 72, 76 et 78, C. for.

761. — L'emprisonnement, dans la loi forestière, est une peine presque toujours facultative pour le juge. Elle n'est obligatoire que dans trois cas : art. 72-2°, art. 78 et art. 195. La durée de l'emprisonnement est presque toujours peu considérable, variant entre un minimum et un maximum qui ne dépasse jamais trois mois. Il importe de ne pas confondre l'emprisonnement, considéré comme peine, avec la contrainte par corps, qui est un mode d'exécution. — V. *infrà*, n. 930 et s.

762. — La peine accessoire la plus importante du Code forestier est la confiscation. La confiscation a bien le caractère pénal (V. *suprà*, v° *Confiscation*, n. 31 et s.). Comme l'amende, elle est toujours prononcée au profit de l'État (C. for., art. 204). Elle a le caractère de peine accessoire, en ce sens qu'elle se joint toujours à la peine principale et ne peut être prononcée isolément. Enfin, elle est toujours obligatoire pour le juge (art. 198).

763. — La nomenclature des objets confiscables est limitativement indiquée dans la loi. Elle comprend d'abord les instruments propres à couper le bois dont les délinquants et leurs complices seront trouvés munis (art. 198). La liste de ces instruments : scies, haches, serpes, cognées et autres de même nature, ne peut être étendue par voie d'analogie. Ainsi, on ne saurait y comprendre les faux et faucilles (V. *suprà*, n. 151). A la différence de l'ordonnance de 1669, le Code forestier ne permet pas de confisquer les voitures et attelages ayant servi à commettre des délits. Ainsi jugé pour une voiture ayant servi à enlever des plants arrachés en forêt. — Paris, 10 avr. 1891, Schinkenberger, [*Rép. for.*, 91.136] — V. *suprà*, n. 255.

764. — L'art. 81, C. for., prononce la confiscation des bois délivrés pour le service des droits d'usages, lorsque ces bois ont été exploités par les usagers individuellement, c'est-à-dire sans l'intermédiaire d'un entrepreneur (V. *infrà*, v° *Usages forestiers*). Enfin l'art. 154 déclare qu'en cas d'établissement, sans autorisation, d'ateliers, chantiers ou magasins, dans la zone de 500 m. autour des forêts soumises au régime, les bois trouvés dans ces ateliers, chantiers ou magasins, seront confisqués. — V. *infrà*, v° *Forêts*.

765. — La liste des objets confiscables en matière forestière est donc plus restreinte que celle des objets saisissables. On peut en effet saisir (V. *suprà*, n. 247 et s.), d'après l'art. 161, les bestiaux, instruments, voitures et attelages, enfin les objets enlevés par les délinquants. Mais pour qu'il y ait confiscation, il n'est pas nécessaire qu'il y ait eu saisie préalable.

766. — Lorsqu'il n'y a pas eu saisie ou que la saisie a été seulement intellectuelle, le tribunal répressif ne peut, en prononçant la confiscation, condamner le délinquant à une somme représentative de la valeur de l'objet, pour le cas où cet objet ne serait pas rapporté dans un délai fixé. En effet, le Code forestier n'autorise pas, comme la loi sur la chasse, cette condamnation alternative. — Cass., 13 févr. 1847, Lalobe, [*Bull. for.*, 4.100]; — Même date, Belman, [S. 47.1.386, P. 47.1.587, D. 47.1.85] — Chambéry, 22 août 1861, Laperrousaz, [*Rép. for.*, 1.114] — Sic, Th. des Chesnes, *Droit pénal forestier*, p. 175. — *Contra*, Cass., 22 févr. 1822, Guillaume, [S. et P. chr.] — Metz, 22 nov. 1835, Schaaff, [P. chr.] — V. Meaume, *Commentaire*, n. 1383. — V. *suprà*, v° *Confiscation*, n. 49 et s.

767. — La confiscation, pas plus que les autres peines du Code forestier, ne peut être prononcée, en cas de saisie réelle, contre un inconnu. En cas de saisie d'instruments abandonnés par des délinquants restés inconnus, ces instruments sont déposés au greffe, et leurs propriétaires peuvent les réclamer lorsque les délais de prescription de l'action sont écoulés.

768. — Les autres pénalités du Code forestier, prévues dans des cas tout à fait exceptionnels, sont : la démolition des constructions élevées sans autorisation dans les zones de défense autour des forêts soumises au régime (art. 151 et s.). — V. *infrà*, v° *Forêts*.

769. — ... La privation temporaire du droit d'usage, contre les usagers qui ont refusé de porter des secours en cas d'incendie des bois soumis à leur droit d'usage (art. 149). — V. *infrà*, v° *Usages forestiers*.

2° *Circonstances aggravantes et atténuantes.*

770. — I. *Application de la loi du 26 mars 1891.* — La Cour de cassation décide que la loi du 26 mars 1891 qui, en droit commun, autorise les juges à surseoir à l'exécution de la peine, n'est pas applicable en cas de condamnation à l'amende en matière forestière. — Cass., 22 déc. 1892, Terpreau et autres, [S. et P. 93.1.103, D. 93.1.159] — Riom, 18 mai 1892, Valadier, [S. et P. 93.2.46, D. 93.2.25] — Angers, 29 nov. 1895, Perret, [*Rép. for.*, 96.27] — V. *suprà*, v° *Circonstances aggravantes et atténuantes*, n. 136.

771. — Pour le décider ainsi, la Cour de cassation paraît assimiler l'amende forestière aux amendes dites fiscales, auxquelles ne s'applique pas le sursis de la loi de 1891 (V. *suprà*, v° *Circonstances aggravantes et atténuantes*, n. 135). Nous avons combattu cette solution (V. *suprà*, n. 756); suivant nous, la raison de décider est que les dispositions spéciales de la loi forestière sur les circonstances atténuantes, sur la récidive, etc., et notamment celles de l'art. 203, paraissent incompatibles avec le système de la loi de sursis. — V. Dissert., *Rép. for.*, 92. 25.

772. — II. *Circonstances aggravantes.* — En comprenant sous ce terme tous les faits qui ont pour conséquence une augmentation de la peine normale applicable au délit, on doit distinguer suivant que ces circonstances se trouvent prévues dans la loi générale ou dans le Code forestier. Dans la première catégorie se range l'art. 198, C. pén., qui ordonne de condamner au maximum « ceux qui auront participé aux délits qu'ils étaient chargés de réprimer ou de surveiller ». Application en a été faite aux gardes qui commettent des délits forestiers dans leur triage. — Cass., 1er avr. 1848, Bille, [D. 48.5.208] — V. au surplus, *infrà*, v° *Forêts, Gardes forestiers*.

773. — Le Code forestier détermine d'abord certaines causes d'aggravation qui produisent leur effet à l'égard de tous les délits qui se trouvent prévus dans son texte; il renferme de plus d'autres causes d'aggravation qui concernent exclusivement certains délits déterminés. Les premières, auxquelles on donne plus particulièrement le nom de circonstances aggravantes, sont renfermées dans l'art. 201. Cet article comprend, depuis la loi du 18 juin 1859, la matière des deux anciens art. 200 et 201.

Les circonstances qu'il prévoit sont : la récidive, la nuit et l'emploi de la scie.

774. — Les causes d'aggravation ne s'appliquant qu'à des délits déterminés sont : l'âge du bois, pour l'introduction du bétail, des voitures et attelages; lorsque les voitures ou les animaux sont trouvés dans des bois âgés de moins de dix ans, l'amende est doublée (V. *suprà*, n. 143, 167); — le fait que le délit de coupe ou d'arrachage a eu pour objet des semis ou des plantations (V. *suprà*, n. 57 et s.); en cas de coupe, l'amende est taxée d'une manière différente. Dans les deux cas, un emprisonnement obligatoire est joint à la peine pécuniaire. Enfin, les art. 29 et 33 punissent certains délits d'adjudicataires d'amendes plus fortes que celles qui correspondent à des délits similaires du droit commun. — V. *infrà*, v° *Forêts*.

775. — A. *Récidive.* — Il y a récidive (C. for., art. 201), lorsque, dans les douze mois précédents, il a été rendu, contre le délinquant ou contrevenant, un premier jugement pour délit ou contravention en matière forestière. La loi ne spécifiant pas dans quels lieux les infractions ont été commises ni devant quelles juridictions les poursuites ont été exercées, il en résulte que le tribunal appelé à connaître sur la récidive peut être autre que celui qui a rendu le premier jugement. — Meaume, *Comm.*, n. 1399.

776. — Le délai pour fixer la récidive en matière forestière se compte de la date du premier jugement jusqu'au moment où la seconde infraction a été commise, sans qu'il y ait à considérer la date du jugement qui intervient sur cette seconde infraction. — Cass., 17 juin 1830, Morin-Blanc, [S. et P. chr.]

777. — Par jugement, on doit entendre un jugement définitif de condamnation, et non pas seulement un jugement préparatoire ou interlocutoire (Meaume, *Comment.*, n. 1400). Il importe peu que ce jugement de condamnation ait été rendu contradictoirement ou par défaut. Mais en cas de jugement par défaut, il doit avoir été signifié et les délais d'opposition doivent être écoulés lorsque se produit la seconde infraction. — Cass., 24 janv. 1862, Mercery, [S. 62.1.554, P. 62.648, D. 62.1. 145] — Si le jugement par défaut a été frappé d'opposition ou d'appel, le délai ne court que du jour où il a été statué sur cette opposition ou sur cet appel. — Meaume, *loc. cit.*

778. — La remise totale ou partielle de la peine, par transaction après jugement, par exemple, n'empêche pas que le jugement dont l'exécution a été ainsi modifiée ne serve à établir la récidive. Mais il en serait autrement si la peine prononcée avait été remise par une amnistie, celle-ci effaçant et la poursuite et la condamnation. — V. *suprà*, v° *Amnistie*, n. 340 et s.

779. — Pour que la récidive produise l'aggravation de la peine, il suffit que la première condamnation et la seconde poursuite concernent la même personne dans les délais légaux. Peu importe en quelle qualité poursuites et condamnations sont intervenues. Ainsi, un délinquant forestier est en récidive, lors même qu'il n'a encouru la première condamnation que comme civilement responsable. — Bastia, 18 janv. 1850, Compi, [D. 50. 2.66]

780. — Jugé, pareillement, au sujet d'adjudicataires des coupes, condamnés pour la première fois comme pénalement responsables des délits commis dans leurs coupes, faute de les avoir fait constater par leurs gardes-ventes. — Nancy, 8 nov.-23 déc. 1828, 5 déc. 1835, 10 mars 1837, [cités par Meaume, *Comment.*, n. 1405] — *Contra* : Nancy, 1er mars 1833, [*Ibid.*] — Un autre arrêt de la même cour (24 févr. 1841, Bourra, *Ibid.*) a, il est vrai, refusé d'appliquer à un adjudicataire les peines de la récidive; mais il se base sur l'incertitude que présentait la date du second délit, non sur la qualité du délinquant.

781. — Au cas du délit d'introduction d'animaux prévu par l'art. 199, le propriétaire des animaux introduits est passible des peines de la récidive, sans qu'il y ait à considérer si ces animaux étaient conduits par un pâtre ou par le propriétaire lui-même. — Nimes, 6 févr. 1835, Martin et Chauvet, [cité par Meaume, *op. cit.*, n. 1404] — V. *suprà*, n. 133 et s.

782. — Celui qui, sans être en état de récidive, a commis un délit forestier conjointement avec des récidivistes, n'est point pour cela passible des peines de la récidive; il ne doit donc être condamné qu'à l'amende simple; il est néanmoins tenu solidairement des amendes doubles encourues par ses codélinquants. — Grenoble, 12 juin 1834, Charrat-Badon, [S. 35.2.300, P. 35. 1.531] — Sic, Meaume, *op. cit.*, n. 1403. — V. *suprà*, n. 774.

783. — La preuve de la récidive incombe à la partie poursuivante. Cette preuve se fait au moyen de la production d'un extrait du jugement qui a prononcé la première condamnation. Cependant, lorsque la seconde poursuite a lieu devant le tribunal qui a déjà condamné le prévenu dans les douze mois précédents, la production de l'extrait du jugement n'est pas nécessaire, les juges pouvant alors se faire représenter les minutes du greffe. — Metz, 17 juill. 1839, Wolf, [cité par Meaume, n. 1401]

784. — On admet aujourd'hui que l'état de récidive est suffisamment constaté par la production d'extraits du casier judiciaire, lorsque ces extraits sont confirmés par l'aveu du prévenu. — Cass., 7 juill. 1876, Bouchon, [S. 78.1.186, P. 78.438, D. 78. 1.94] — ... Ou tout au moins lorsqu'ils n'ont pas été contestés par le prévenu. — Cass., 10 avr. 1880, David, [S. 81.1.91, P. 81.1.184, D. 80.1.435] — V. infrà, v° Récidive. — Ces décisions sont évidemment applicables en matière forestière.

785. — Le tribunal qui admet l'état de récidive n'a pas besoin de spécifier dans le jugement par quel moyen la preuve en a été faite; il n'a pas besoin non plus de faire connaître la date et la nature de la condamnation antérieure. — Meaume (op. cit., n. 1401), mentionnant en ce sens un arrêt de Nancy, du 8 mars 1828.

786. — L'aggravation résultant de la récidive est d'ordre public. Les tribunaux doivent l'appliquer lors même qu'elle n'aurait pas été expressément demandée. Les agents forestiers peuvent, sur ce point, compléter leurs conclusions en tout état de cause, même en appel. — Meaume, op. cit., n. 1402.

787. — L'effet de la récidive est le doublement de la peine. « Dans les cas de récidive, la peine sera toujours doublée » (art. 201, § 1). Cet effet est toujours le même sans qu'il y ait à distinguer s'il y a une ou plusieurs récidives. Sur ce point, le Code forestier réduit les peines exagérées que prononçait l'ordonnance de 1669. — Meaume, op. cit., n. 1399.

788. — La peine, en matière forestière, est principalement une amende, et cette amende est le plus souvent fixe, ce qui évite toute difficulté. Mais lorsque l'amende peut varier entre un maximum et un minimum, le tribunal satisfait à l'art. 201 en doublant soit le minimum, soit le maximum, soit un chiffre quelconque intermédiaire. Le projet du Code, qui décidait que le maximum serait toujours pris pour base, n'a pas été adopté par le législateur. — Meaume, op. cit., n. 1407.

789. — Les mêmes solutions sont applicables à la peine d'emprisonnement. Depuis 1859, cette peine a été ajoutée dans beaucoup de cas avec un caractère facultatif. Cet emprisonnement facultatif peut être doublé en cas de récidive, en prenant pour base soit le maximum, soit un chiffre inférieur, sans qu'il y ait à considérer si la peine corporelle a été ou non appliquée dans la première condamnation. — Meaume, Dissert., [Rép. for., 8.359]

790. — Malgré les termes généraux de l'art. 201, l'effet de la récidive en matière forestière n'est pas toujours le doublement de la peine. Pour certains délits du Code forestier, les textes prévoient des effets différents en cas de récidive : art. 56 (adjudicataire de la glandée), art. 72 (mélange de troupeaux usagers), art. 76 (bestiaux usagers trouvés hors du canton défensable), art. 78 (pacage de moutons ou de chèvres). Dans ces quatre cas, l'effet de la récidive est un emprisonnement contre le pâtre. Au cas de l'art. 158 (introduction de bois non marqué dans une scierie construite à distance prohibée), la récidive produit le doublement de la peine et la suppression facultative de l'usine.

791. — B. Temps de nuit. — Les peines sont également doublées lorsque les délits ou contraventions ont été commis pendant la nuit (art. 201, § 3). Mais le Code forestier n'indique pas dans le même texte ce que l'on doit entendre par le temps de nuit. D'où plusieurs systèmes.

792. — La nuit peut s'entendre de l'absence complète de la lumière solaire; elle commencerait ainsi lorsque le crépuscule a pris fin, par conséquent un certain temps après le coucher du soleil; elle finirait de même avec l'aurore, c'est-à-dire un certain temps avant le lever du soleil. C'est là le sens ordinaire du mot nuit; toutefois ce sens ne paraît jamais avoir été adopté par la jurisprudence forestière. — V. en matière de chasse, suprà, v° Chasse, n. 1470 et s.

793. — On admet, pour les infractions forestières, que la nuit commence au moment du coucher astronomique du soleil, et qu'elle finit au moment de son lever astronomique : on ne tient donc aucun compte du crépuscule, ni de l'aurore. Telle était la

définition donnée par l'ordonnance de 1669, et la raison de suivre encore aujourd'hui cette définition, c'est que, pour un délit spécial (coupe ou enlèvement de bois par les adjudicataires, art. 35), le Code forestier reproduit le texte ancien : il y a donc présomption que le législateur moderne entend ne pas s'écarter du sens antérieurement admis. — Meaume, Commentaire, n. 1409.

794. — Si le procès-verbal ne constate pas d'une manière formelle l'heure à laquelle le délit a été commis, le doute sur la question de nuit doit s'interpréter en faveur du délinquant. — Grenoble, 8 avr. 1840, Arnaud, [Meaume, n. 1409, ad notam] — Nancy, 17 juill. 1832, 15 mars 1833, 4 janv. 1834, [Meaume, loc. cit.] — Metz, 25 févr. 1836, Thiry, [Ibid.]

795. — C. Emploi de la scie. — Les peines sont également doublées lorsque les délinquants auront fait usage de la scie pour couper les arbres sur pied (art. 201, § 3). Cette troisième circonstance aggravante ne serait applicable, d'après une première opinion, que pour le délit de l'art. 192 (argument tiré du mot arbres, qui se rencontre dans les deux articles).

796. — Dans un autre système on estime, et avec raison selon nous, qu'il y a également circonstance aggravante lorsque la scie a été employée à la coupe de branches, principales ou non, délit prévu par les art. 194 et 196 (Meaume, Commentaire, n. 1410). Il est, d'ailleurs, hors de doute que l'on ne doit pas distinguer suivant l'essence des arbres sciés : que ces arbres soient résineux ou feuillus, peu importe, parce que l'art. 201 n'a pas seulement en vue la difficulté de faire repousser les souches, qui résulte de l'emploi de la scie, mais aussi la difficulté de la constatation du délit, à cause du peu de bruit que fait cet instrument.

797. — Il n'est pas nécessaire, pour le doublement de l'amende, que le garde ait pris le délinquant sur le fait, au moment où il se servait de la scie; la peine sera donc doublée lorsque l'arbre coupé à la scie aura été retrouvé au domicile du délinquant. — Cass., 10 déc. 1829, Robert, [S. et P. chr.]; — 16 janv. 1830, Jolibois, [P. chr.] — Nancy, 16 févr. 1830, 7 déc. 1833, 26 juin 1835, [cités par Meaume, n. 1411]

798. — D. Réunion de plusieurs circonstances aggravantes pour le même délit. — Le texte de l'art. 201 paraît exiger le doublement de la peine autant de fois qu'il y a de circonstances aggravantes réunies. Ainsi, délit commis par un récidiviste, amende double; récidive et temps de nuit, amende triple ; récidive, temps de nuit et emploi de la scie, amende quadruple. Chacune de ces circonstances, ajoutant à la gravité du délit, doit aggraver la peine, sans quoi ce serait autoriser les délinquants d'habitude à employer la nuit pour cacher leurs délits et la scie pour être moins facilement découverts. — Nancy, 17 mars 1837, [cité et approuvé par Meaume, n. 1413, p. 959] — Sic, Th. des Chesnes, Droit pénal forestier, p. 180.

799. — Jugé, même, que la loi ayant spécialisé la circonstance de la récidive, a voulu punir plus sévèrement le récidiviste que n'a pas corrigé une peine antérieure, et que l'on doit, en cas de concours de la récidive avec une autre circonstance aggravante, doubler l'amende déjà doublée, et non seulement doubler l'amende simple. Ainsi : récidive, peine double; récidive et nuit, peine quadruple; récidive, nuit et emploi de la scie, peine sextuple. — Nancy, 15 févr. 1833, [cité par Meaume, n. 1413, p. 957], qui fait remarquer que cette décision n'a aucune base légale.

800. — On a voulu faire aussi une distinction entre la récidive et les deux autres circonstances, fondée sur le mot « toujours » de l'art. 201, § 1, en ce sens que la récidive seule produirait le doublement, mais que la nuit et l'emploi de la scie, même réunies, ne doubleraient qu'une fois de plus. Ainsi : récidive, peine double; récidive, nuit et emploi de la scie, peine triple. — En ce sens, Besançon, 6 févr. 1838, H..., [cité par Meaume, n. 1413, p. 959]

801. — Mais la Cour de cassation n'admet ni l'une ni l'autre de ces distinctions. Elle décide que jamais la peine ne peut être triplée. Qu'il y ait une, deux ou trois circonstances aggravantes, que parmi ces circonstances se trouvent ou non la récidive, l'effet ne sera jamais qu'un doublement de l'amende simple. — Cass., 16 août 1848, Mannet et Prévost, [S. 50.1.230, D. 50.5.240]

802. — Il en serait tout différemment en cas de concours d'une circonstance aggravante avec une des causes d'aggravation du délit forestier non comprises dans l'art. 201. Ainsi notamment pour l'application des art. 147 et 199, lorsque le délit a été commis dans des bois âgés de moins de dix ans : l'amende, dans cette hypothèse, est tarifée au double du chiffre prévu pour les bois d'âge supérieur à dix ans (V. *suprà*, n. 774); elle n'en doit pas moins être considérée comme amende *simple*, pour l'application de l'art. 201.

803. — Ainsi, pour un délit de dépaissance commis la nuit dans un bois âgé de moins de dix ans : premier doublement à cause de l'âge, en vertu de l'art. 199, puis l'amende ainsi doublée devient quadruple, en vertu de l'art. 201. — Cass., 1er févr. 1834, Wenger, [cité par Meaume, n. 1413, p. 961]; — 19 avr. 1833, Truchy, [*Ibid.*] — Orléans, 7 janv. 1828, Pothin, [S. chr.] — *Contrà*, Orléans, 5 mai 1829, Noret, [S. chr.]

3° Cumul ou confusion des peines.

804. — Le Code forestier ne contient aucun texte sur cette matière; d'où la question de savoir si, conformément à l'art. 365, C. instr. crim., en cas de conviction de plusieurs délits forestiers, la peine la plus forte doit seule être appliquée. Jusqu'à ce jour, il a été presque toujours admis que l'art. 365, C. instr. crim., était inapplicable, et que les peines devaient être cumulées en matière forestière. — Cass., 28 juin 1845, Volle, [P. 46. 1.326, D. 46.4.312]; — 26 déc. 1845, Gilly, Mensillon et Belot, [S. 46.3.350, P. 46.1.758]; — 5 sept. 1846, Rabault, [S. 46.1. 705, D. 46.1.302]; — 6 mai 1847, Quelleilhat, [S. 47.1.865, P. 47.2.397, D. 47.1.275]; — 24 mai 1850, Barnaval, [*Bull. for.*, 5.164]; — 20 mars 1862, Gilles, [S. 62.1.902, P. 63.386] — Besançon, 10 août 1830 et 18 janv. 1832, [cités par Meaume, *Commentaire*, n. 1336, p. 888] — Douai, 26 févr. 1842, N..., [P. 47.1.236] — Nancy, 26 août 1862, Comte, [*Rép. for.*, 1.240]; — 27 août 1872, Guérin, [S. 73.2.5, P. 73.85, D. 72.2.186] — Trib. Embrun, 23 mai 1884, Michel, [*Rép. for.*, 11.134] — Paris, 7 juill. 1888, Dosne, [*Ibid.*, 14.123] — *Contrà*, Poitiers, 24 janv. 1846, Rabault, [P. 46.1.734, D. 46.2.54], arrêt cassé par la Cour de cass., du 5 sept. 1846, précité. — Rouen, 8 nov. 1854, [*Rép. for.*, 1.100, note 2] — V. aussi *infrà*, n. 813 et 814.

805. — La plupart des arrêts autorisant le cumul des peines sont rendus dans l'hypothèse de plusieurs délits forestiers relevés contre les mêmes personnes. Ainsi un adjudicataire de coupes, qui contrevient aux clauses de son cahier des charges relativement au mode d'abatage des arbres et au nettoiement de la coupe, encourt autant d'amendes qu'il y a de coupes sur lesquelles la contravention a été commise. — Cass., 28 juin 1845, précité. — Douai, 26 févr. 1842, précité.

806. — De même, un adjudicataire convaincu : 1° de n'avoir pas vidé sa coupe dans les délais, 2° de n'en avoir pas achevé le nettoiement à l'époque fixée, est passible de chacune des peines des art. 34 et 40, C. for. — Cass., 24 mai 1850, précité.

807. — De même encore, celui qui est convaincu d'avoir coupé du bois en délit et d'avoir allumé du feu en forêt, est cumulativement passible des amendes prononcées par les art. 194 et 198, C. for. — Cass., 21 juin 1845, Hourat, [S. 45.1.717, P. 46.1.46, D. 45.1.342]

808. — De même, pour l'application cumulative des art. 144, 198 et 199, C. for. — Orléans, 9 déc. 1845, Durand, [P. 46.1. 75, D. 46.2.57.285]

809. — Mais d'autres arrêts autorisent pareillement le cumul entre un délit forestier et une infraction au droit commun. Ainsi, apposition de fausses marques et abatage d'arbres de réserve (C. pén., art. 140, et C. for., art. 33). — Cass., 5 sept. 1846, précité, et le rapport de M. le conseiller Rocher; — 20 mars 1862, précité. — De même, arrachage de plants et voies de fait contre les préposés chargés du reboisement (C. for., art. 195, et C. pén., art. 438). — Trib. Embrum, 23 mai 1884, précité.

810. — Les motifs donnés en faveur du système du cumul des peines sont les suivants : d'abord, les délits forestiers participent du caractère des contraventions, en ce que le fait matériel suffit pour que le juge doive prononcer la peine, sans qu'il y ait lieu d'examiner l'intention (V. *suprà*, n. 705); or, l'art. 365, C. instr. crim., n'est pas applicable aux contraventions. — V. *suprà*, v° *Cumul des peines*, n. 37 et s.

811. — En second lieu, jusqu'en 1827, les amendes forestières devaient se cumuler; telle était la conséquence du système de pénalités admis par l'ordonnance de 1669 (V. *suprà*, v° *Cumul de peines*, n. 50); or, le Code forestier conserve le système de pénalités de cette ordonnance, en proportionnant, pour la plupart des délits, l'amende à la valeur des objets enlevés. L'art. 187 de ce Code, qui rend applicable aux délits forestiers les dispo-

sitions du Code d'instruction criminelle, a seulement voulu indiquer des formes de procédure, et non des principes de pénalité; on ne peut donc en tirer aucun argument pour l'adoption du système de la confusion des peines.

812. — Enfin, l'interprétation de l'art. 203, C. for., conduit nécessairement à l'adoption du cumul des peines. Cet article, prohibitif des circonstances atténuantes, défend de diminuer les peines portées par le Code forestier quelles que soient les raisons qui puissent être invoquées en faveur du prévenu. Cet article s'oppose, *à fortiori*, à la suppression complète des peines qu'il prononce, ainsi que le voudrait l'art. 365, C. instr. crim. Le délinquant forestier ne peut trouver, dans la multiplicité de ses délits, un adoucissement que l'art. 203 refuse même à la bonne foi ou à l'absence d'intention. — V. Meaume, *Commentaire*, n. 1336; Th. des Chesnes, *Droit pénal forestier*, p. 184.

813. — On a fait valoir, en faveur du cumul, une autre considération, fondée sur un principe erroné : les peines du Code forestier devraient être cumulées, a-t-on dit, à raison de leur caractère de réparations civiles; or, cette assimilation, vraie pour certaines amendes fiscales, paraît inexacte en matière forestière (V. *suprà*, n. 756). La Cour de cassation s'est appuyée sur ce caractère pour distinguer entre l'amende, qui seule serait cumulable, et l'emprisonnement, qui resterait soumis au principe de la confusion des peines. — Cass., 24 nov. 1878, Surmont, [S. 79. 1.137, P. 79.308] — Amiens, 24 janv. 1879, [*Rép. for.*, 8.293]

814. — S'il en était ainsi, la confusion devrait s'appliquer non seulement à la prison, mais encore à l'amende, comme il a été jugé pour les amendes de pêche, car celles-ci, de même que les amendes forestières, sont de véritables peines, et n'ont pas le caractère de réparations civiles. — Cass., 24 avr. 1885, Lioust, [S. 87.1.333, P. 87.1.707] — Nancy, 15 avr. 1886, Fochot, [S. 87. 2.21, P. 87 1.206, D. 86.2.119] — Jugé au contraire, et suivant nous avec raison, que si l'art. 365, C. instr. crim., n'est point applicable aux délits forestiers, cette exception au droit commun est entière, sans qu'il y ait à distinguer entre les peines d'emprisonnement et les amendes. — Nancy, 26 août 1862, Comte, [*Rép. for.*, 1.240]; — 27 août 1872, précité.

815. — Ce système n'est pas en opposition avec le caractère habituellement facultatif de l'emprisonnement en matière forestière. En cas de délits passibles d'une peine d'emprisonnement facultative, le tribunal pourra, en cumulant les amendes, ne prononcer qu'une peine d'emprisonnement, ou même n'en pas prononcer du tout. Le cumul de la peine d'emprisonnement est donc facultatif comme la peine elle-même. — Nancy, 27 août 1872, précité.

816. — Il y a toutefois une exception à faire à la règle du cumul : lorsque de deux faits délictueux, reprochés à la même personne, l'un peut n'être considéré que comme un acte préparatoire du second, c'est pour celui-ci seulement que la pénalité est encourue, car en réalité les deux faits se confondent et il ne reste qu'une infraction unique. Ainsi, dans le cas où un individu est surpris en forêt se servant, pour couper du bois, d'instruments qu'il a introduits en forêt hors des chemins ordinaires, on appliquera l'art. 192 seul, et non l'art. 146. — Cass., 21 nov. 1828, Pierre, [S. et P. chr.]; — 22 déc. 1837, Laurent, [S. 38. 1.920, P. 40.1.257]

817. — De même, pour un délinquant qui enlève du bois avec une voiture amenée en forêt, on appliquera seulement l'art. 194, et non pas l'art. 147. De même enfin, au cas d'incendie provenant de feux allumés à moins de 100 mètres, et sans précautions suffisantes, la peine de l'art. 148, C. for., sera prononcée, mais non celle de l'art. 458, C. pén. — V. *suprà*, n. 172.

§ 2. Réparations civiles.

818. — Les réparations civiles en matière forestière sont de deux sortes : les restitutions et les dommages-intérêts. Elles sont allouées au propriétaire de la forêt dans laquelle le délit a été commis, et elles sont le résultat de l'action civile née du délit (V. *suprà*, n. 530 et s.). Aux réparations civiles proprement dites il faut joindre les frais, sur lesquels tout jugement, de condamnation ou d'acquittement, doit aussi statuer.

819. — I. *Restitutions*. — D'après l'art. 198, § 1, dans les cas d'enlèvement frauduleux de bois et d'autres productions du sol des forêts, il y aura toujours lieu, outre les amendes, à la restitution des objets enlevés et de leur valeur... ». Le tribunal est ainsi obligé de prononcer la restitution, en nature ou en argent, et dans ce second cas il doit arbitrer cette valeur d'après les éléments du procès.

820. — La restitution doit être prononcée d'office au profit du propriétaire, c'est-à-dire sans que celui-ci se soit porté partie civile, et sans qu'il ait expressément conclu à cet égard. — Cass., 24 mai 1832, Vaufry, [P. chr.] ; — 4 août 1836, Barès, [P. chr.] — Pau, 13 juin 1856, de Caussade, [S. 57.2.593, P. 58. 174] — Chambéry, 22 août 1861, Laperrousaz, [Rép. for., 1. 114]

821. — D'après Meaume (Commentaire, n. 1378), il faudrait cependant distinguer : la restitution en nature pourrait seule être prononcée d'office, mais pour la restitution en argent, il faudrait une demande formelle du propriétaire. Cette distinction ne se trouvant pas dans la loi, il est préférable de s'en tenir au premier système qui est conforme aux principes généraux. — V. suprà, v° Action civile, n. 684.

822. — D'après le texte de l'art. 198, la restitution ne devant être prononcée qu'au cas d'enlèvement, il en résulte que si l'enlèvement n'a pas été consommé, si le bois, par exemple, est resté sur le sol de la forêt, la restitution n'ayant plus d'objet ne doit pas se trouver au nombre des condamnations. — Contrà, Cass., 17 févr. 1849, Magne, [S. 50.1.232, P. 50.1.383, D. 49.5.204]

823. — La restitution peut être allouée par le tribunal répressif bien qu'aucune peine proprement dite n'ait été prononcée par ce tribunal. — Cass., 30 sept. 1836, David, [S. 37.1.431, P. 37. 1.241] — Contrà, Besançon, 14 déc. 1836, David. — V. suprà, v° Action civile, n. 685.

824. — II. Dommages-intérêts. — Les dommages-intérêts ne doivent être accordés que « selon les circonstances » (art. 198), c'est-à-dire si le propriétaire de la forêt a souffert un préjudice autre que l'enlèvement de bois ou productions quelconques du sol forestier. Il peut donc y avoir lieu à dommages-intérêts lors même que rien n'aurait été enlevé ; à l'inverse, en cas d'enlèvement, la restitution peut être la seule condamnation civile accordée au propriétaire. Les tribunaux ont donc, en général, un pouvoir discrétionnaire pour accorder ou refuser des dommages-intérêts. — Cass., 20 mars 1830, Henry, [S. et P. chr.] — V. infrà, n. 832.

825. — Jugé que les dommages-intérêts ne doivent être accordés en matière de délits forestiers qu'autant qu'il y a eu préjudice causé. — Cass., 25 sept. 1840, Liste civile, [S. 40.1. 928] — Pau, 13 juin 1856, précité. — Meaume, Commentaire, n. 1378, 1414. — D'ailleurs, il n'est pas nécessaire que le jugement fasse mention de la fraude ni du préjudice, lorsqu'il condamne es prévenus à des dommages-intérêts. — Cass., 20 mars 1830, précité.

826. — Du moment où la preuve du préjudice existe, les tribunaux ne peuvent se dispenser d'allouer des dommages-intérêts. — Nancy, 21 déc. 1833, [cité par Meaume, n. 1414] — Dijon, 19 sept. 1838, Marie, [Ibid.] — V. aussi Cass., 17 oct. 1895, Roumégoun, [S. et P. 96.1.63] — Cette preuve peut être faite par tous les moyens ; il n'est pas nécessaire qu'elle résulte du procès-verbal. — Trib. Lons-le-Saulnier, 27 févr. 1841, Perrochet, [Bull. for., 1.344]

827. — La preuve du dommage peut résulter de la nature même du délit. — Cass., 23 août 1845, Gabuet, [S. 45.1.717, P. 45.2.668, D. 45.1.374] — Poitiers, 24 janv. 1846, Rabault, [P. 46.1.734, D. 46.2.54] — Ainsi, le délit de pâturage dans un taillis de deux ans, faisant nécessairement supposer l'existence d'un dommage, le tribunal ne peut, sous prétexte du silence du procès-verbal, refuser de condamner le prévenu à des dommages-intérêts. — Nancy, 29 janv. 1840, Henry, [P. 43.1.553] — V. aussi Nancy, 17 avr. 1839, Tridon, [P. 39.2.606] — Au contraire, si le même délit a eu lieu dans un taillis de douze ans et que le procès-verbal soit muet sur la question du dommage, les juges ont pu en conclure qu'il n'en résultait aucun préjudice. — Nancy, 29 janv. 1840, Robert, [P. 43.1.554]

828. — Jugé, pour le délit d'introduction d'animaux, et sans faire la distinction ci-dessus, que le fait de pacage dans une forêt supposant nécessairement un dommage fait au bois, les tribunaux ne peuvent se dispenser d'allouer des dommages-intérêts, sous le prétexte que le procès-verbal ne mentionne aucun préjudice et que rien ne prouve qu'il en ait été commis. — Orléans, 19 avr. 1828, N..., [S. et P. chr.] ; — 16 août 1828, Marois, [S. et P. chr.]

829. — Le même délit, suivant son importance, peut être considéré comme dommageable ou non, dans la même forêt.

Ainsi la récolte de fraises dans un bois ne cause ordinairement aucun dommage ; mais cette même récolte, à raison du grand nombre de personnes qui y participent et qui parcourent le bois en tous sens, peut revêtir un caractère dommageable. — Besançon, 26 déc. 1843, Maugain, et 10 juin 1845, Faivre, [S. 46.2. 390, P. 46.2.474, D. 46.2.161]

830. — Lorsque le même procès-verbal constate plusieurs délits, on ne doit calculer les dommages-intérêts que d'après l'amende à prononcer pour le délit qui a causé un préjudice. — Ainsi, lorsque le procès-verbal constate que le prévenu a été surpris dans un bois fauchant de l'herbe et gardant des bestiaux, le tribunal ne doit tenir aucun compte de l'amende portée contre le premier délit pour déterminer les dommages-intérêts dont le délinquant est passible à raison du second. — Nancy, 15 mars 1833, [cité par Meaume, n. 1416]

831. — Pareillement, lorsqu'un procès-verbal constate l'introduction en forêt de bestiaux par plusieurs propriétaires, on ne peut, pour fixer les dommages-intérêts dus par ceux qui ont été poursuivis, prendre en considération la totalité des amendes qui pourraient être encourues par tous les délinquants ; il n'y a lieu de s'occuper que du préjudice causé par les bestiaux de ceux contre lesquels les poursuites ont été exercées. — Rennes, 29 mai 1839, Commune de Paimpont, [S. 39.2.482, P. 39.2.504]

832. — Contrairement au principe ci-dessus posé (n. 824), pour certains délits forestiers, le tribunal est obligé de prononcer des dommages-intérêts ; ce n'est plus seulement pour lui une faculté, comme dans les cas généraux prévus aux art. 198 et 202. Certains délits commis par des adjudicataires de coupe, dans les bois soumis au régime forestier, entraînent une condamnation obligatoire à des dommages-intérêts. Ce sont les délits prévus par les art. 29, 34, 36, 37, 39 et 40, C. for. — Cass., 20 mars 1830, précité ; — 23 juill. 1842, Greuzard, [S. 43.1.148, P. 43.2.99] ; — 23 août 1845, précité. — Bourges, 16 mai 1839, Vistelle, [P. chr.] — V. aussi infrà, v° Forêts.

833. — Les dispositions de l'art. 198, C. for., sur les dommages-intérêts, sont complétées par l'art. 202, qui porte que « dans tous les cas où il y aura lieu à adjuger des dommages-intérêts, ils ne pourront être inférieurs à l'amende simple prononcée par le jugement ». Cette règle fort sage a pour effet de rendre inutiles, dans le plus grand nombre des cas, les estimations délicates du dommage causé à la forêt par les délits.

834. — Mais ce chiffre de l'amende simple n'est qu'un minimum, que les juges peuvent dépasser, s'ils estiment le préjudice causé plus considérable. La loi ne fixe à cet égard aucun maximum ; le chiffre des dommages-intérêts peut donc être aussi élevé que le comporte le préjudice résultant du délit. — V. Meaume, n. 1414.

835. — La règle d'après laquelle les dommages-intérêts ne peuvent être inférieurs à l'amende simple, qui, pour un délit de coupe de bois, est déterminée par les éléments combinés de l'essence et de la circonférence des arbres abattus (V. suprà, n. 12 et s.), est absolue ; les juges ne peuvent se soustraire à cette règle sous prétexte de constatation irrégulière du mesurage ; ils doivent, en ce cas, quand cela est demandé, ordonner l'exécution de ce mesurage. — Cass., 5 janv. 1871, Jangot, [S. 73.1.47, P. 73.75] — V. Meaume, n. 1305. — V. suprà, n. 30 et s.

836. — La seule difficulté que présente l'application de l'art. 202, consiste dans la détermination du sens qu'il faut attacher aux mots « amende simple prononcée par le jugement ». C'est l'amende dégagée des circonstances de récidive, de nuit ou d'emploi de la scie, les seules que le Code reconnaisse comme aggravantes pour la généralité des délits forestiers. Toute autre augmentation de la peine, ordonnée par le législateur dans un cas spécial, afin de la proportionner au délit, ne fait pas perdre à l'amende ainsi augmentée son caractère d'amende simple en ce qui concerne l'application de l'art. 202. — Meaume, n. 1415.

837. — Ainsi l'amende prononcée par l'art. 199 (cu par l'art. 147) pour introduction d'animaux ou d'attelages, bien que doublée quand les bois sont âgés de moins de dix ans, ne doit être considérée que comme une amende simple pour la fixation des dommages-intérêts. — Cass., 17 févr. 1832, Lallemand, [S. 32. 1.629, P. chr.] ; — 1er févr. 1834, Wenger, [S. 34.1.416, P. chr.] ; — 19 avr. 1833, Truchy, [P. chr.] — Nîmes, 2 mars 1837, Martin, [cité par Meaume, t. 2, n. 1415] — Besançon, 18 déc. 1838, Grosjean, [Ibid.] — Orléans, 9 déc. 1845, Guérin, [Ibid.] — Sic, Meaume, n. 1415. — V. suprà, n. 143, 167.

838. — De même, l'amende encourue par un adjudicataire,

pour abatage ou déficit d'arbres réservés, qui est fixée par l'art. 34 au tiers en sus de celle déterminée par l'art. 192, est une amende simple, en ce qui concerne la fixation des dommages-intérêts et l'application de l'art. 202. — Cass., 17 mai 1834, Vannerot, [S. 34.1.582, P. chr.]

839. — Bien que le mineur de seize ans ne doive être condamné même en matière forestière qu'à la moitié des peines encourues par un majeur (V. *suprà*, n. 727), les personnes civilement responsables du fait de ce mineur (V. *suprà*, n. 742 et s.) n'en doivent pas moins être condamnées à des dommages-intérêts calculés d'après les amendes simples, mais non réduites, telles qu'elles sont déterminées par le Code forestier. — Trib. Valenciennes, 8 mai 1871, Prévost, [*Rép. for.*, 6.61] — V. Dissert., *Rép. for.*, 13.48.

840. — Lorsque, pour une raison quelconque, aucune amende n'a été prononcée contre l'auteur d'un délit forestier, il y a lieu néanmoins, par application de l'art. 202, de ne pas abaisser le chiffre des dommages-intérêts accordés à la partie civile au-dessous de l'amende qui pouvait être appliquée. — Bourges, 24 févr. 1853, Chevrier, [P. 53.1.276, D. 53.2.73] — Ainsi en est-il à la suite d'une amnistie. — Pau, 22 nov. 1890, Oyhanart, [*Rép. for.*, 91.34] — V. *suprà*, n. 544.

841. — III. *Frais et dépens.* — Les frais et dépens résultant d'une instance forestière sont liquidés par le jugement et mis à la charge de la partie perdante, conformément à l'art. 194, C. instr. crim. Le Code forestier ne contient à cet égard aucune disposition spéciale. Le tribunal décide souverainement si certains frais doivent ou non être considérés comme frustratoires, et s'ils doivent ou non être mis à la charge de la partie qui succombe : ainsi les frais d'avoué, lorsque la partie civile a cru devoir se faire représenter par un avoué devant le tribunal répressif. — Cass., 12 déc. 1873, Cantau, [S. 73.1.184, P. 74.435, D. 74.1.230]

842. — Rentrent dans les frais de l'instance, en cas de pourvoi en cassation, l'indemnité et l'amende prévues par les art. 419, 420 et 436, C. instr. crim. (V. *suprà*, v° *Cassation* [mat. civ.], n. 340 et s.). De même, lorsqu'il y a partie civile, la taxe d'enregistrement de 3 p. 0/0 (L. 26 janv. 1892, art. 16, § 7), qui grève les dommages-intérêts alloués à la partie civile. Cette taxe est étendue à toutes les restitutions, du moment où elles résultent d'une faute de la partie perdante. — Cass. (Ch. réunies), 23 juin 1875, Zirnité (affaire non forestière), [S. 75.1.430, P. 75.1071, D. 75.1.421]

843. — La partie civile, même gagnante, est personnellement condamnée aux frais, sauf son recours contre les prévenus et les personnes responsables. Les administrations de l'État sont assimilées à cet égard aux parties civiles, relativement aux procès suivis à leur requête ou dans leur intérêt (Décr. 18 juill. 1811, art. 157, 158). L'administration forestière est donc soumise à cette règle, pour les procès dans lesquels elle figure comme partie, devant les tribunaux correctionnels. — V. *suprà*, n. 535.

844. — Toutefois, l'administration forestière gagnante ne doit être condamnée aux frais que lorsqu'elle avait dans l'instance le caractère de partie civile, et non lorsqu'elle remplissait uniquement le rôle de ministère public. Ainsi jugé, pour l'indemnité de cassation et les dépens. — Cass., 4 juill. 1861, Mouraille (espèce non forestière), [S. 61.1.915, P. 62.201, D. 61.1.355] — *Contrà*, en matière de chasse, Cass., 19 juill. 1895, Bounardot, [*Rép. for.*, 95.130] — Dijon, 23 mars 1895, [*Rép. for.*, 95.128] — V. Dissertation, *Rép. for.*, 4.123. — V. *suprà*, n. 458.

845. — Toutes les dispositions légales étudiées sous ce chapitre sont applicables dans les bois des particuliers comme dans ceux soumis au régime forestier, en ce qui concerne les principes de pénalité, les peines et les réparations civiles. — V. *infrà*, v° *Forêts.*

CHAPITRE VII.

VOIES DE RECOURS CONTRE LES JUGEMENTS
EN MATIÈRE FORESTIÈRE.

846. — L'art. 187, C. for., déclare applicables en matière forestière les dispositions du Code d'instruction criminelle sur... « les défauts, oppositions, jugements, appels et recours en cas-

sation ». Il y a donc, en matière forestière comme en droit commun, trois voies de recours contre les jugements, deux ordinaires : l'opposition et l'appel; une extraordinaire : le pourvoi en cassation.

847. — Tout ce qui concerne les voies de recours en matière forestière est régi par le droit commun. Les art. 183 et 184, C. for., concernant l'intervention des agents forestiers dans les appels et les pourvois en cassation, ne changent rien à l'application des règles générales (V. *suprà*, v° *Appel, Cassation*). Mais ces articles ne concernent que les bois soumis au régime forestier, à l'exclusion des bois appartenant aux particuliers. — V. *infrà*, v° *Forêts.*

Section I.

Opposition.

848. — L'opposition est un mode de recours s'adressant au tribunal qui a déjà statué, lorsque le jugement a été rendu par défaut. Les jugements par défaut sont ceux qui ont été rendus contre une partie qui n'a pas comparu à l'audience, ou qui n'y a pas été valablement représentée. — V. *suprà*, n. 596. — Sur la question de savoir dans quels cas il y a défaut, quels en sont les effets, sur les formes et les effets d'opposition, V. *infrà*, v° *Jugement et arrêt.*

849. — Le défaut provient ordinairement de l'absence du prévenu. Mais il peut aussi résulter, en matière répressive, de ce que la partie civile demanderesse ne comparaît pas pour soutenir son action : c'est le *défaut-congé* du demandeur. A raison de la concurrence d'attributions qui existe, en matière forestière, entre le ministère public et l'administration forestière, l'absence de l'agent forestier à l'audience, même au cas où il y aurait une action civile née du délit, ne produit pas nécessairement le défaut-congé : le ministère public peut, s'il le veut, soutenir l'action intentée par l'administration forestière, mais il n'y est pas obligé. — V. Meaume, *Commentaire*, n. 1333. — V. *suprà*, n. 454 et s.

850. — Les formes de l'opposition sont établies, en matière forestière comme en droit commun, par l'art. 187, C. instr. crim., modifié par la loi du 27 févr. 1866. La formalité essentielle consiste dans une notification d'opposition, faite dans les cinq jours de la signification du jugement par défaut, outre un jour par cinq myriamètres.

851. — En matière forestière, le jugement par défaut est signifié par les gardes, conformément à l'art. 173, C. for. Il peut être signifié par simple extrait (C. for., art. 209).

852. — L'agent forestier faisant à la fois fonction de ministère public et de partie civile, dans un procès forestier, on pourrait croire que la signification d'opposition qui lui est faite remplit suffisamment le but de l'art. 187, C. instr. crim. Mais une jurisprudence unanime déclare que l'opposition, pour être valable, doit être notifiée au ministère public aussi bien qu'à l'administration forestière. — Cass., 11 mai 1839, Caire, [S. 30.1.700, P. 39.1.617] — Grenoble, 15 mai 1834, 2 juin et 17 nov. 1836, 16 févr. 1837, 18 juin 1838, [cités par Meaume, *op. cit.*, t. 2, n. 1334] — Aix, 24 juin 1869, Rancurel, [*Rép. for.*, 4.370] — Chambéry, 19 févr. 1875, Farges, [S. 76.2.77, P. 76.342]

853. — Réciproquement, bien que dans les poursuites intentées par l'administration forestière l'agent forestier n'ait pas nécessairement la qualité de partie civile, l'opposition à un jugement par défaut signifié à sa requête doit, à peine de nullité, lui être notifiée dans les délais de l'art. 187, C. instr. crim.; il ne suffirait pas que la notification eût été faite en temps utile au ministère public. — Nîmes, 14 juin 1860, Fromentin, [*Rép. for.*, 1.5]

854. — Si cependant l'agent forestier qui a conclu contre le prévenu n'habite pas la ville où siège le tribunal, et si les actes de citation et de signification ne contiennent pas élection de domicile dans cette ville, alors seulement l'opposant se trouve dispensé de notifier à l'administration forestière. — Meaume, *op. cit.*, n. 1334, p. 884.

855. — L'opposition, régulièrement formée, emporte de droit citation à la première audience (C. instr. crim., art. 188).

856. — Il a été jugé qu'en matière forestière, on doit entendre par là la première audience *forestière* du tribunal. — Grenoble, 15 mai 1878, Goirand, [*Rép. for.*, 7.177]

857. — D'après une autre opinion, qui semble préférable, on ne doit faire aucune différence entre les audiences du tribunal, qu'elles soient ou non consacrées au jugement d'affaires forestières : ce sera donc à la première audience correctionnelle qu'il sera donné jugement sur l'opposition. — Meaume, *Dissertation : Rép. for.*, 8.177.

858. — Avant la loi du 27 juin 1866, le prévenu devait être, dans tous les cas, condamné aux frais de l'expédition du jugement par défaut et de l'opposition (V. Meaume, n. 1334). Actuellement, le tribunal est juge de la question de savoir si les frais dont il s'agit doivent être laissés à la charge du prévenu.

859. — Ainsi décidé que les frais d'un jugement rendu par défaut sur une citation irrégulière sont à la charge de l'administration forestière, ainsi que ceux de l'opposition. — Grenoble, 25 mai 1878, Goirand, [*Rép. for.*, 8.177]

860. — De même, l'opposition emportant de droit citation à la première audience, il y a lieu de laisser à la charge de l'administration les frais d'une nouvelle citation donnée au prévenu. — Même arrêt.

861. — ... De même aussi pour le coût de l'enregistrement de la disposition déclarant nul le jugement par défaut rendu sur citation irrégulière. — Même arrêt.

SECTION II.

Appel.

862. — L'appel, en matière répressive, est régi par les art. 199, 216, C. instr. crim., auxquels il n'est pas dérogé par les art. 183, 184, C. for. — V. *suprà*, v° *Appel* (mat. répr.).

863. — Il suffira donc d'exposer, au sujet de ces articles, les principales décisions auxquelles ont donné lieu les appels en matière forestière. — V. en outre *suprà*, v° *Appel* (mat. répr.), n. 427 et s.

1° *De quels jugements on peut appeler.*

864. — I. *Jugements susceptibles d'appel.* — D'après l'art. 199, C. instr. crim., tous les jugements rendus en matière correctionnelle sont susceptibles d'appel. Cette règle s'applique non seulement aux délits forestiers, mais encore aux contraventions qui ont été exceptionnellement jugées par le tribunal correctionnel, en vertu de l'art. 171, C. for. Cette attribution de compétence n'a pas pour effet de priver les justiciables du bénéfice de l'appel, même dans le cas où le tribunal de simple police aurait jugé en dernier ressort. — Meaume, *Commentaire*, n. 1302; Puton, *Dissertation : Rép. for.*, 7.2. — Arg. Cass., 12 nov. 1842, Legnon, [S. 43.1.650, P. 43.2.257]

865. — Il faut toutefois en matière forestière comme dans les autres, distinguer entre les jugements définitifs, les jugements préparatoires et les jugements interlocutoires. Nous rappelons qu'à la différence des jugements définitifs et des jugements interlocutoires, les jugements préparatoires ne peuvent être attaqués par la voie de l'appel qu'après le jugement définitif, et conjointement avec lui. La jurisprudence très-nombreuse qui permet de reconnaître les caractères respectifs des jugements préparatoires ou interlocutoires en droit commun, est pleinement applicable en matière forestière. — Meaume, *Commentaire*, n. 1302. — Circ. adm. for., n. 577, 27 sept. 1845, [*Bull. for.*, 2.511] — V. *suprà*, v° *Appel* (mat. répr.), n. 255 et s., et *infrà*, v° *Jugement et arrêt*.

866. — Jugé, par application de ce principe, que le jugement accordant à un prévenu d'enlèvement de pierres en forêt sans autorisation (art. 144), un délai pour lui permettre de rapporter l'autorisation requise, est interlocutoire et peut donner lieu à un appel distinct. — Cass., 19 nov. 1829, Debonnai, [P. chr.] — *Sic*, Meaume, *Commentaire*, t. 1, p. 385.

867. — ... Qu'un entrepreneur de travaux publics, poursuivi pour avoir extrait, sans désignation de l'administration, des matériaux en forêt (art. 145), ne peut obtenir une remise de cause pour le mettre à même de produire sa justification; que le jugement accordant cette remise est valablement frappé d'appel par l'administration forestière. — Besançon, 23 nov. 1840, Gormond, [cité par Meaume, *Commentaire*, 1.417]

868. — ... Que le prévenu d'un délit de construction à distance prohibée des forêts (art. 151, 158) devant justifier d'une autorisation régulière délivrée avant la poursuite, l'autorité judiciaire ne saurait lui accorder un délai pour produire une permission dont la date serait postérieure au procès-verbal de constatation; qu'un jugement accordant ce délai aurait le caractère

interlocutoire et pourrait donner lieu à appel. — Nancy, 30 déc. 1836, [cité par Meaume, *Commentaire*, 1.505]

869. — Le jugement accordant à un adjudicataire de coupe, prévenu d'un déficit de réserve (art. 33-34), une vérification à l'effet de démontrer une erreur commise lors de l'opération du récolement, serait interlocutoire et susceptible d'appel. — V. cep. en sens contraire, Besançon, 3 févr. 1840, Girardot, [cité par Meaume, *Commentaire*, 1.839]

870. — Le caractère interlocutoire doit aussi être reconnu à tout jugement ordonnant la preuve par témoins de faits contraires à ceux constatés par un procès-verbal faisant foi jusqu'à inscription de faux (C. for., art. 176, 177).

871. — Est, au contraire, préparatoire le jugement ordonnant la jonction de deux plaintes formées contre le même individu.

872. — Est également préparatoire le jugement qui prononce un sursis ou accorde une remise de cause, pourvu que cette remise ne soit pas motivée par la nécessité de fournir une preuve ou de faire une vérification tendant à détruire des faits matériels énoncés au procès-verbal. — V. Meaume, *Commentaire*, t. 1, p. 840. — Circ. adm., n. 577, 27 sept. 1845, précité.

873. — Le jugement accordant une vérification ou une expertise a le caractère préparatoire, si la preuve du délit n'étant pas complètement faite, le tribunal ne se met pas en contradiction avec le procès-verbal faisant foi jusqu'à inscription de faux, en admettant une preuve outre ou contre son contenu.

874. — Ainsi, est préparatoire et ne peut être frappé d'appel qu'avant le jugement définitif, le jugement ordonnant une vérification à l'effet de constater qu'une scierie se trouve en dehors de la zone de 2 kilom. prévue à l'art. 158, C. for. — Besançon, 15 janv. 1833, Jamet, [cité par Meaume, *Commentaire*, t. 1, p. 838] — Sur tous ces points, V. au surplus *infrà*, v° *Jugements et arrêts en matière civile*, n. 131 et s.

875. — II. *Jugements acquiescés.* — Les distinctions faites entre l'acquiescement de la partie civile, du ministère public et du prévenu (*suprà*, v° *Acquiescement*, n. 674 et s.) trouvent ici leur application.

876. — Il est généralement admis que l'acquiescement du prévenu n'emporte pas déchéance de l'opposition, de l'appel ou du pourvoi en cassation formé par lui en temps utile. — V. *suprà*, v° *Acquiescement*, n. 708 et s., et *infrà*, v° *Jugements et arrêts en matière civile*, n. 3968 et s.

877. — Dans tous les cas, l'exécution volontaire donnée par l'un des condamnés au jugement qui a prononcé en matière forestière et sans solidarité contre plusieurs codéfendeurs, ne constitue pas une fin de non-recevoir contre les autres condamnés, et ne s'oppose pas à ce que ceux-ci interjettent valablement appel. — Chambéry, 13 juin 1885, Devant, [S. 87.2.206, P. 87. 1.1104, D. 87.2.14]

878. — L'acquiescement du ministère public ne l'empêche pas de pouvoir valablement appeler du jugement rendu (V. *suprà*, v° *Acquiescement*, n. 688). En matière forestière, l'art. 184, C. for., déclare qu'en cas de poursuites intentées par l'administration des forêts, l'acquiescement des agents forestiers ne fait pas obstacle au droit du ministère public de se pourvoir par appel ou recours en cassation.

879-881. — Mais cet article doit être combiné avec la loi du 18 juin 1859 sur la transaction avant jugement. L'administration forestière ayant, en effet, le droit de transiger en tout état de cause et à n'importe quelles conditions, l'acquiescement, comme le désistement, émanant d'un agent forestier compétent, éteint l'action publique et prive par conséquent le ministère public du droit de se pourvoir ultérieurement. L'acquiescement intervenant alors que les délais d'appel ou de cassation ne sont pas encore écoulés, a en effet le caractère de transaction avant jugement. — V. *suprà*, sur la transaction, n. 510 et s.; et, sur le désistement, *infrà*, n. 908 et s. — V. aussi *suprà*, v° *Appel* (mat. répr.), n. 435 et 436.

2° *Quelles personnes peuvent appeler.* — *Modalités de l'appel.*

882. — Nous avons dit *suprà*, v° *Appel* (mat. répr.), n. 427 et s., que le droit d'appel appartient aux agents forestiers qui ont exercé les poursuites devant le tribunal correctionnel (V. art. 183, C. for.; art. 202-3°, C. instr. crim.), ainsi qu'au ministère public, sans qu'il y ait à distinguer s'il est ou non intervenu en première instance.

883. — De la concurrence d'attributions qui existe, pour les poursuites forestières, entre le ministère public et l'administration, il résulte encore que les conclusions prises en première instance par le ministère public seul peuvent être reproduites en appel par l'administration forestière, ou inversement.

884. — Ainsi jugé que, lorsqu'en première instance le procureur a excipé du défaut de signification d'un jugement non contradictoire, cette exception peut être reproduite en appel par l'agent forestier. — Aix, 24 juin 1869, Rancurel, [*Rép. for.*, 4.370]

885. — De même qu'en première instance, le ministère public, exerçant l'action de l'administration forestière, peut, sur l'appel interjeté par lui seul, poursuivre non seulement l'amende, mais encore les réparations civiles ; il a donc qualité pour rectifier en appel les conclusions originaires de l'agent forestier, même en ce qui concerne les restitutions et dommages-intérêts. — Cass., 30 mars 1830, Henry, [S. chr.] — Nancy, 6 janv. 1841, Lallemand, et Trib. du Mans, 29 avr. 1841, Dubray, [cités par Meaume, *Comment.*, t. 2, p. 831]

886. — Il en résulte qu'une cour d'appel ne peut refuser de statuer sur la restitution et les dommages-intérêts en matière forestière, en se fondant sur ce que le ministère public a seul appelé, et qu'il suffit de réserver les droits de l'administration. — Cass., 8 mai 1835, Riff, [S. 45.1.730, P. chr.]

887. — Le droit d'appeler des jugements correctionnels peut être exercé par l'administration forestière d'une manière indéfinie et sans restriction, à la différence des parties civiles qui ne peuvent l'exercer que quant à leurs intérêts civils (V. *suprà*, v° *Appel* [mat. répr.], n. 428). — Cass., 31 janv. 1817, Habitants de Villers-les-Pots, [S. et P. chr.]

888. — Jugé, à cet égard, que l'énonciation portant que l'agent forestier se déclare appelant du jugement rendu à telle date par tel tribunal, est générale, et n'apporte aucune restriction aux pouvoirs de la juridiction supérieure. — Cass., 13 août 1857, Roux, [*Rép. for.*, 7.381]

889. — Lorsque l'administration forestière a usé de cette faculté de ne point limiter son appel, alors on peut dire que cet appel remet tout en question, et qu'il permet au prévenu, bien que n'ayant point formé d'appel de son côté, d'obtenir soit une réduction de la peine prononcée contre lui, soit son renvoi pur et simple. — Nîmes, 6 févr. 1835, Lapierre, [D. *Rép.*, v° *Forêts*, n. 563] — Grenoble, 25 nov. 1836, Mollard, [S. 37.2.264, P. chr.] ; — 13 juill. 1837, Richel, et 12 févr. 1840, Roul, [cités par Meaume, *Comment.*, t. 2, n. 1304] — Metz, 11 nov. 1840, Riffert, [*Ibid.*] — Colmar, 16 mars 1864, Mathern, [*Rép. for.*, 5.9]

890. — Mais si l'appel de l'administration forestière n'est pas nécessairement indéfini ; il peut être limité, soit aux peines, soit aux réparations civiles (Meaume, *Comment.*, 2.1304). S'il porte sur les peines, il a le même effet que celui du ministère public, c'est-à-dire qu'il remet tout en question, alors même qu'il serait interjeté *a minimâ*. Si, au contraire, il ne concerne que les réparations civiles, la peine prononcée par le jugement reste irrévocablement fixée, et le débat ne peut porter devant les juges d'appel, que sur la quotité des réparations. — Meaume, *eod. loc.*

891. — Lorsqu'à la même audience il a été rendu deux jugements entre les mêmes parties, et que l'administration n'a appelé que d'un seul, sans préciser lequel, l'appel est présumé porter sur le jugement que l'administration avait le plus d'intérêt à attaquer. — Nîmes, 20 juin 1833, Hugues, [cité par Meaume, *Comment.*, t. 2, n. 1306] — V. *infrà*, n. 911.

892. — L'appel du prévenu, lorsqu'il porte sur l'application de la peine, n'est jamais dévolutif, il est toujours réputé *ad mitiorem*, en sorte que la peine ne peut être que maintenue, diminuée ou supprimée, mais non aggravée (V. *suprà*, v° *Appel* [mat. répr.], n. 822 et s.). Il en résulte qu'en cas d'appel du prévenu, et en supposant qu'il n'y a pas eu appel *a minimâ* par la partie publique, lorsque le tribunal correctionnel a commis une erreur dans le calcul de l'amende (V. *suprà*, n. 143, 167), cette erreur ne peut être rectifiée par le juge d'appel, et le bénéfice de cette erreur est définitivement acquis au prévenu. — Cass., 17 mai 1834, Siégrist, [S. 34.1.583, P. chr.] — Chambéry, 18 avr. 1861, Amildani, [*Rép. for.*, 1.54] ; — 22 août 1861, Laperrousaz, [*Rép. for.*, 1.114] — La raison de cette apparente dérogation aux principes est que le tribunal pouvait et devait rectifier d'office l'erreur commise dans les conclusions. — Meaume, *Commentaire*, n. 1305.

893. — La cour saisie de l'appel d'un jugement correctionnel par l'administration forestière, apprécie souverainement, en fait comme en droit, les actes incriminés. Ainsi jugé, à la suite d'un procès-verbal dressé contre un agent-voyer et plusieurs autres individus, à raison de l'exécution de certains travaux en forêt ; l'autorité administrative ayant rendu un arrêté de conflit à l'effet de revendiquer le droit de reconnaître l'existence et la portée des ordres d'après lesquels les prévenus avaient commis le fait qui leur était imputé à délit, il a été jugé que l'arrêt qui avait renvoyé de la plainte les prévenus, à l'exception de l'agent-voyer, était à l'abri de toute censure, comme fondé sur des circonstances rentrant dans l'appréciation souveraine de la cour. — Cass., 4 févr. 1847, Muller-Godard, [S. 47.1.512, P. 49.1.667, D. 47.4.266]

3° Quelles conclusions peuvent être prises en appel.

894. — La règle des deux degrés de juridiction entraîne cette conséquence que l'on ne peut présenter en appel des demandes nouvelles, sur lesquelles le tribunal correctionnel n'a pas été déjà mis à même de statuer (V. *suprà*, v° *Appel* [mat. répr.], n. 802 et s.). Mais il importe de distinguer entre le fait lui-même et sa qualification ; et, ensuite, pour un même fait, entre la répression pénale et les condamnations civiles. — V. Meaume, *Comment.*, n. 1305.

895. — Nous avons vu que le juge peut. d'office, rectifier l'erreur commise dans la citation en ce qui concerne le texte applicable ; *à fortiori*, l'administration forestière peut-elle rectifier en appel l'erreur qu'elle a commise en première instance en citant dans ses conclusions un texte de loi qui n'est pas applicable au délit ; les nouvelles conclusions ne peuvent être repoussées sous le prétexte qu'elles n'ont pas subi le premier degré de juridiction ; il suffit que le fait sur lequel la cour est appelée à statuer soit le même que celui qui a été déféré au tribunal correctionnel. — Cass., 5 déc. 1833, Moisson, [P. chr.] ; — 6 mai 1847, Gendre, [P. 47.2.409, D. 47.4.275] — Nancy, 7 janv. 1824, Pernot, [cité par Meaume, *Comment.*, n. 1244] — Pau, 24 déc. 1829, Larazet, [P. chr.] — Nancy, 4 déc. 1835, [cité par Meaume, t. 2, p. 845, *ad notam*]

896. — Ainsi, lorsque l'administration forestière a conclu en première instance à une condamnation erronée eu égard au nombre et à la circonférence des arbres coupés en délit (art. 192), elle peut sur l'appel rectifier son calcul et augmenter dans de nouvelles conclusions le chiffre de l'amende et des dommages-intérêts. — Nancy, 9 déc. 1828, Burnot, [cité par Meaume, n. 1244] — Pareillement, lorsqu'un adjudicataire cité en première instance comme auteur d'un délit a été acquitté, l'administration peut, en concluant sur l'appel à sa condamnation comme auteur principal, conclure subsidiairement à ce qu'il soit déclaré responsable du même fait non constaté par son garde-vente. — Besançon, 29 déc. 1875, Raspiller, [*Rép. for.*, 7.22]

897. — Jugé, au contraire, parce qu'il s'agit de *faits nouveaux :* que si les conclusions prises en première instance ne portaient que sur trois chênes anciens, coupés en contravention par un adjudicataire, l'administration forestière est non-recevable en appel à demander que le prévenu soit en outre condamné pour un déficit de huit baliveaux et d'un moderne. — Nancy, 4 déc. 1835, Garnier, [cité par Meaume, n. 1305] ... — Que si un adjudicataire a été poursuivi en première instance pour délit d'outrepasse (art. 29), on ne peut prendre valablement en appel des conclusions tendant à le faire condamner pour retard apporté à l'exploitation et à la vidange de sa coupe (art. 40). — Cass., 28 avr. 1848, Leroy, [*Bull. for.*, 4.402]

898. — La même règle est applicable aux réparations civiles (art. 464, C. proc. civ.). Par conséquent l'agent forestier ne pourrait conclure pour la première fois devant la cour à des réparations civiles, lorsque des conclusions de ce genre n'ont point été déposées devant le tribunal correctionnel. Jugé pareillement que l'administration forestière ne peut, en appel, augmenter dans ses conclusions le chiffre des dommages-intérêts qu'elle a réclamés en première instance. — Nancy, 17 avr. 1839, Tridon, [P. 39.2.606]

899. — Toutefois, la restitution pouvant être prononcée d'office par le tribunal correctionnel, pourra être accordée par la cour, soit d'office, soit sur des conclusions différentes de celles qui ont été prises en première instance. — Arg. Cass., 24 mai 1832, Vaussy, [P. chr.] — V. *suprà*, n. 819 et s.

900. — De plus, l'administration pourra valablement requérir des dommages-intérêts pour un préjudice éprouvé depuis le premier jugement : ainsi pour le dommage causé par un adjudicataire à raison d'une nouvelle prolongation dans l'exploitation ou la vidange de sa coupe. — Meaume, *Commentaire*, n. 1305. — V. *suprà*, v° *Appel* (mat. répr.), n. 785.

901. — Ajoutons qu'on peut, conformément au principe général, proposer au juge d'appel toutes les exceptions et tous les moyens de défense, même ceux qui n'auraient pas été soumis au juge du premier degré. — V. *suprà*, v° *Appel* (mat. répr.), n. 786 et s.

4° Délais d'appel. — Formalités.

902. — Les délais d'appel en matière forestière sont ceux de l'art. 203, C. instr. crim. — V. *suprà*, v° *Appel* (mat. répr.), n. 502 et s.

903. — Pas plus en matière de délits forestiers qu'en matière correctionnelle ordinaire on ne peut interjeter d'appel incident. — Pau, 28 nov. 1861, Peyroutet, [*Rép. for.*, 3.73]

904. — L'agent qui fait la déclaration peut être autre que celui qui a conclu en première instance. — Metz, 23 mai 1818, Schverer, [P. chr.] — D'après une instruction du 23 mars 1821, l'autorisation de suivre l'appel interjeté devait être demandée au directeur général des forêts. Actuellement l'agent forestier se borne à transmettre au conservateur les pièces de la procédure. — Circ. n. 577, 27 sept. 1845, [*Bull. for.*, 2.511] — V. *suprà*, v° *Appel* (mat. répr.), n. 439.

905. — La déclaration d'appel doit comprendre toutes les personnes mises en cause dans le procès de première instance. Jugé que lorsque le père, condamné comme responsable en première instance, n'a pas été compris dans la déclaration d'appel, on doit considérer comme non-avenue l'assignation qui lui a été signifiée en appel, bien qu'il y ait présomption qu'un oubli involontaire a seul occasionné le défaut de déclaration relativement au père. — Nancy, 28 mai 1828, Vétier, [cité par Gerbaut, n. 155]

906. — L'assignation est habituellement signifiée aux prévenus par les soins du parquet de la cour. La partie civile peut toutefois saisir le juge d'appel par voie de citation directe donnée au prévenu. Ainsi jugé que l'art. 152, C. instr. crim., est applicable en appel, et cette décision serait certainement valable en matière forestière. — Cass., 24 déc. 1857, Mini, [*Bull. for.*, 7.383]

907. — Bien que la requête mentionnée à l'art. 204, C. instr. crim., ne soit pas nécessaire pour la validité de l'appel (V. *suprà*, v° *Appel* [mat. répr.], n. 625 et s.), l'administration forestière prescrit à ses agents de toujours joindre cette requête à la déclaration. D'ailleurs, l'administration n'est pas liée par les conclusions inscrites dans la requête ; ces conclusions peuvent être modifiées devant la cour, soit par l'agent chargé de suivre l'appel, soit par le ministère public. — Nancy, 3 déc. 1861, Remy, [D. 62.2.32]

5° Désistement.

908. — Le ministère public ne peut se désister de son appel. La faculté de désistement est, au contraire, reconnue à l'administration forestière (C. for., art. 183), même en ce qui concerne l'action publique. Cette faculté résulte de la loi du 18 juin 1859 sur la transaction avant jugement (V. *suprà*, v° *Appel* [mat. répr.], n. 437). — Pour le désistement du condamné, V. *suprà*, v° *Appel* (mat. répr.), n. 350 et s.

909. — D'après l'art. 183, C. for., pour que le désistement de l'administration soit valable, il faut une décision spéciale, laquelle est prise par le directeur des forêts (Circ. 27 sept. 1845, n. 577 ; Meaume, *Commentaire*, n. 1307). — Il en résulte qu'une simple déclaration faite par un agent serait insuffisante. Mais depuis la loi du 18 juin 1859, la transaction avant jugement pouvant être accordée par le conservateur des forêts, cette transaction intervenue pendant l'instance d'appel vaut comme désistement, sans l'intervention du directeur des forêts.

910. — Jugé, avant la loi de 1859, qu'à défaut d'une autorisation spéciale du directeur des forêts, la notification du jugement dont est appel, faite par l'agent forestier postérieurement à cet appel, et avec sommation d'exécuter ledit jugement, ne saurait constituer un désistement valable. — Montpellier, 1er déc. 1845, Jambe, [P. 46.2.491]

911. — Lorsqu'un individu, prévenu à la fois de deux délits forestiers, n'a été condamné que pour un seul, il suffit que l'administration forestière poursuivante, en faisant appel du jugement pour fausse application de la loi, ait demandé en même temps la réformation de tous les torts et griefs qu'a pu lui faire le jugement attaqué, pour que le tribunal d'appel se soit trouvé investi de la connaissance des deux délits imputés au prévenu en

première instance. Ce serait à tort que la poursuite contre le second serait considérée comme abandonnée. — Cass., 22 janv. 1829, Jullemier, [S. et P. chr.] — V. *suprà*, n. 891.

6° Instruction sur l'appel. — Arrêt.

912. — En appel, l'instruction a lieu de la même manière qu'en première instance (C. instr. crim., art. 210 ; V. Meaume, *Commentaire*, n. 1243). S'il s'agit d'une affaire forestière, l'agent forestier a donc, comme en première instance, le droit d'exposer l'affaire, après la lecture du rapport, et d'être entendu lorsqu'il le demande avant le résumé et les conclusions du ministère public (C. for., art. 174).

913. — Il n'est pas indispensable que l'agent forestier qui a exposé l'affaire en première instance se rende à la cour d'appel ; l'administration peut être représentée par un autre agent (Circ. adm. for., 31 août 1811).

914. — Le juge d'appel a un pouvoir discrétionnaire pour ordonner soit d'office, soit sur la demande des parties, les mesures d'instruction qui lui paraissent nécessaires. Mais il ne peut être obligé de prendre ces mesures, s'il estime que l'instruction de l'affaire a été complète en première instance. Spécialement, en matière correctionnelle, la juridiction supérieure n'est point tenue d'ordonner un supplément d'enquête réclamé par le prévenu. — Cass., 20 oct. 1892, X..., [S. et P. 93.1.490] — V. *suprà*, v° *Appel* (mat. répr.), n. 1210 et s.

915. — Lorsqu'il ne s'agit que d'entendre à nouveau des témoins qui ont été déjà entendus par les premiers juges, la jurisprudence qui reconnaît aux tribunaux d'appel un pouvoir discrétionnaire est applicable, par identité de motifs, en matière forestière (Meaume, *Commentaire*, n. 1305 ; V. pourtant, *Dissertation*, *Rép. for.*, t. 7, p. 31). Mais il en serait différemment si le témoin n'avait pas été entendu en première instance (garde rédacteur d'un procès-verbal nul ou insuffisant), ou s'il s'agissait de le faire entendre sur un fait nouveau dont la preuve devrait entraîner la condamnation du délinquant. Le juge d'appel qui, dans ces circonstances, refuserait l'audition du témoin, violerait l'art. 175, C. for. — Meaume, *Commentaire*, n. 1305, *in fine*.

916. — Jugé que le juge d'appel ne peut refuser d'entendre les rédacteurs de procès-verbaux déclarés nuls ou insuffisants par les premiers juges, en fondant son refus sur ce qu'on ne peut, devant la cour d'appel, requérir une instruction testimoniale qui n'aurait été faite ni requise en première instance. — Cass., 3 févr. 1820, Blanc, [S. et P. chr.] ; — 1er mars 1822, Dufour, [S. chr.] ; — 14 oct. 1826, Moreau, [P. chr.] — Montpellier, 14 déc. 1835, Decar et Jouy, [cité par Meaume, *Commentaire*, n. 1250 et 1305]

917. — Les règles pour la validité des arrêts sont les mêmes en matière forestière qu'en droit commun. Ainsi, tout arrêt doit être motivé (V. *infrà*, v° *Jugement et arrêt*). Est nul pour défaut de motifs l'arrêt qui confirme par adoption pure et simple de ses motifs un jugement qui a rejeté une poursuite dirigée par l'administration forestière pour délit de dépaissance, en se fondant sur ce que le canton où le troupeau avait été conduit ne constituait qu'un vacant communal non boisé, sans s'expliquer sur des documents produits pour la première fois en appel et tendant à établir que ce canton avait été soumis au régime forestier. — Cass., 16 févr. 1883, Companyo, [*Rép. for.*, 12.178]

Section III.

Cassation.

918. — Le Code forestier ne contient aucune disposition spéciale au recours en cassation. L'art. 183 donne aux agents de l'administration le droit d'exercer ce recours, dans les mêmes conditions que l'appel (V. *suprà*, n. 882 et s.). Le ministère public peut donc se pourvoir en cassation au sujet d'un arrêt rendu en matière forestière, concurremment avec les agents de l'administration. Le pourvoi formé par le ministère public est recevable quoiqu'il l'ait été *au nom de l'administration forestière* ; cette formule, bien qu'irrégulière, ne saurait entraîner la nullité du pourvoi, alors surtout que l'administration l'adopte et se l'approprie dans son mémoire. — Cass., 24 déc. 1858, Albertini, [S. 59.1.875, P. 59.602, D. 59.1.95]

919. — Les formes et les délais du pourvoi, en matière forestière, sont déterminées par les règles du droit commun (V. *suprà*, v° *Cassation* [mat. crim.], n. 214 et s.). — Meaume, *Commentaire*, n. 1309. — L'administration forestière est dans l'usage de notifier les pourvois en cassation par elle formés. — Circ. adm. 13 août 1828, n. 182 *quinquies*, et 4 avr. 1833, n. 329. — Cette dernière circulaire contient une instruction sur l'envoi des pièces relatives aux pourvois.

920. — En ce qui concerne la consignation d'amende exigée par l'art. 419, C. instr. crim., l'administration des forêts, en cas de pourvoi, est dispensée de cette consignation. — V. Cass., 6 déc. 1839, Poulard, [S. 40.1.77, P. 40.1.345] — V. *suprà*, v° *Cassation* [mat. crim.], n. 340 et s.

921. — La forme et les effets du désistement sont les mêmes que pour l'appel (V. *suprà*, n. 908 et s.). Jugé que si l'administration des forêts, partie civile, se désiste du pourvoi par elle formé, elle ne doit pas être condamnée à l'indemnité de 150 fr. envers la partie intervenante, car elle ne peut être réputée avoir succombé ; mais elle doit être condamnée aux frais faits par l'intervenant jusqu'au désistement. — Cass., 13 avr. 1854, Ducloux, [S. 54.1.496, P. 54.2.384]

922. — Après que la cassation a été prononcée et le renvoi ordonné devant une autre cour, l'administration forestière et les parties en cause peuvent, devant cette cour, prendre des conclusions dans les mêmes conditions qu'en appel (V. *suprà*, v° *Cassation* [mat. crim.], n. 1664 et s.). Ainsi, lorsqu'un arrêt, attaqué sur un chef ordonnant au propriétaire d'une forêt de délivrer aux usagers des bois dans des conditions autres que celles qu'il avait offertes, a été cassé sur ce chef pour défaut de motifs, le propriétaire peut, devant la cour de renvoi, comme il le pouvait antérieurement devant la cour dont l'appel a été cassé, prendre des conclusions subsidiaires tendant à faire juger que la délivrance s'effectuera, au cas où ses offres seraient rejetées, d'après un mode indiqué dans un contrat non invoqué devant la première cour ; et la cour de renvoi peut accueillir ces conclusions sans commettre d'excès de pouvoirs. — Cass., 15 mars 1887, de Damas, [*Rép. for.*, 89.93]

CHAPITRE VIII.

EXÉCUTION DES JUGEMENTS EN MATIÈRE FORESTIÈRE.

Section I.

Moyens d'exécution ; contrainte par corps. — Prescription de la peine.

§ 1. *Moyens d'exécution.*

923. — Les moyens d'exécution, pour les jugements rendus en matière forestière par les tribunaux correctionnels, sont ceux du droit commun. Le Code forestier, dans ses art. 209 à 214, ne contient aucune disposition spéciale, sauf pour la signification et la contrainte par corps. — V. *infrà*, n. 928 et s.

924. — D'après l'art. 209, C. for., les jugements rendus à la requête de l'administration forestière ou sur la poursuite du ministère public, seront signifiés par simple extrait qui contiendra le nom des parties et le dispositif du jugement.

925. — Ce mode de signification s'applique tant aux jugements contradictoires qu'aux jugements par défaut. Pour les jugements contradictoires, la signification est le préliminaire de l'exécution ; pour les jugements par défaut, son but est de faire courir les délais de l'opposition et de l'appel.

926. — Cette dérogation de l'art. 209 à la règle générale qui exige, conformément à l'art. 195, C. instr. crim., que la signification comprenne les motifs, le dispositif, les qualités, la formule exécutoire, et enfin le texte de la loi pénale appliquée, a été introduite pour éviter des frais. — Meaume, *Commentaire*, n. 1439 ; Puton, *Législ. for.*, p. 220.

927. — L'extrait du jugement n'a pas besoin de comprendre le texte de la loi pénale, car l'art. 209 n'en parle pas. — Meaume, *Commentaire*, n. 1440.

928. — Pour les condamnations à la confiscation, l'exécution du jugement est immédiate quand la saisie a été réelle. En cas de saisie intellectuelle, ou de mainlevée provisoire consentie conformément à l'art. 168, C. for., le jugement constitue pour le condamné une mise en demeure d'avoir à déposer les objets con-

fisqués, à défaut de quoi l'action de l'art. 400-3°, C. pén., peut être intentée.

929. — Pour les primes et gratifications dues à la gendarmerie en cas de capture de délinquants forestiers et pour exécution d'un jugement en matière correctionnelle, V. Décr. 18 févr. 1863, art. 287 et 290.

§ 2. *Contrainte par corps.*

930. — La contrainte par corps en matière forestière s'exerce conformément au droit commun de la loi du 22 juill. 1867 (V. *suprà*, v° *Contrainte par corps*, n. 136 et s.), sauf les modifications apportées par l'art. 18 de cette loi, et par les dispositions non abrogées du tit. XIII du Code forestier.

931. — I. *Conditions d'exercice de la contrainte par corps.* — Une première condition pour que la contrainte par corps soit appliquée, c'est que le jugement qu'il s'agit d'exécuter ait prononcé une condamnation à titre de peine. De ce principe, contenu dans les art. 1 et 2 de la loi de 1867, découlent en matière forestière les conséquences suivantes.

932. — L'art. 28-1°, C. for., déclarant la contrainte par corps applicable contre les adjudicataires, leurs associés et cautions, pour le prix de vente et les frais, est abrogé, puisqu'il s'agit du recouvrement de créances purement civiles. — Guyot et Puton, *Contrainte par corps en matière criminelle et forestière*, n. 11 ; Pont, *Explication du Code civil*, t. 9, n. 965-5° ; Géraud et Prisse, *Commentaire de l'instruction générale sur le service des amendes*, n. 553 ; Darbois, *Traité théorique et pratique de la contrainte par corps*, n. 334 ; Martin, *Pêche fluviale*, n. 176. — Il en est de même de l'art. 24-2° du même Code, d'après lequel l'adjudicataire, en cas de déchéance, était tenu par corps de la différence entre son prix et celui de la revente. — Darbois, n. 334-2°.

933. — Pareillement enfin, les art. 28-2° et 46, autorisant la contrainte à l'égard des cautions, pour le paiement des condamnations à titre de dommages, restitutions et amendes, qu'auraient encourues les adjudicataires, ont cessé d'être applicables, parce que l'engagement de la caution est purement civil, et ne peut recevoir la sanction d'une condamnation pénale. — Guyot et Puton, n. 12 ; Darbois, n. 334. — *Contrà*, Sourdat, t. 2, n. 808. — V. Instr., 20 sept. 1875, n. 198.

934. — Les personnes *civilement* responsables des délits commis par autrui ne peuvent subir la contrainte pour le recouvrement des condamnations prononcées contre les personnes dont elles répondent, car seuls les auteurs des infractions encourent une condamnation pénale (Arg. de l'art. 206, C. for.) : par exemple, le mari, responsable civilement du délit forestier commis par sa femme, le père, du délit commis par ses enfants, etc. — Cass., 11 févr. 1843, Legrain, [*Bull. for.*, n. 34] ; — 18 mai 1843, Leroux, [*Bull. for.*, n. 116] ; — 3 juin 1843, Daullé, [*Bull. for.*, n. 130] ; — 25 mars 1881, Chiappini, [S. 82.1.143, P. 82.301] — *Sic*, Guyot et Puton, n. 13 ; Géraud et Prisse, n. 546.

935. — Il en est autrement dans les cas exceptionnels où la loi spéciale attribue à la responsabilité du fait d'autrui un caractère vraiment *pénal*. Ainsi : 1° à l'égard des adjudicataires de coupes, déclarés par les art. 45 et 46, C. for., pénalement responsables des délits commis dans leur vente et à l'ouïe de la cognée ; 2° à l'égard des propriétaires de bestiaux et de voitures, rendus punissables, par les art. 147 et 199, au sujet des délits commis en forêt par des tiers, avec leurs attelages (V. *suprà*, n. 183 et s., 158). — Blanche, *Études sur le Code pénal*, n. 392 ; Pont, n. 372 ; Géraud et Prisse, n. 551, art. 198, Instr. gén. ; Guyot et Puton, n. 13. — *Contrà*, Darbois, n. 334.

936. — La seconde condition, nécessaire pour l'application de la contrainte, c'est qu'il s'agisse d'une condamnation pécuniaire à recouvrer. Il en est ainsi, en matière forestière, des condamnations à l'amende, à la restitution (lorsque l'objet n'est pas représenté en nature), aux dommages-intérêts et aux frais (C. pén., art. 52 ; C. for., art. 211).

937. — Au contraire, il n'y a pas lieu d'exercer la contrainte : pour l'exécution de la disposition d'un jugement qui ordonne la démolition d'un bâtiment ou d'une usine construite à distance prohibée d'un bois soumis au régime forestier (C. for., art. 151-156). — Colmar, 22 nov. 1859, Bontemps, [*Bull. for.*, 8.231] — *Sic*, Guyot et Puton, n. 39.

938. — De même pour la partie d'un jugement qui prononce la suspension de l'exercice d'un droit d'usage (C. for., art. 149), ou qui ordonne la restitution de bois d'usage non employés dans les deux ans (C. for., art. 84). — Guyot et Puton, n. 39.

939. — De même encore pour la confiscation des instruments de délit en matière forestière (C. for., art. 146), et enfin pour celle des armes, filets ou engins en matière de chasse. Toutefois, pour ces derniers, l'art. 16-3° de la loi du 3 mai 1844 sur la police de la chasse, permettant de remplacer la confiscation effective par l'obligation de payer une somme d'argent fixée par le tribunal (V. *suprà*, v° *Chasse*, n. 1659 et s.), la peine ainsi transformée devient une sorte d'amende accessoire, susceptible dès lors d'être recouvrée par voie de contrainte. — F. Hélie, *Code pénal*, 5° éd., n. 188; Guyot et Puton, n. 39, note 2.

940. — Il résulte de ce qui précède que lorsqu'aucun jugement n'a été rendu, il est impossible d'user de la contrainte pour le recouvrement de sommes que le délinquant s'est engagé à payer précisément dans le but d'arrêter les poursuites : ainsi, en matière forestière, lorsqu'une transaction *avant jugement* a été accordée, conformément à l'art. 159 (dernier par.) du Code forestier. — Guyot et Puton, n. 33.

941. — Il en est autrement des transactions *après jugement*, qui ont le caractère d'une grâce partielle; la décision administrative qui modère la peine prononcée par un jugement définitif, n'efface pas le caractère de la condamnation pour la somme ainsi réduite, et n'empêche pas l'exercice de la contrainte. — Guyot et Puton, n. 99; Darbois, n. 465-466; Géraud et Prisse, n. 547.

942. — II. *Durée et effets de la contrainte; réductions spéciales.* — Au lieu de l'échelle de durée inscrite dans l'art. 9 de la loi de 1867, en matière forestière et de pêche fluviale, le tribunal n'est plus obligé de suivre la proportionnalité qu'indique cet article entre la contrainte et les condamnations pécuniaires : en vertu de l'art. 18-4°, L. 22 juill. 1867, la durée est fixée dans les limites de huit jours à six mois, quelle que soit l'importance des condamnations encourues.

943. — Cette disposition entraîne, on peut le dire, l'abrogation complète de l'art. 212, C. for. D'après cet article, le condamné forestier était détenu indéfiniment jusqu'au paiement ou à la justification de son insolvabilité, et par suite, le jugement de condamnation n'avait à fixer aucune durée de contrainte; le principe inverse a été inauguré par la loi de 1867, et ce principe doit prévaloir sur la disposition contraire de la loi ancienne (art. 18-3°).

944. — C'est uniquement dans la disposition précitée de l'art. 18-4° que le tribunal doit chercher les limites à la durée de la contrainte en matières forestière et de pêche. Donc pour les contraventions forestière ou de pêche, on ne doit pas tenir compte de l'art. 9 dernier paragraphe qui établit un maximum de cinq jours pour les contraventions ordinaires; dans tous les cas, le juge ne doit considérer que les limites de huit jours à six mois. — Guyot et Puton, n. 151 et 249.

945. — Il y a cependant certaines circonstances prévues par la loi desquelles résulte pour le condamné une diminution du temps normal, ou une exonération de la contrainte, aussi bien en matière forestière et de pêche qu'en droit commun. La plus importante de ces circonstances est l'insolvabilité. L'art. 213, C. for. (et pareillement l'art. 35 de la loi de 1832), détermine les conséquences de l'insolvabilité relativement à la contrainte; il s'agit d'examiner si ce texte est encore applicable depuis 1867.

946. — De la combinaison des art. 10 et 18 de la loi de 1867, on doit induire que l'art. 213, C. for., est inapplicable, en ce qui concerne l'échelle de durée qu'il détermine pour les insolvables; il résulterait en effet de cet article que le jugement pourrait se dispenser de déterminer la durée, qui se trouverait fixée uniquement par les dispositions de la loi spéciale. Ce texte est inconciliable avec l'un des principes fondamentaux de la loi nouvelle. On doit donc appliquer l'art. 10 de la loi de 1867 en matière forestière et de pêche : les insolvables subiront la moitié de la durée fixée par le jugement dans les limites de l'art. 18. — Guyot et Puton, n. 177, 250. — *Contrà*, Darbois, n. 237. — V. *suprà*, v° *Contrainte par corps*, n. 126 et s.

947. — Toutefois, l'art. 213, C. for., contient deux dispositions qui ne sont inconciliables avec aucun principe de la loi de 1867, et qui doivent être maintenues : l'une détermine un maximum de contrainte pour les insolvables, l'autre est relative aux insolvables récidivistes. D'après l'art. 213, § 3, le maximum de la contrainte ne peut dépasser deux mois; il en résulte que

l'insolvable forestier ne pourra être incarcéré que dans les limites de quatre jours à deux mois.

948. — D'après l'art. 213, § 4, l'insolvable récidiviste subit une durée de contrainte double de ce qu'elle aurait été sans cette circonstance : il pourra donc être incarcéré de huit jours à quatre mois. — Guyot et Puton, n. 178, 252; Géraud et Prisse, n. 614, *in fine*. — V. Pont, n. 987, § 2 et 5.

949. — La justification d'insolvabilité se fait de la même manière en matière forestière qu'en droit commun : l'art. 191 de l'ordonnance réglementaire du Code forestier renvoie en effet à l'art. 420, C. instr. crim. — Guyot et Puton, n. 161. — V. *suprà*, v° *Contrainte par corps*, n. 127.

950. — D'après une décision ministérielle, toujours en vigueur, du 2 nov. 1829, la contrainte subie par l'insolvable forestier est *libératoire*, c'est-à-dire que les agents d'exécution doivent s'abstenir de poursuivre le recouvrement des condamnations pécuniaires prononcées par le jugement, lors même qu'il surviendrait au condamné des moyens ultérieurs de paiement. Mais cette mesure purement administrative ne lie que les agents du Trésor et ne concerne que la part de condamnation qui doit revenir au fisc. Dans ces limites, elle s'applique non seulement à l'amende, mais encore aux réparations civiles. — Guyot et Puton, n. 175, 251; Géraud et Prisse, n. 613; Meaume, sur l'art. 213, n. 1449; Coin-Delisle, t. 2. p. 245. — V. Darbois, n. 238.

951. — De ce qui précède il faut déduire : que le bénéfice résultant pour l'insolvable forestier de la décision de 1829 ne peut préjudicier aux droits de la partie civile, qui conserve la faculté de poursuivre le recouvrement sur le condamné revenu à meilleure fortune; qu'en cas de condamnation solidaire de l'insolvable avec d'autres délinquants solvables, ceux-ci ne peuvent invoquer une mesure qui ne les concerne point, et qu'ils ne sont pas libérés par ce fait que l'insolvable a subi la contrainte réduite de moitié. — Guyot et Puton, n. 176. — *Contrà*, Géraud et Prisse, n. 619. — V. *suprà*, v° *Contrainte par corps*, n. 132.

952. — Le bénéfice d'insolvabilité n'est pas le seul qui produise en matière forestière une atténuation au droit commun pour l'application de la contrainte. Les autres bénéfices légaux résultant de l'âge, du sexe ou de la parenté (L. de 1867, art. 13 à 16) s'appliquent également aux condamnés forestiers. — Guyot et Puton, n. 220. — *Contrà*, Meaume, t. 2, n. 1445. — V. *suprà*, v° *Contrainte par corps*, n. 76 et s., 133 et s.

953. — Les militaires et marins en activité de service ne puisent dans leur condition aucun motif d'exemption spéciale relativement à la contrainte, pas plus en matière forestière qu'en droit commun. — Guyot et Puton, n. 212; Darbois, n. 131, 134, 249.

954. — III. *Mise à exécution de la contrainte; formes.* — L'art. 211, C. for., est relatif aux formes qui doivent être suivies pour l'exercice de la contrainte. Cet article ayant été textuellement incorporé dans l'art. 3 de la loi de 1867 (§ 1 et 4), l'application n'en peut faire doute actuellement. Lorsque le jugement a été rendu par défaut, les art. 209 et 215, C. for., permettant la signification par simple extrait pour faire courir les délais d'opposition (V. *suprà*, n. 924), il en résulte que pour l'exercice de la contrainte, le commandement peut ne pas reproduire cet extrait, nonobstant l'art. 3, § 3, de la loi de 1867. — Guyot et Puton, n. 76, 253.

955. — Parmi les agents de la force publique pouvant être requis (art. 3, § 4) pour l'exécution, on doit ranger les gardes forestiers. — Guyot et Puton, n. 80. — V. *suprà*, v° *Contrainte par corps*, n. 145.

956. — L'art. 212, C. for., règle les effets du cautionnement offert par le condamné pour faire cesser l'incarcération; cet article se reproduit d'une manière plus explicite dans l'art. 11 de la loi de 1867, qui demeure, par conséquent, seul applicable. La différence entre les deux textes consiste en ce que l'admission de la caution n'était considérée, dans le Code forestier, que comme un moyen de faire cesser l'effet d'une exécution déjà commencée, tandis que d'après la loi de 1867 elle sert aussi à *prévenir* l'exécution de la contrainte. — Guyot et Puton, n. 182, 253. — V. *suprà*, v° *Contrainte par corps*, n. 172 et s.

957. — Les autres formalités de la loi de 1867, relatives à l'exécution de la contrainte, s'appliquent en matière forestière comme en droit commun : ainsi l'obligation de consigner les aliments (art. 10). Toutefois, lorsqu'il s'agit de jugements exécutés à la requête de l'administration forestière (comme de toute administration publique), la consignation n'est pas requise, lors même qu'il s'agirait de condamnation au profit de communes ou d'établissements publics (Décr. 4 mars 1808). — Guyot et Puton, n. 118.

958. — L'exercice de la contrainte pour l'exécution de condamnations obtenues à la requête des parties civiles, pour délits forestiers commis dans les bois de particuliers, peut avoir lieu à la requête de ces particuliers dans les mêmes formes et aux mêmes conditions que pour délits commis dans les bois soumis au régime forestier. Les tribunaux prononcent habituellement une seule durée de contrainte, applicable à la fois aux amendes et aux réparations civiles; le propriétaire peut néanmoins, s'il n'a pas été devancé par les représentants du Trésor, exercer la contrainte pour la durée totale, sans être tenu de faire une ventilation entre les deux natures de condamnations. — Guyot et Puton, n. 68.

959. — La seule différence entre le propriétaire forestier et les représentants du Trésor consiste en ce que le premier est tenu de pourvoir à la consignation préalable des aliments (art. 6 et 8 de la loi de 1867). Sur ce point, l'art. 216, C. for., reste évidemment en vigueur. — V. *supra*, v° *Contrainte par corps*, n. 162 et s.

960. — Il en est de même de l'art. 217, d'après lequel la validité des cautions ou les contestations sur l'insolvabilité des condamnés doivent être jugées contradictoirement avec les propriétaires en faveur desquels les condamnations ont été prononcées.

§ 3. *Prescription de la peine.*

961. — Le Code forestier ne contenant aucune disposition sur le temps pendant lequel les jugements doivent être mis à exécution, il en résulte que les art. 636 et 639, C. instr. crim., sont applicables.

962. — Spécialement, pour les jugements rendus par les tribunaux correctionnels à la requête de l'administration forestière, la durée de la prescription de la peine est de cinq ans.

963. — La prescription de l'action est de trois ans, en matière forestière comme en droit commun. — V. *infrà*, v° *Prescription*.

SECTION II.
Autorités chargées de l'exécution des jugements. — Transactions après jugement.

964. — Le procureur de la République est seul chargé de l'exécution des peines d'emprisonnement, en matière forestière comme en toute autre matière. Il est donc seul maître d'apprécier à quel moment il convient de réaliser l'incarcération. Les parties en cause, et notamment les agents forestiers, n'ont aucunement qualité pour réclamer de lui cette exécution. Il importe toutefois de distinguer à cet égard, en ce qui concerne les agents forestiers, l'emprisonnement à titre de peine et l'exercice de la contrainte par corps. — V. *infrà*, n. 985 et s.

965. — Pour l'exécution de toutes les condamnations forestières autres que l'emprisonnement, l'art. 210, C. for., donnait compétence aux receveurs de l'enregistrement et des domaines. Mais nous avons dit que par la loi du 29 déc. 1873, art. 25, les percepteurs des contributions directes ont été substitués aux receveurs des domaines pour le recouvrement des amendes et condamnations pécuniaires. — Circ. adm. for., n. 149; instruction du directeur général de la comptabilité publique du 28 janv. 1874, [*Rép. for.*, 6.34.48] — V. *supra*, v° *Amende*, n. 353.

966. — C'est donc au percepteur des contributions directes, par l'intermédiaire du receveur des finances de l'arrondissement, que l'agent forestier doit faire parvenir les originaux des exploits de signification des jugements par défaut, conformément à l'art. 188, Ord. régl. Si le condamné interjette appel ou forme opposition dans les délais légaux, l'agent forestier en donne avis au même fonctionnaire (Instr. 28 janv. 1874).

967. — Quant aux jugements contradictoires, que les agents forestiers ne sont pas chargés de signifier, l'extrait est remis directement par le greffier au receveur de l'enregistrement (art. 188, Ord. régl.). Le receveur de l'enregistrement le fait parvenir au percepteur, par l'intermédiaire du directeur des domaines et du trésorier-payeur général (Instr. 28 janv. 1874, § 4).

968. — C'est aussi le percepteur des contributions directes qui se trouve substitué au receveur des domaines, désigné dans la loi du 22 juill. 1867, art. 3, pour l'exercice de la contrainte par corps. Les agents forestiers, n'étant pas comptables, n'ont pas qualité pour intervenir dans l'application de ce moyen de recouvrement, au moins en ce qui concerne les condamnés solvables. — Guyot et Puton, *Contrainte par corps*, n. 93; Géraud et Prisse, n. 58. — Quant aux insolvables, V. *infrà*, n. 985 et s.

969. — Depuis la loi du 29 déc. 1873, il ne reste plus, au receveur des domaines, de ses anciennes attributions en matière forestière, que la vente des bois et objets confisqués au profit de l'État (art. 81, 154, 198); et aussi la vente des bestiaux saisis, dans les conditions de l'art. 169, C. for. — Puton, *Lég. for.*, p. 225.

970. — Exceptionnellement, les agents forestiers interviennent pour faire exécuter la démolition des constructions à distance prohibée, prononcée en vertu des art. 151-155, C. for. Ils assurent cette exécution au moyen d'huissiers par eux requis, sans qu'ils puissent opérer directement au moyen d'ouvriers commandés par eux. — Av. Cons. d'Et., 7 nov. 1834, [Meaume, *Commentaire*, 3.303] — V. *infrà*, v° *Forêts*.

971. — Les agents forestiers doivent aussi assurer l'exécution des jugements qui ont prononcé la privation temporaire du droit d'usage (C. for., art. 149), en veillant à ce que les condamnés ne reçoivent plus de délivrances pendant la durée fixée au jugement. — Puton, *Lég. for.*, p. 225. — V. *infrà*, v° *Usages forestiers.*

972. — L'administration forestière peut enfin accorder aux condamnés des remises de peines, sous forme de *transaction après jugement*, en vertu de la loi du 18 juin 1859 (C. for., *in fine*) et du décret du 21 déc. 1859. Ces transactions ont le caractère de grâces partielles; elles ne peuvent naturellement s'appliquer qu'aux délits forestiers dans lesquels l'administration a le droit de poursuite. — Puton, *Lég. for.*, p. 227.

973. — Il importe de distinguer entre la transaction avant jugement, qui a le caractère de l'amnistie, et qui efface toute trace du délit, tellement que les peines de la récidive ne sont plus ensuite encourues, et la transaction après jugement qui conserve à la condamnation ses effets, sauf la remise partielle qui en est faite au condamné (V. *supra*, n. 516 et s.). Pour que la transaction ait ce caractère, il faut qu'elle s'applique à un jugement définitif, qui ne soit plus susceptible d'opposition ni d'appel. Dans ces conditions, elle ne peut porter que sur les peines et réparations pécuniaires, mais non sur l'emprisonnement (C. for., nouvel art. 159, *in fine*).

974. — La compétence est la même pour les transactions après ou avant jugement : conservateur, lorsque l'ensemble des condamnations pécuniaires ne dépasse pas 1,000 fr., directeur des forêts, de 1,000 à 2,000 fr., ministre, au-dessus (Décr. 21 déc. 1859). Les actes accordant transaction après jugement doivent formellement énoncer que, faute d'avoir payé dans le délai imparti, la transaction sera non-avenue et que le jugement reprendra son effet, sans qu'aucune mise en demeure, ni même un simple avertissement soit nécessaire. — Déc. min. du 29 nov. 1876 (Circ. adm. for., n. 206).

975. — Dans les transactions après jugement, on doit réserver les frais, qui étant une avance du Trésor, doivent toujours être recouvrés (Circ. adm. for., anc. série, n. 786). De même, s'il y a lieu, la somme due pour gratification aux préposés verbalisateurs. — V. *supra*, n. 929, et L. 28 avr. 1893, art. 45.

976. — La décision accordant une transaction après jugement est notifiée au délinquant par le service forestier et transmise au receveur des finances (Arr. min. 30 janv. 1860, art. 11; Circ. adm. for., n. 149). Cette décision doit fixer pour le paiement un délai qui ne peut excéder trois mois. Toutefois, un délai complémentaire d'un mois au maximum peut être accordé par le trésorier-payeur général, sous sa responsabilité personnelle (Déc. min. 29 nov. 1876; Circ. adm. for., n. 206).

977. — En vertu de l'art. 215, C. for., les jugements contenant des condamnations en faveur des particuliers, pour réparation des délits et contraventions commis dans leurs bois, sont, à leur diligence, signifiés et exécutés suivant les mêmes formes et voies de contrainte que les jugements rendus à la requête de l'administration des forêts. La loi du 29 déc. 1873, concernant la substitution du percepteur des contributions directes au receveur des domaines, pour le recouvrement des amendes (V. *supra*, n. 965), s'applique également pour les jugements rendus au sujet de délits commis dans les bois des particuliers. — V. *infrà*, v° *Forêts*.

978. — Si l'administration forestière ne peut accorder les transactions après jugement que pour délits commis dans les bois soumis au régime forestier, les condamnations prononcées pour délits commis dans les bois des particuliers sont susceptibles d'être réduites ou remises entièrement par l'exercice du droit de grâce, conformément au droit commun. C'est le président de la République qui accorde des remises de prison, et le ministre de la Justice des modérations d'amende. — Puton, *Lég. for.*, p. 229.

Section III.

Mesures spéciales aux condamnés forestiers insolvables.

§ 1. *Abandon de poursuites.*

979. — Avant la loi du 18 juin 1859, les tribunaux ne pouvaient que très-rarement prononcer la peine d'emprisonnement en matière forestière; il en résultait que les insolvables échappant à la répression pénale par le bénéfice de leur insolvabilité, il devenait à peu près inutile, en cas de nouveaux délits, d'exercer contre eux des poursuites, qui occasionnaient en pure perte des frais pour le Trésor. La décision ministérielle du 26 juill. 1831 autorise les conservateurs à abandonner les poursuites contre les insolvables s'ils estiment que les jugements ne pourront aboutir à aucune répression utile. Une autre décision du 12 avr. 1834 prescrit la tenue d'états d'insolvables, revisés et complétés tous les six mois par l'agent forestier et le receveur des domaines. — Meaume, *Commentaire*, 3.333.

980. — Depuis 1859, la peine d'emprisonnement pouvant être prononcée pour la plupart des délits forestiers, les abandons de poursuites contre les insolvables sont moins nécessaires et le jugement sera presque toujours exécuté utilement. Toutefois, les décisions de 1831 et 1834 ne sont pas abrogées, les états d'insolvables sont toujours tenus par le service forestier; ils sont consultés notamment pour l'exercice de la contrainte par corps. — V. *infrà*, n. 986.

§ 2. *Transactions en nature.*

981. — Le conservateur des forêts peut admettre les délinquants insolvables à se libérer, au moyen de prestations en nature, travaux ou tâches, des condamnations pécuniaires par eux encourues, ou du montant des transactions avant jugement qui leur ont été accordées (Décr. 21 déc. 1859, tit. 2; Arr. min. 27 déc. 1861). Lorsque les délits ont été commis dans les bois soumis au régime forestier, la transaction en nature porte sur les réparations civiles aussi bien que sur les peines (Décr. de 1859, art. 3).

982. — Si le délit a été commis dans une forêt domaniale, les travaux ou les tâches pour l'acquittement des amendes, des réparations civiles et des frais, sont exécutés dans des forêts domaniales ou sur des chemins vicinaux servant à la vidange de leurs coupes (Décr. de 1859, art. 9). Si le délit a été commis dans une forêt communale ou d'établissement public, les prestations ne sont appliquées aux forêts domaniales et aux chemins vicinaux qui les desservent qu'en ce qui concerne l'amende et les frais, mais celles correspondant aux réparations civiles doivent être employées dans la forêt de la commune ou de l'établissement qui a souffert du délit, ou sur les chemins vicinaux servant à la vidange de cette forêt (*Ibid.*, art. 10).

983. — Une allocation de nourriture est attribuée aux condamnés qui en font la demande. Elle est fixée par le préfet dans la limite du tiers à la moitié du prix de la journée fixée par le conseil général (V. *suprà*, v° *Chemin vicinal*, n. 1276 et s.). Il n'est tenu compte au délinquant des journées de travail qu'il emploie pour l'acquittement de la transaction que déduction faite des frais de nourriture (Décr. art. 6). En ce qui concerne les prestations exécutées dans les bois communaux ou d'établissement public, le paiement des frais de nourriture incombe à l'établissement (*Ibid.*, art. 10).

984. — Des transactions en nature peuvent être aussi accordées pour délits commis dans les bois des particuliers, en ce qui concerne les amendes et les frais. L'autorisation de se libérer par ce moyen est donnée aux insolvables qui en font la demande, par le sous-préfet de l'arrondissement, après avis du maire de la commune. Les prestations sont appliquées aux chemins vicinaux de la commune sur le territoire de laquelle le délit a été commis. Des allocations de nourriture peuvent être obtenues, comme ci-dessus, sur les fonds affectés au service des chemins vicinaux (Décr. 21 déc. 1859, art. 11-14).

§ 3. *Contrainte par corps.*

985. — A l'égard des insolvables, la contrainte ne peut plus être considérée comme un moyen de recouvrement des condamnations pécuniaires; c'est une sorte de pénalité subsidiairement appliquée pour que la condamnation ne soit pas absolument dénuée d'effet. Si, pour les délits forestiers, les agents de l'administration interviennent, de concert avec le ministère public, ce n'est pas comme représentants du Trésor, c'est comme participant aux fonctions du ministère public, qu'ils ont exercées pendant la poursuite devant le tribunal. — Guyot et Puton, n. 172, 173; Géraud et Prisse, n. 290 à 293, 566 à 568. — Les agents forestiers n'interviennent dans l'exercice de la contrainte par corps qu'à l'égard des condamnés dont l'insolvabilité a été constatée par les soins du percepteur, qui a intérêt à faire cette preuve, pour les besoins de sa comptabilité. — Guyot et Puton, n. 164.

986. — C'est le conservateur des forêts qui désigne au trésorier général les noms des condamnés insolvables dont l'incarcération est ensuite provoquée par les soins des percepteurs. La liste de ces condamnés est tenue à jour au moyen des états que revisent périodiquement et de concert les chefs de cantonnement et les percepteurs. — Guyot et Puton, n. 173; Arr. min. 12 avr. 1834 (Circ. de l'admin. des forêts, n. 149, nouvelle série).

987. — L'intervention du conservateur se borne d'ailleurs à cette désignation; pour tout le reste, l'exécution a lieu comme s'il s'agissait de condamnés solvables, sauf ce qui concerne la durée (V. *suprà*, n. 946). Une fois l'incarcération effectuée, l'élargissement avant la durée normale de la détention ne peut être accordée, pour les insolvables forestiers, qu'avec l'assentiment du conservateur des forêts. — Guyot et Puton, n. 174; Géraud et Prisse, n. 609.

CHAPITRE IX.

LÉGISLATIONS ÉTRANGÈRES.

988. — Dans beaucoup de pays, la répression des délits forestiers fait l'objet, comme en France, d'une législation spéciale. Ailleurs, c'est le droit pénal ordinaire qui reçoit son application en cette matière. Enfin certains Etats se bornent à prévoir quelques incriminations, s'en remettant pour le surplus au droit commun; dans ce cas, ce sont surtout des mesures préventives qui sont prises par la loi forestière, des servitudes qui sont imposées à la propriété boisée, c'est-à-dire des dispositions rentrant dans la matière du défrichement ou dans le régime des terrains en montagne. — V. *suprà*, v° *Défrichement*.

989. — Allemagne. — a) Alsace-Lorraine. — Le Code forestier français est resté en vigueur pour l'Alsace-Lorraine jusqu'à la loi du 28 avr. 1880, concernant les peines et les poursuites en matière forestière (*Ann. de lég. étr.*, 1881). Cette loi laisse la loi française encore applicable pour les dispositions dites administratives, telles que les délimitations, la police des droits d'usage, la gestion des bois communaux, etc. — V. Ch. Guyot, *La nouvelle législation forestière en Alsace-Lorraine : Revue des eaux et forêts*, 1884, p. 442.

990. — Le système pénal du droit français se trouve fortement modifié par la loi du 1880, qui s'inspire de la loi pécuniaire du 15 avr. 1878. Pour les délits les plus importants, le tarif des peines est autrement fixé. Sous le titre : contraventions à la police forestière, un grand nombre d'incriminations nouvelles sont minutieusement prévues. Les circonstances aggravantes sont bien plus nombreuses qu'en droit français, et avec des effets variés suivant leur importance. Plus de transaction avant jugement, mais faculté pour tout condamné, même solvable, de se libérer par des travaux, à moins que l'administration n'y mette obstacle. Pas de circonstances atténuantes; mais, dans un grand nombre de cas, peines déterminées dans la loi par leur maximum seulement, ce qui donne au juge la faculté de descendre aussi bas que possible. D'ailleurs, dans tous les cas, conversion de l'amende en une durée d'emprisonnement suivant tarif fixé, toutes les fois que la condamnation pécuniaire ne peut être recouvrée.

990 *bis.* — Outre ces changements, dont la plupart constituent des améliorations à l'état antérieur, nous signalerons, au titre des poursuites, le système de l' « ordonnance pénale », qui permet au juge de prononcer la peine sur la simple réquisition du procureur, sans citer ni prévenu ni témoins, donc sans débat contradictoire. L'ordonnance pénale devient exécutoire au bout d'un certain délai, sauf opposition du condamné. Elle évite les frais et n'a que des avantages, dans les cas très-fréquents en matière forestière où le délinquant ne peut faire autrement que de s'avouer coupable. D'ailleurs elle ne peut être rendue pour certains délits graves, qui emportent une peine d'emprisonnement considérable.

991. — *b*) BADE (Grand-Duché de). — Tout ce qui précède s'applique, sauf quelques détails, à la législation forestière du Grand-Duché de *Bade*, depuis la loi du 25 févr. 1879, également inspirée de la loi prussienne du 15 avr. 1878, dont il va être question (*Ann. de lég. étr.*, 1880).

992. — *c*) PRUSSE. — La loi qui règle la matière pour la Prusse est la loi du 15 avr. 1878, concernant les vols forestiers, à laquelle il faut joindre celle du 1er avr. 1880 sur la police rurale et forestière. La conversion de l'amende en emprisonnement s'effectue en prenant un jour de prison comme équivalent d'une amende de 1 à 5 marks; la moindre durée est de un jour, le maximum de six mois. La libération du condamné au moyen de travaux est de droit; elle s'effectue par une période de temps égale à la durée de la peine d'emprisonnement, ou au moyen de tâches; on doit prendre en considération les forces et la condition du délinquant, ainsi que les conditions locales et prédominantes du salaire.

993. — BELGIQUE. — La loi forestière belge, du 19 déc. 1854, présente la plus grande analogie avec le Code forestier français, en ce qui concerne la répression des délits. — V. notamment : tit. 10, *police et conservation des bois*; tit. 11, *procédure*; tit. 12, *peines*. Le plus souvent les textes sont identiques. Toutefois, le législateur belge a apporté au texte français certaines modifications, pour la plupart très-heureuses. Ainsi (art. 151), en prononçant l'amende, le tribunal ordonne qu'à défaut de paiement elle soit remplacée par un emprisonnement, suivant un tarif déterminé. Pour le délit de coupe d'arbres, l'art. 154 distribue les essences en trois classes, au lieu de deux (art. 192 français). Pour le délit d'introduction d'animaux (art. 168), l'amende est doublée non seulement lorsque le bois a moins de dix ans, mais de plus lorsque le délit est commis en présence du gardien. Enfin, aux trois circonstances aggravantes du droit français, l'art. 169 ajoute une quatrième : lorsque le délit est commis *par bande*. — V. Boni, *Contraventions forestières*, 1877.

994. — ESPAGNE. — La législation pénale forestière date des ordonnances du 22 déc. 1833. Les lois postérieures ont surtout pour objet l'exploitation forestière et le reboisement, dans un but d'utilité publique (V. *Revue des eaux et forêts*, 1877, p. 397). Tel est d'ailleurs le caractère des lois forestières les plus récentes, dans la plupart des pays civilisés.

995. — ÉTATS-UNIS. — La législation fédérale ne prend que des mesures de conservation dans un but d'utilité publique (V. L. 3 mars 1891 : *Ann. de lég. étr.*, 1892). Les différents États ont édicté des lois forestières plus ou moins complètes; mais ordinairement la répression des délits forestiers rentre dans le droit commun. Toutefois New-York prévoit des peines spéciales contre les incendies en forêt (L. 15 mai 1885). De même le Massachusetts, dans une loi du 16 juin 1886. — V. *Ann. de lég. étr.*, 1886-87.

996. — HONGRIE. — La loi forestière hongroise date du 11 juin 1879 (*Ann. de lég. étr.*, 1880). Son tit. 2 traite des contraventions forestières; mais le tit. 1 qui s'occupe de la conservation des forêts, contient aussi de nombreuses pénalités, servant de sanction à autant de dispositions préventives, dont la plupart s'appliquent même au propriétaire de la forêt. Cette loi, extrêmement détaillée quant aux incriminations qu'elle détermine, présente d'ailleurs de grandes analogies avec la législation allemande. Ainsi, on y trouve la conversion de l'amende en emprisonnement, à raison de un jour par 3 florins, etc. — V. Bruand et de Gail, *Revue des eaux et forêts*, 1881, p. 160 et 197.

997. — ITALIE. — La loi italienne, du 20 juin 1877, renvoie, pour les délits communs, aux lois pénales générales, et ne s'occupe que des servitudes forestières, imposées aux propriétaires en vue de la conservation du sol boisé.

998. — LUXEMBOURG. — La législation forestière du Grand-Duché est encore aujourd'hui essentiellement constituée par l'ordonnance de 1669, à laquelle il faut joindre un cahier des charges du 3 mai 1850 pour les adjudications des coupes, une loi du 14 nov. 1840 sur le pouvoir de constatation des gardes et autres officiers de police judiciaire, enfin quelques autres textes accessoires. Cette législation est à la veille de subir une réforme complète. Un projet de loi concernant le *Code rural et forestier* a été présenté à la Chambre des députés, par ordonnance grand-ducale du 16 févr. 1893; le cahier des charges pour l'exploitation des coupes sera en même temps modifié. Lorsque ces changements seront opérés, la législation du Grand-Duché se rapprochera beaucoup de celle de la Belgique, avec cependant plusieurs différences portant sur des points de détail. Notons, par exemple, l'admission des circonstances atténuantes (art. 175 du projet).

999. — ROUMANIE. — Le Code forestier roumain date du 24 juin 1881 (*Ann. de lég. étr.*, 1882). Son titre 3 traite des poursuites et pénalités relatives aux délits commis dans les forêts soumises au régime forestier. Ses dispositions sont très-analogues à celles de la loi française. Les incriminations et le système de pénalités sont à peu près identiques, pour les délits principaux. Ainsi, coupe ou enlèvement d'arbres (art. 19); introduction d'animaux en forêt (art. 23); extraction de matériaux (art. 24); apport du feu dans une zone de 1,000 mètres (art. 25). Les circonstances aggravantes, les mêmes qu'en droit français, emportent un emprisonnement allant jusqu'à trois mois (art. 29). L'exercice des actions a lieu comme en France; l'administration est de même investie du droit de transaction, avant et après jugement. Les procès-verbaux font foi jusqu'à inscription de faux, mais seulement en cas de flagrant délit, sinon jusqu'à preuve contraire. Enfin, en cas d'insolvabilité, l'amende est remplacée par la prison.

1000. — RUSSIE. — La loi du 21 mars 1888 (*Ann. de lég. étr.*, 1889) prévoit et punit les délits forestiers concernant les vols de bois et les coupes frauduleuses. Les sanctions sont l'amende et l'emprisonnement. Cette loi ne fait que compléter la législation forestière antérieure, qui contient des dispositions de nature différente, destinées à assurer le maintien des forêts. — V. *Revue des eaux et forêts*, 1888, p. 542.

1001. — SUISSE. — En Suisse, la loi fédérale du 29 avr. 1876, concernant la police des forêts dans les régions élevées, contient des dispositions pénales, mais seulement *comme sanction des règles imposées aux propriétaires dans le but d'assurer la conservation des forêts* (V. L. Gast, *La législation étrangère sur la conservation des forêts : Revue des eaux et forêts*, 1876, p. 233). La répression des délits communs est laissée aux lois cantonales.

CHAPITRE X.

§ 1. *Conventions internationales pour la surveillance des forêts de frontière.*

1002. — En principe, les règles de la police forestière sont les mêmes pour toutes les forêts situées sur le territoire national, quels que soient leurs propriétaires, français ou étrangers (Arg. C. civ., art. 3). Les forêts appartenant, en France, à des États étrangers, à des communes étrangères, ou à des particuliers n'ayant point la nationalité française, sont considérées comme des forêts de particuliers français et jouissent de la même protection. Quant aux forêts situées au delà de la frontière, quels que soient leurs propriétaires, les fonctionnaires français n'ont pas qualité pour y constater les délits. Toutefois, il peut être dérogé à ces règles générales par suite de conventions internationales.

1003. — Sur la frontière belge, aucune disposition spéciale n'est venue changer le droit commun pour la surveillance des forêts limitrophes.

1004. — Pour l'Allemagne, la convention du 26 avr. 1877, promulguée par décret du 2 mars 1878, contient quelques dispositions relatives à la protection des forêts. Elle reconnaît (art. 12) que les propriétés des communes ou établissements étrangers doivent être, au point de vue de la protection légale, considérées comme des propriétés privées. Elle prévoit en conséquence que les gardes des forêts dont les propriétaires sont étrangers (comme établissements publics, particuliers) seront nommés dans les mêmes conditions et jouiront des mêmes droits que les gardes particuliers français (art. 14). Elle admet de plus que la surveillance de ces forêts pourra être confiée à des agents appartenant au personnel administratif de l'Etat de leur situation (art. 15), de la même manière que des particuliers français peuvent être autorisés à utiliser le personnel domanial ou communal. Mais la convention de 1877 ne permet dans aucun cas aux gardes de l'un des pays contractants d'instrumenter sur le territoire de l'autre pays, lors même que les forêts appartiendraient au propriétaire qui les a commissionnés.

1005. — Pour la Suisse, les conventions du 30 juin 1864 et du 23 févr. 1882 (celle-ci promulguée le 13 mai suivant) introduisirent une dérogation importante au droit commun en ce qu'elles permettent à un garde régulièrement institué par l'un des Etats contractants, de suivre les délinquants sur le territoire de l'Etat voisin et d'y exercer les droits de saisie, de visite domiciliaire, pour arriver à la constatation des délits. Toutefois, les perquisitions en peuvent être faites qu'avec les formalités exigées par les lois du pays dans lequel elles sont pratiquées (Conv. de 1882, art. 9).

1006. — Pour l'Italie, l'art. 8, Conv. 7 mars 1861, prévoit que les délits commis dans les bois appartenant à des communes françaises de l'ancien comté de Nice, entre la ligne frontière et la crête des Alpes, seront constatés par les préposés français, mais seulement pour ceux de ces délits qui seraient commis par des Français résidant en France. L'art. 7 de la même convention charge de plus les gardes champêtres des communes françaises de constater les délits et contraventions commis en Italie, sur le mont Cenis et sur les territoires compris entre la ligne frontière et la crête des Alpes, depuis Colla-Lunga jusqu'au mont Clapier, à la condition que ces gardes soient assermentés devant un tribunal italien.

1007. — Enfin, sur la frontière d'Espagne, les traités de délimitation ne changent rien au droit commun en ce qui concerne la constatation des délits. L'acte additionnel du 26 mai 1866 (art. 6) déclare que les communes limitrophes nommeront seules des gardes pour la surveillance des pâturages qui leur appartiennent exclusivement, et pourront s'entendre, en cas de pâturages indivis, avec les communes copropriétaires, pour nommer ensemble les mêmes gardes. L'acte final de la délimitation des Pyrénées, du 11 juill. 1868 (1re part. annexe 5), s'occupe spécialement de la saisie des bestiaux dans les pâturages de la frontière, et répète que cette saisie ne pourra être effectuée que par les gardes assermentés, indépendamment de la force publique.

§ 2. Conventions internationales pour la poursuite des délits commis dans les forêts de frontière.

1008. — La plupart des conventions qui s'occupent de la constatation des délits dans les forêts de frontière (V. suprà,

n. 1004 et s.), contiennent également des dispositions relatives à la poursuite des infractions à la loi forestière. Ces dispositions concernent la compétence des tribunaux, et aussi les conditions dans lesquelles les actions seront intentées eu égard à la nationalité de l'inculpé.

1009. — Pour l'Italie, il nous suffit de nous référer à ce que nous avons dit suprà, n. 1006, en ajoutant que dans le cas prévu par l'art. 8 la poursuite a lieu devant les tribunaux français, et qu'elle a lieu devant les tribunaux italiens dans celui de l'art. 7.

1010. — La loi du 27 juin 1866, art. 2, a créé, pour les infractions en matière forestière, rurale, de pêche, de douanes et de contributions indirectes, un droit nouveau, qui permet la poursuite des infractions dans des conditions différentes de celles du droit commun (V. Ch. Guyot, *Des lois internationales pour la police des forêts de frontière : Revue des eaux et forêts*, 1878, p. 481-487). D'après cette loi, tout Français qui s'est rendu coupable de délits ou de contraventions en ces matières sur le territoire de l'un des Etats limitrophes, peut être poursuivi et jugé en France, si cet Etat autorise la poursuite de ses régnicoles pour les mêmes faits commis en France. La réciprocité doit être légalement constatée par des conventions internationales ou par un décret publié au *Bulletin des lois.*

1011. — Il n'a été fait application, jusqu'à ce jour, de la loi du 27 juin 1866, en ce qui concerne la poursuite des infractions forestières, qu'avec la Belgique et la Suisse. Avec le Luxembourg, l'Allemagne et l'Espagne, on reste soumis au droit commun de l'art. 5, C. instr. crim. (§ 2 concernant les délits) ; il en résulte notamment que les contraventions forestières ne sont pas susceptibles d'être poursuivies, lorsqu'elles sont commises par un Français sur le territoire limitrophe.

1012. — Pour la Belgique, la convention de réciprocité est constatée par le décret du 2 nov. 1877, ainsi conçu (art. 1) : Tout Français qui se sera rendu coupable, en Belgique, de délits et de contraventions en matière forestière... pourra, à son retour en France, y être poursuivi, et y sera jugé d'après la loi française, s'il y a plainte de la partie lésée ou avis officiel donné aux autorités françaises par les autorités belges.

1013. — Pour la Suisse, la question est réglée par la convention du 23 févr. 1882 (remplaçant celles des 30 juin 1864 et 22 août 1866) et par le décret du 13 mai 1882. L'art. 8 dispose ainsi, au sujet des poursuites : Les contractants s'engagent à poursuivre ceux de leurs ressortissants qui auraient commis des délits ou contraventions dans les forêts de frontière, de la même manière et par application des mêmes lois que s'ils s'en étaient rendus coupables dans les forêts de leur pays même. La poursuite aura lieu sous la condition qu'il n'y ait pas eu jugement rendu dans le pays où l'infraction a été commise, et sur transmission officielle du procès-verbal, par l'autorité compétente de ce pays, à celle du pays auquel appartient l'inculpé. L'Etat où la condamnation sera prononcée percevra seul le montant des amendes et des frais ; mais les indemnités seront versées dans les caisses de l'Etat où les infractions auront été commises.